论语【新读】

中小学国学经典

主编 杜文秋

编委 李丽 罗臻 姚荣 杨忠
高红敏 卢建华 孟庆国 张萍萍
金显波 罗路晗 孙海鹰 赵喆
金跃军 罗帅 杨亚平 邹媛

科学技术文献出版社

图书在版编目(CIP)数据

《论语》新读/杨忠主编．-2 版．-北京：科学技术文献出版社，2012．1
ISBN 978-7-5023-7106-7

Ⅰ．①论… Ⅱ．①杨… Ⅲ．①儒家 ②论语-青年读物 ③论语-少年读物 Ⅳ．①B222．2-49

中国版本图书馆 CIP 数据核字(2011)第 237466 号

《论语》新读

策划编辑：周 玲 责任编辑：周 玲 责任校对：唐 炜 责任出版：王杰馨

出 版 者 科学技术文献出版社
地 址 北京市复兴路 15 号 邮编 100038
编 务 部 (010)58882938，58882087(传真)
发 行 部 (010)58882868，58882866(传真)
邮 购 部 (010)58882873
网 址 http://www.stdp.com.cn
发 行 者 科学技术文献出版社发行 全国各地新华书店经销
印 刷 者 北京高迪印刷有限公司
版 次 2012 年 1 月第 2 版 2012 年 1 月第 1 次印刷
开 本 650×950 16 开
字 数 220 千
印 张 14.75
书 号 ISBN 978-7-5023-7106-7
定 价 24.00 元

前言

《论语》是记载孔子及其弟子言行的一部书。据班固《汉书·艺文志》记载："《论语》者，孔子应答弟子时人及弟子相与言而接闻于夫子之语也。当时弟子各有所记。夫子既卒，门人相与辑而论纂，故谓之《论语》。"

孔子（前551—前479），名丘，字仲尼，春秋时鲁国陬邑（今山东曲阜）人。儒家学派创始人，中国古代最著名的思想家、政治家、教育家，对中国思想文化的发展有极其深远的影响。

孔子的六代祖叫孔父嘉，是宋国的一位大夫，做过大司马，在宫廷内乱中被杀，其子木金父为避灭顶之灾逃到鲁国的陬邑，从此孔氏在陬邑定居，成为鲁国人。孔子的父亲叫叔梁纥，是当时鲁国有名的武士，建立过两次战功，曾任陬邑大夫。

公元前551年（鲁襄公二十二年），孔子生于鲁国陬邑昌平乡（今山东曲阜城东南）。因父母曾为生子而祷于尼丘山，故名丘，字仲尼。孔子3岁时，父亲叔梁纥便去世了，他跟着母亲过着贫困的生活。

孔子年轻时做过"委吏"（管理仓库）、"乘田"（掌管牛羊畜牧）一类的小官，鲁定公时，孔子曾任中都宰、大司寇（主管司法，与司徒、司马、司空三卿并列），鲁定公十二年（公元前498年），孔子"由大司寇行摄相事"，"与闻国政"，政治生涯达到了顶峰。

由于与当时主宰鲁国政权的季孙氏、叔孙氏、孟孙氏三家政治观点不和，孔子离开鲁国去周游列国，希望在别的国家实现自己的政治抱负。先后到了卫、宋、陈、蔡、楚等国，但都没有受到重用。

孔子晚年回到鲁国一心讲学和整理古代文献资料，曾整理删定《诗经》、《尚书》等，并根据鲁国史官所记《春秋》加以删修，使之成为中国第一部编年体历史著作。孔子讲学，所收弟子多达三千人，有较大成就者七十二人。

《论语》成书于春秋战国之际，原始记录杂出于众手，最后编定当在战国初期，以曾参门人为主。《论语》在汉代有《鲁论语》、《齐论语》与《古论语》等不同版本流传。东汉末年，郑玄以《鲁论语》为底本，参考《齐论语》和《古论语》编校成一个新的本子，并加以注释。郑玄的注本流传后，《齐论语》和《古论语》便逐渐亡佚了。

各代注释《论语》的版本主要有：三国时魏国何晏《论语集解》，南北朝梁代皇侃《论语义疏》，宋代邢昺《论语注疏》、朱熹《论语集注》、清代刘宝楠《论语正义》等。

现在通行的《论语》共有二十篇，内容以伦理、教育为主，涉及哲学、政治、经济，教育、文艺等诸多方面，非常丰富，是儒学最主要的经典。在表达上，《论语》语言精炼而形象生动，是语录体散文的典范。在编排上，《论语》没有严格的编纂体例，每一条就是一章，集章为篇。

为了更好地弘扬中华民族传统文化，《〈论语〉新读》在尊重原著的基础上，博采众家之长，精选版本，重新整理，并赋予了新的理解、新的立意，将博大精深的内容深入浅出、生动活泼地介绍给广大读者。

目录

（注：因本书中未引用“卫灵公第十五”的内容，故目录中未列出）

学而篇第一

【原文】

子①曰："学而时②习③之，不亦说④乎？有朋⑤自远方来，不亦乐乎？人不知⑥而不愠⑦，不亦君子⑧乎？"

【译文】

孔子说："学了，然后按一定的时间去温习和演练，不是很愉快吗？有志同道合的人从远方来，不也快乐吗？人家不了解我，我却不怨恨、恼怒，不也是一个有德的君子吗？"

【注释】

①子：对孔子的尊称。《论语》中"子曰"的"子"都是指孔子。

②时："在一定的时候"或者"在适当的时候"。

③习：温习，实习，演练。

④说：音 yuè，同"悦"，愉快、高兴的意思。

⑤有朋：又作"友朋"，志同道合的人。

⑥人不知：别人不了解自己

⑦愠：音 yùn，恼怒，怨恨。

⑧君子：有道德修养，人格高尚的人。

【评解】

学习的过程需要付出艰苦的努力，要有战胜困难的勇气，显然不是一件轻松的事情，然而当真正学到了知识，掌握了知识，并且学有所用，获得了大家的认可和尊重，那么学习自然就成了一件快乐的事情。

古人说："独学而无友，孤陋而寡闻"。能与有共同理想和目标的朋友在一起探讨和研究学问，共同进步，自然是一件很惬意的事情。

人与人之间的不理解难免会产生误会，能以包容的心态去坦然面对，才是有道德修养的君子风度。

【国学小百科】

古代人的尊称

尊称，也叫敬称，是对对方表示尊敬的称呼。我国是四大文明古国之一，素有“礼仪之邦”之称，在过去长期的交往中，人们形成了许多文雅的尊称。

1. 对帝王的尊称有“万岁、圣驾、陛下、大王、天子、万乘、圣主、主上”等。

2. 用于尊长者和同辈之间的尊称有“君、子、公、足下、先生、夫子、丈人、阁下、兄台”等。其中的“子”是对古代有学问、有道德的男子的尊称，“孔子、孟子、老子、庄子”等都是这种尊称。

3. 对品格高尚、智慧超群的人用“圣”来表尊称，如称孔子为“圣人”，称孟子为“亚圣”。

后来，“圣”多用于帝王，如圣上、圣驾等。

4. 对于对方或对方亲属的尊称有“令、尊、贤”等。如称对方父母为令尊、令堂、尊上、尊公、尊君、尊堂；称对方家为尊府；称对方的子女为令郎、令爱；称对方的哥哥为令兄；称对方的儿子为贤郎；称对方的弟弟为贤弟等。

5. 此外，其他一些尊称还有，称学生为门生、受业，称学校为寒窗，称同学为同窗；称自己家为寒舍、舍下、草堂；称妻子的父亲为岳父、泰山；兄弟之间称手足、昆仲；夫妻之间称伉俪、配偶、伴侣等。

【相关链接】

韦编三绝

孔子小时候非常勤奋好学，17 岁时就以学识渊博闻名于鲁国。虽然孔子的知识渊博，可他一生学习从没有松懈过。

孔子到了晚年，得到一部用当时已不多见的古文字写成的《易经》，孔子花了很大的精力，把《易经》全部读了一遍，基本上了解了它的内容。不久又读第二遍，掌握了它的基本要点。接着，他又读第三遍，对其中的精神、实质有了透彻的理解。在这以后，为了深入研究这部书，又为了给弟子讲解，他不知翻阅了多少遍。

那时，还没有发明纸张，书主要是以竹子为材料制造的，把竹子破成一根根竹签，称为“竹简”，用火烘干后在上面写字。竹简有一定的长度和宽度，一根竹简只能写一行字，多则几十个，少则八九个。一部书要用许多竹简，这些竹简必须用牢固的绳子编连起来才能阅读。像《易经》这样的书，当然是由许许多多竹简编连起来的，因此有相当的重量。

孟子

《易经》文字艰涩，内容隐晦，孔子就翻来覆去地读，这样读来读去，把编连竹简的牛皮绳子磨断了许多次，不得不多次换上新的再使用。

即使读到了这样的地步，孔子还是不满意，他谦虚地说：“假如让我多活几年，我就可以更多地理解《易经》的文字和内容了。”

至圣先师孔子勤读《易经》韦编三绝的故事，为后人勤奋刻苦学习树立了榜样。

【原文】

有子①曰：“其为人也孝弟②，而好犯③上者，鲜④矣；不好犯上，而好作乱者，未之有也。君子务本⑤，本立而道⑥生。孝弟也者，其为仁之本⑦与！”

【译文】

有子说：“他的为人，孝顺父母，敬爱兄长，却喜欢触犯上级，这样的人是很少见的。不喜欢触犯上级，却喜好造反的人是没有的。君子专心致力于根本的事务，根本建立了，道德原则也就有了。孝顺父母、敬爱兄长，这就是'仁'的根本啊！”

【注释】

①有子：孔子的学生，姓有，名若，字子有，鲁国人。

②孝弟：孝，孝顺、服从父母；弟，音 tì，同“悌”，指敬重、顺从兄长。孝、悌是孔子和儒家特别提倡的两个基本道德规范。

③犯上：抵触，冒犯。

④鲜：音 xiǎn，少的意思。《论语》书中的“鲜”字都是这种用法。

⑤务本：务，专心、致力于；本，根本。

⑥道：此处的道，指孔子提倡的仁道，即以“仁”为核心的整个道德思想体系及其在实际生活中的体现，也就是治国做人的基本原则。

⑦为仁之本：“仁”是孔子哲学思想的最高范畴，又是伦理道德的准则。为仁之本，即以孝悌作为仁的根本。

【评解】

孝悌是立足之道，是一个人为人处世的根本，是做人的基本要求。一个人不懂孝悌之义，不懂孝悌之礼，会为世人所不齿。孝顺父母、尊敬兄长的人都有着深厚的感情和仁爱之心，很少会做违背法律法规、丧失社会公德的事情，对他人也会友善。一个人拥有了“孝悌”，那么他自然拥有良好的品德，这个人在为人处世、待人接物、学习、工作、生活等方面就会博得他人的信任、尊重和帮助，也会因此更容易获得成功。

【国学小百科】

孝悌——中华民族传统文化的精髓

“孝悌”属于中华民族的优秀道德传统之一，是中华民族传统文化的精髓，是一切道德和爱心的根源，也是千百年来中国社会维系家庭关系的道德准则。

孝，指对父母孝敬；悌，指对兄长敬重。从侍奉顺从父母，到治国安邦，由君主到平民都离不开“孝”。“悌”与“孝”紧密相关，是“孝”的延伸。孝悌之说，反映了宗法社会的基本道德要求。

俗话说：“家无孝悌，则道不生”，在中国传统儒家伦理思想里，道主要是指“仁道”，而“仁”是儒家哲学思想的最高范畴，“孝悌”则是这一思想的核心。孔子曾提出“三年无改于父道”、“父母在，不远游”等一系列孝悌主张。孟子也倡导“老吾老，以及人之老；幼吾幼，以及人之幼。”《孝经》中更是指出：“孝为百行之首。”

我国古人非常重视孝道，“香九龄，能温席，融四岁，能让梨”之类的典故不胜枚举。此外，在古代有父母亡故，朝廷官员带薪休假守孝三年的习俗，在汉代还曾有“举孝廉”的制度，即由地方官员推荐孝行出众的平民做官。

“孝悌”也作为各阶级统治的政治基础，而被统治者大力提倡。因为“忠义”对于统治者来说非常重要，而忠义以孝悌为前提，孝悌以忠义为目的，也就是说只有在家孝顺父母、敬重兄长，在外才能尽忠报国，所以历代统治者都在舆论、制度、榜样、价值取向等方面极力引导人们尊重、践行孝悌的观念。

【相关链接】

闵损芦衣顺母

闵损，字子骞，是孔子的弟子。闵损在很小的时候，生母就不幸过世了，父亲娶了后妻，继母经常虐待闵损，不但让他看弟弟，而且把家中所有的脏活儿累活儿全给他干。闵损毫无怨言，对人讲话总是彬彬有礼，特别是对弟弟非常疼爱友好，处处关心和谦让弟弟。冬天的时候，后母给自己亲生的两个孩子穿着保暖的棉花做的棉衣，却给闵损穿用芦花做的“棉衣”。

在一个严寒的冬天，闵损的父亲外出办事，要子骞驾车。一路上迎着凛冽的寒风，闵损被冻得四肢僵硬、脸色发紫，一失手，驾车的缰绳掉落地上，父亲不觉火从心起，一边责骂闵损一边用鞭子抽打他，结果芦花随着打破的衣缝飞了出来，父亲这才知道闵损遭到继母的虐待。回家之后，父亲立即写了一纸休书，要把妻子赶出家门。闵损跪地恳求父亲饶恕继母，他含着泪说："母亲在的时候，只有我一个人寒冷，休了母亲，家里的三个孩子就都要受冻挨饿了"，父亲被儿子的话深深打动了，于是就不再赶他的继母了。继母听了闵损的一席话，深受感动，她对自己过去的行为感到非常后悔和自责，之后她把闵损也看成自己亲生的孩子加以爱护，弟弟对兄长更是敬重有加，从此闵损的家成为一个和睦美满的家庭。

姜肱大被

汉朝，有个人姓姜名肱。他有两个弟弟，一个叫姜仲海，另一个叫姜季江。他们兄弟三人非常友爱。

兄弟三人形影不离。天天在一起读书，下课又一起温习功课、玩耍，还一起帮家里做家务事，而且三个兄弟缝了一床大棉被每天都睡在一起。

姜肱三兄弟长大之后感情依旧非常好，好到有时还三个人睡一块，这就真的非常难得。

有一次姜肱跟他的弟弟一同去京城，结果半夜路遇强盗。月光下，强盗面目狰狞，手里的匕首泛出幽幽寒光，看了直叫人打颤。强盗嚣张地晃着明晃晃的匕首一步步逼近抱在一起的两兄弟。突然，哥哥推开弟弟，走上前一步说："我弟弟还小，我是做哥哥的，我可以牺牲，我要挽救我的弟弟，希望你放他一条生路。"这时，后面的弟弟也走上前来说道："不！你不可以伤害我哥哥，还是杀我吧！"兄弟俩都争着让对方活着，想到兄弟就要生离死别，两人不禁抱在一起，痛哭流涕。

姜肱

盗贼也不是铁石心肠，也是因饥寒才起盗心。他深深地被兄弟俩的手足情感动了，于是只抢了一些财物便匆匆离开。

【原文】

曾子①曰："吾日②三省③吾身——为人谋④而不忠⑤乎？与朋友交而不信⑥乎？传⑦不习乎？"

【译文】

曾子说："我每天多次反省自己：替别人办事是不是尽心竭力了呢？同朋友交往是否以诚相待了呢？老师传授给我的学问是不是复习了呢？"

【注释】

①曾子：名参（shēn），字子舆，春秋末年鲁国南武城（今山东省济宁市嘉祥县）人，孔子的弟子

②日：每天。

③三省：三，指多次；省，音 xǐng，自察，反省。

④谋：谋划办事。

⑤忠：尽心竭力。

⑥信：诚实。

⑦传：老师传授的学问。

【评解】

自省，是自我修养的基本方法，通过自己检查自己的缺点不足，以达到使自己修成完美的理想人格的最佳状态，这是儒家反求诸己的根本精神，也是为人处事之道。只有不断地反省自身和完善自身，才能够得到别人的尊重，才能把身边的人向好的方面引导。自省的关键是要面对现实中的自己，身体力行去做，并持之以恒。

如果一个人真能像曾子所说做到"三省"：在为人谋划事情的时候，反省自己有无私心；在与朋友交往的过程中，反省言语有无虚妄；在跟随老师学习的时候，反省有没有按老师的教导去身体力行，那这个人就很容易获得成功。如果失去了自我反省的能力，就会随波逐流，堕落而不知。

【国学小百科】

古人的忠信

“忠信”是中华民族传统文化主张的一种优良品德，属于中国古代儒家的伦理道德范畴。

“忠”原指为人诚恳厚道、尽心尽力，后有忠于他人、忠于君主及国家等多种含义。“忠”在先秦是一般的道德范畴，不只用于君臣关系，到了汉代以后“忠”逐渐演化为“忠君”。宋代以后，“忠”发展到“君叫臣死，臣不得不死”的愚忠，这既与儒家的“忠”有关联，又有重要的区别。在孔子看来，“忠”不只是对君主，而是对所有的人都存在一个“忠”的问题。在孔子时代，“君”并不稀奇，到处是大大小小的“君”。其实，孔子很反对愚忠，对路对心才能忠。中华民族自古以来就有精忠报国、舍生取义的优良传统，“天下兴亡，匹夫有责”，是历代仁人志士的共同心愿。

“信”意为诚实，讲信用，不虚伪。“信”特别与言论有关，表示说真话，说话算数。《说文》讲：“人言为信”，就是此意。“信”既是儒家实现“仁”这个道德原则的重要条件之一，又是其道德修养的内容之一。孔子及其弟子提出的“信”，是要求人们按照礼的规定互守信用，借以调整统治阶级之间、对立阶级之间的矛盾。儒家把“信”作为立国、治国的根本。汉儒又把“信”列入“五常”之中。

中华文化提倡的道德仁义礼乐，以及修身、齐家、治国、平天下各方面，都是以“忠信”来施行推动的，“言而有信”，“信则人任焉”、“以诚待人”、“以信取人”、“一诺千金”、“诚实守信”等传统美德也一直被人们所推崇并发扬光大。

【相关链接】

一诺千金

季布是西楚霸王项羽帐下的五大将之一，为人正直，乐于助人，非常讲信义，许多人都同他建立起了浓厚的友情。在楚汉战争中，季布曾多次率兵将刘邦打得落花流水，狼狈不堪。项羽后来在垓下被围，自刎乌江，刘邦夺取天下，当上了皇帝。

刘邦因季布打败过他而怀恨在心，于是下令缉拿季布。幸好有个姓周的人得到了这个消息，秘密地将季布送到鲁地一户姓朱的人家。朱家是关东一霸，素以侠义闻名。此人很欣赏季布，于是就将季布保护起来。不仅如此，还专程到洛阳去找汝阴侯夏侯婴，请他解救季布。夏侯婴从小与刘邦很亲近，后来跟刘邦起兵，转战各地，为刘邦建立汉王朝立下了汗马功劳。他很同情季布的不幸处境，在刘邦面前为季布说情，终于使刘邦赦免了季布，还封他为郎中。不久又任命他为河东太守。

季布有个叫曹丘生的同乡，能言善辩，专爱结交权贵，季布很瞧不起他。曹丘生听说季布做了大官，一心想巴结他，于是请求皇亲国戚窦长君为自己向季布写一封介绍信。窦长君早就知道季布讨厌阿谀者，劝他不要去见季布，免得惹出是非来，但曹丘生坚持要窦长君介绍。窦长君无奈，只好勉强写了一封推荐信，派人送到季布那里。季布读了信后，很不高兴，准备等曹丘生来时，当面教训教训他。

过了几天，曹丘生果然登门拜访。季布一见曹丘生，就露出厌恶之情。曹丘生对此毫不在乎，先恭恭敬敬地向季布施礼，然后慢条斯理地说："我们楚地有句俗语，说您的一句话比黄金还要尊贵（'得黄金百两，不如得季布一诺'），您有这么高的声誉，我和您都是楚人，我为能有您这样的同乡而感到骄傲，如今我在各处宣扬您的好名声，这难道不好吗？您又何必不愿见我呢？"季布觉得曹丘生说得很有道理，顿时不再讨厌他了，并对其热情款待，留他在府里住了几个月。曹丘生临走时，季布还送给他许多礼物。曹丘生确实也照自己说过的那样去做，每到一地，就宣扬季布如何礼贤下士，如何仗义疏财。于是季布的名气也越来越大。后来人们就用"一诺千金"来形容一个人说话算数，很讲信用。

【原文】

子曰："弟子①入②则孝，出③则弟④，谨⑤而信，泛⑥爱众，而亲仁⑦，行有余力⑧，则以学文⑨。"

【译文】

孔子说："为人子弟的在家中要孝顺父母，友爱兄弟姊妹，出门在外，要恭顺师长，行为要谨慎，言语要诚实可信。要以平等的心普遍广泛地去爱众人，亲近那些有仁德的君子。这样躬行实践之后，还有余力的话，就应努力学习一切学问技能。

【注释】

①弟子：指学生或年纪幼小的人。

②入："入"是指入父宫，即到父母的房间里去，又意为在家。

③出："出"指出己宫，即走出自己的房间，又意为外出。

④弟：音 tì，同"悌"，意为敬爱、顺从兄长，引申为友爱兄弟姐妹。

⑤谨：行为谨慎。

⑥泛：音 fàn，广泛、普遍的意思。

⑦仁：有仁德的人。

⑧余力：指剩余的时间和精力。

⑨文：指礼、乐、射、御、书、数等诸多知识和技艺。

【评解】

道德修养是做人的根本，要做学问，首先要从修德入手，而"孝悌"是道德修养的根本，因此先要从孝顺父母、尊敬兄长做起，然后由敬爱自己的亲人推而广之去敬爱别人的亲人。这些都做到之后，退而其次才谈得上做学问。否则，一个没有道德的人，掌握的知识越丰富，会的技能越多，只能对他人、对社会造成更大的危害，毫无益处。

【国学小百科】

中国古代的道德规范

三纲五常是中国封建社会的基本道德原则和规范。

"三纲"是指"君为臣纲，父为子纲，夫为妻纲"，要求为臣、为子、为妻的必须绝对服从于君、父、夫，同时也要求君、父、夫为臣、子、妻作出表率。它反映了封建社会中君臣、父子、夫妇之间的特殊的道德关系。“五常”包括仁、义、礼、智、信，是用以调整、规范君臣、父子、兄弟、夫妇、朋友等人伦关系的行为准则。

三纲、五常的道德原则源于孔子。孔子曾提出了“君君臣臣”、“父父子子”和“仁义礼智信”等伦理道德观念。孟子进而提出“父子有亲，君臣有义，夫妇有别，长幼有序，朋友有信”的“五伦”道德规范。董仲舒按照他的大道阳尊阴卑理论，对五伦观念作了进一步的发挥，提出了三纲原理和五常之道。

董仲舒

董仲舒认为，在人伦关系中，君臣、父子、夫妻三种关系是最主要的，而这三种关系存在着天定的、永恒不变的主从关系：君为主、臣为从；父为主，子为从；夫为主，妻为从。亦即所谓的“君为臣纲，父为子纲，夫为妻纲”三纲。三纲皆取于阴阳之道。具体地说，君、父、夫体现了天的“阳”面，臣、子、妻体现了天的“阴”面；阳永远处于主宰、尊贵的地位，阴永远处于服从、卑贱的地位。董仲舒以此确立了君权、父权、夫权的统治地位，把封建等级制度、政治秩序神圣化为宇宙的根本法则。

董仲舒又认为，仁、义、礼、智、信五常之道则是处理君臣、父子、夫妻、上下尊卑关系的基本法则，治国者应该给予足够的重视。在他看来，人不同于其他生物的一个重要特点，在于人类具有与生俱来的五常之道。坚持五常之道，就能维持社会的稳定和人际关系的和谐。从宋代朱熹开始，三纲五常联用。

三纲五常观念作为中国封建专制主义统治的基本理论，被历代封建统治阶级所维护和提倡，起着规范、禁锢人们思想、行为的作用，但这种思想在一定时期也起到了维护社会秩序、规范人际关系的作用。

【相关链接】

孔子问礼

孔子曾苦心探索钻研礼的学问，也曾为此去周都向老子请教过礼制。

周敬王二年（公元前 518 年），孔子通过鲁国旧贵族南宫敬叔的关系，获得鲁昭公的准许和一车二马的支持，千里迢迢赶去洛阳“观先王之制”，考察“礼乐之源”，学习“道德之归”。

孔子去拜见了老子。老子，姓李，名耳，字伯阳，楚国苦县（今河南鹿邑东）厉乡曲仁里人，是当时周朝的“守藏室之史”。

老子问孔子：“你是怎样寻求天道的呢？”

孔子回答：“我是从‘礼、仁义’的制度和阴阳的变化中去探求的，但至今没能找到。”

老子说：“道是眼睛看不到，耳朵听不到，言语不能表达，通常的智慧所不能把握的。如果道是一种有形的东西可以拿来献人，那人们就会争着拿它献给君王；如果道可以送人，人们就会拿它送给亲人；如果道可以说得清楚，人们都会把它告诉自己的兄弟；如果道可以传给别人，那人们都会争着传给自己的子女了。因此，道只能用心去体悟，一个人心里没有对道的正确认识，那道就绝不会来到他的心中。”

孔子对老子说：“我研究《诗经》、《尚书》、《礼》、《乐》、《易》、《春秋》，讲说先王治国之道，深明周公、召公成功之路，我以此谒见了七十多个国君，但他们都不采用我的主张。看来人们是太难说服了！”

老子说道：“你要恢复的周礼全都是先王时代的陈旧东西，世易时移，这些已失去生命力了，不再适合此时的情况。你说那些又有什么用呢？况且，君子逢到好的时代就出来干一番事业，遇到不好的时代就像蓬草一样随遇而安。我听说，善于经商的人深藏钱财，好像一无所有；有高尚道德的人，外表看起来却很愚笨；抛弃你的骄气和过高的欲望，去掉你那过于苛求的志向，因为这些东西对你都没有什么好处。”

老子的一席话，对孔子触动很大，孔子带着既有点兴奋又有点失落的心情离开了周都洛阳。兴奋是因为问礼的收获，失落是因为老子的劝告。孔子回去后对他的学生说：“鸟，我知道它们善飞；鱼，我知道它们善游；兽，我知道它们善于奔走。对于鸟，可以用箭射它；对于鱼，可以用网捕捉；对于兽，可以用陷阱擒获。至于龙我却无法了解，它是如何乘风驾云直上青天的。我今天见的这位老子，大约就是像龙一样的人物了。”

【原文】

子夏[①]曰：“贤贤[②]易[③]色；事[④]父母能竭[⑤]其力；事君，能致[⑥]其身；与朋友交，言而有信。虽曰未学，吾必谓之学矣。”

【译文】

子夏说：“一个人，能用尊敬贤能的人，来替代爱好美色的心；侍奉父母，能够竭尽全力；服侍君主，能够献出自己的生命；同朋友交往，说话诚实恪守信用。这样的人，尽管他自己说没有学习过，我一定说他已经学习过了。”

【注释】

①子夏：姓卜，名商，字子夏，孔子的学生，比孔子小44岁。

②贤贤：第一个“贤”字作动词用，尊重的意思；第二个“贤”字，是名词，指“贤者”，才德出众的人。贤贤即尊重贤者。

③易：变换，代替。

④事：侍奉，服侍。

⑤竭：尽。

⑥致：献纳，尽力。

【评解】

衡量学习与否的标准不是看学历，不是看文凭，而是看你的行为，看你的言谈举止。

子夏认为，一个人有没有学问，他的学问的好坏，主要不是看他的文化知识，而是要看他能不能实行“孝”、“忠”、“信”等传统伦理道德。只要做到了后面几点，即使他说自己没有学习过，但他已经是有道德修养的人了。

【国学小百科】

周公之礼

《序卦传》曰：“有天地然后有万物，有万物然后有男女，有男女然后有夫妇。”在古代的五伦关系当中，夫妻伦叫“夫妇有别”，夫妇是道，有别是德。先贤曰：“夫妇，人伦之始也。”“夫妇，人伦之至亲至密者也。”夫妇之伦不正，则家不和，家不和则乱象横生。

相传西周初年，世风日下，婚俗混乱。辅佐天子执政的周公为整饬民风，亲自制礼教民。周公格外重视婚礼，从男女说亲到嫁娶成婚，共分纳采、问名、纳吉、纳征、请期、亲迎、敦伦七个环节，每个环节都有具体细致的规定，合称“婚义七礼”、“士婚义七礼”。

为让“士”人理解如何执行“七礼”，周公遂与妻子一起演礼，现身说法。可演示到“敦伦”一节时，周公之妻拒绝了。敦伦，即敦睦夫妇之伦，含有指导新婚夫妇依礼行事的用意。

踌躇间，周公见到儿子伯禽摆弄的几个葫芦瓢，试合两片能重新合为一个葫芦，他灵感顿生。次日，周公把“士”人子弟召到辟雍（学校），讲解“婚义七礼”，说到“敦伦”时，他拿出一对原配的葫芦瓢来，以此为喻：未分之前如混沌一体，剖开之后如男女有别，敦夫妇之伦，就如同把葫芦瓢重新合为一体，其仪男俯女仰，以合天覆地载的万物推原之理，于是阴阳和谐，乾坤有序，维纲常而多子孙。

从此新婚夫妇均据“七礼”行事，原本的教具葫芦瓢也在婚礼上被奉为礼器：用根绳子拴住两个瓢柄，表示夫妇二体合一；又得一仰一合地摆在新房内，象征男俯女仰及子孙繁衍。

到了“礼崩乐坏”的春秋时代，周公制定的婚仪亦渐废弛，孔子遂重修礼典。修到“士婚义”中“敦伦”一节时，他认为时过境迁，可以省掉。“六礼”于是产生。

不过民间照旧把世代相传的葫芦瓢置于婚仪中。孔子又顺遂民意收葫芦瓢入礼书，称为“合卺”，不算婚仪中的正规礼器，而是夫妇“共牢而食”（即共吃祭祀肉食）后以酒漱口的器具。时间一久，不少人认为这是喝“同心酒”的器具；也有人仍学前辈的做法将其一仰一合地放着。

据考古发现，半坡和马家窑文化遗存中，都有模拟葫芦整体和纵剖面的陶制器物，有人就认为这是人类原始的交媾符号；而在漫长的风俗实践中，葫芦也经常扮演男女结合象征物的角色，如有些地区在男女新婚之夜，婆婆要向媳妇赠送葫芦形状的“礼馔”，上面既有莲花一朵暗示女性，又有突起物一个表示男性；有些地区姑娘出嫁时，要佩戴绣有葫芦的织物；还有些地区流行着在洞房梁上悬挂木勺的习俗，也可看作是葫芦瓢的演变。此外，后人常称夫妇同房为“周公之礼”，虽然带有戏谑意味，但也能说明古人对此事之伦理性质的看重。

【相关链接】

诸葛亮择妻

诸葛亮的名字家喻户晓，是智慧忠贤的化身，他辅佐刘备共图大业，最终使蜀汉政权成了三国鼎立的一极。他的一生，奇闻轶事很多，“孔明择妻”便是其中之一。

诸葛亮

诸葛亮不仅有才，而且相貌俊伟，据《三国志·诸葛亮传》记载，诸葛亮“身高八尺，犹如松柏”。湖北沔阳名士黄承彦生性豪放不羁，与诸葛亮相交很好。黄承彦有一个不同寻常的女儿，头发枯黄，颜面黝黑，长得十分难看，因此很多青年男子都不敢娶她。虽说黄氏长得丑，却颇有才干，品德极佳。

有一天，黄承彦见到诸葛亮，听说他想娶妻，便对他说：“我有一个女儿，虽然黄头发黑皮肤，但才能与你绝对相配。”诸葛先生虽然重才轻色，但也想一探虚实。于是，诸葛亮特意去了一趟黄承彦家。

对诸葛亮的到来，黄承彦是作了充分准备的。老早就吩咐家人："只要诸葛相公一到，不用通报，请其径行登堂入室。"

这是一项特殊的礼遇，诸葛亮兴冲冲地昂首而入，不料堂屋两廊间突然窜出两条猛犬，直往客人身上扑来，里厢闻声而出的丫环连忙朝两只猛犬的头上拍了一下，霎时两头猛犬就停止了扑跃之势，再把它们的耳朵拧一下，两只凶猛的猎犬竟然乖乖地退到廊下蹲了下来，仔细一看，原来两只猛犬都是木头制的机械狗，诸葛亮不禁哑然失笑。

黄承彦盛情款待诸葛亮，诸葛亮盛赞两只木犬制作精巧，黄承彦哈哈大笑，说："木犬是小女没事时闹着玩的，不想累你受惊了，真是抱歉得很啊！"诸葛亮游目回顾，见壁上一幅曹大家宫苑授读图，黄承彦立即解释："这画是小女信笔涂鸦，不值行家一笑。"跟着指着窗外如锦繁花说："这些花花草草都是小女一手栽培、灌溉、剪枝、护理。"

由木犬、图画、花草，诸葛亮已经知晓了黄家闺女的才干，他知道这就是他追求的目标。

诸葛亮把黄承彦的女儿娶回家门，他的邻居们以貌取人，不明就里地讥讽："莫学孔明择妻，止得阿承丑女。"他们哪里知道诸葛亮正是得其所哉，庆幸自己娶到了一位贤德的媳妇呢。

诸葛亮自得到这位贤内助后，受益匪浅，不但使他一生无后顾之忧，更使他在事业发展上获得了一个强有力的支柱。因此，诸葛亮择妻的故事，千百年来一直广泛流传于民间。

【原文】

子禽[1]问于子贡[2]曰："夫子[3]至于是邦[4]也，必闻[5]其政，求[6]之与，抑[7]与之与？"子贡曰："夫子温、良、恭、俭、让[8]以得之。夫子之求之也，其诸[9]异乎人之求之与？"

【译文】

子禽向子贡问道："老师到了一个国家，必然听到这个国家的政事，(这种资格）是他自己求得呢，还是别人自动告诉他的呢?”子贡说：“老师是靠自身具备的温和、善良、恭敬、俭朴、礼让这五种品德取得的。他老人家获得‘闻政’的方式方法，或许与别人的求法不同吧?”

【注释】

①子禽：姓陈名亢，字子禽，陈国（今河南东部及安徽部分）人。

②子贡：孔子的学生，姓端木名赐，字子贡，卫国人，比孔子小31岁。子贡是儒商的鼻祖，善做玉石生意。

③夫子：古代对人的敬称，凡是做过大夫的人都可以取得这一称谓。孔子曾担任过鲁国的司寇，所以他的学生们称他为“夫子”。后来也因此而沿袭以称呼老师。《论语》书中所说的“夫子”，都是孔子的学生对他的称呼。

④邦：指当时割据的诸侯国家。

⑤闻：听见，这里是闻达的意思，

⑥求：寻求，谋求。

⑦抑：或者，还是。

⑧温、良、恭、俭、让：温和、善良、恭敬、俭朴、礼让。

⑨其诸：大概，或者。

【评解】

子贡用“温、良、恭、俭、让”五个字概括描写了孔子的风度、性格和修养，孔子依靠温和亲切、心地善良、尊重他人、生活节俭、谦虚礼让的优秀品德和人格力量，获得了人们的信赖、尊重、支持和帮助，从而事半功倍。

“温、良、恭、俭、让”是一种心态，是一种自信，是一种智慧，是一种境界，是一种成熟。“温、良、恭、俭、让”表现在外是一个人做人的态度、行为的风范；植根于内则是人格的修养、文化的积淀。这种高尚的品格于人于己于社会都大有益处。

【国学小百科】

古代人的称谓

1. 称字：古人幼时命名，成年（男 20 岁，女 15 岁）取字，字和名有意义上的联系。字是为了便于他人称谓，对平辈或尊辈称字出于礼貌和尊敬。如称李白为李太白，杜甫为杜子美，韩愈为韩退之，柳宗元为柳子厚，欧阳修为欧阳永叔，司马光为司马君实，苏轼为苏子瞻等。

2. 称号：号又叫别号、表号。名、字与号的根本区别是：前者由父亲或尊长取定，后者由自己取定。号，一般只用于自称，以显示某种志趣或抒发某种情感；对人称号也是一种敬称。如：陶潜号五柳先生，李白号青莲居士，杜甫号少陵野老，白居易号香山居士，李商隐号玉溪生，苏轼号东坡居士等。

3. 称谥号：古代王侯将相、高级官吏、著名文士等死后被追加的称号叫谥号。如欧阳修的谥号为欧阳文忠公，王安石的谥号为王文公，范仲淹的谥号为范文正公，左光斗的谥号为左忠毅公，史可法的谥号为史忠烈公。

4. 称斋名：指用斋号或室号来称呼。如称蒲松龄为聊斋先生，梁启超为饮冰室主人。

5. 称籍贯：如唐代诗人张九龄是曲江人，因此人称张曲江；北宋王安石是江西临川人，故而人称王临川；清初学者顾炎武是江苏昆山亭林镇人，被称为顾亭林。

6. 称郡望：如韩愈虽是河内河阳（今河南孟县）人，但因昌黎（今辽宁义县）韩氏为唐代望族，所以韩愈常以“昌黎韩愈”自称，世人遂称其为韩昌黎。

7. 称官名：把官名用作人的称谓在古代相当普遍。如《与妻书》：“司马春衫，吾不能学太上之忘情也。”“司马”指白居易，曾任江州司马。

8. 称爵名：如诸葛亮曾封爵武乡侯，所以后人以武侯相称；南北朝诗人谢灵运袭其祖谢玄的爵号康乐公，故世称谢康乐。

9. 称官地：指用任官之地的地名来称呼。如贾谊曾贬为长沙王太傅，世称贾长沙；陶渊明曾任彭泽县令，世称陶彭泽；骆宾王曾任临海县丞，世称骆临海。

【相关链接】

司马光勤政爱民

司马光是北宋时期著名政治家、史学家、散文家，北宋陕州夏县涑水乡（今山西运城安邑镇东北）人，出生于河南省光山县，字君实，号迂叟，谥号文正，世称涑水先生。

司马光是一位贤明的宰相和知名的学者。他投注了一生的心血所编纂的《资治通鉴》，记载了中国历史中许多善恶成败的经验教训，为后世子孙留下了一部珍贵的政治殷鉴的宝典。

司马光年仅 6 岁，就具有非同寻常的气质。有一次他听到《春秋左传》的故事之后，非常兴奋，回到家里就讲给家人听，对其中的道理都能很清楚地讲述出来。从那以后他就手不释卷，刻苦读书，有时读到入了神，连吃饭睡觉都忘记了。

在拜读圣贤书的过程中，他不但种下了对历史殷鉴的深刻印象，从而奠定了编纂《资治通鉴》深厚的史学基础，而且也树立了救国救民的远大志向。所以，他一生不但在学问上博古通今，在品德上更是卓绝超迈。

司马光历来朴素节俭，不喜欢奢侈浮华的东西。司马光 20 岁时，考中了进士。皇上赏赐喜宴，在宴席上只有他一人不戴红花，同伴们对他说："这是圣上赏赐的，不能违背君命。"这时他才插上一枝花。由此可见，他是何其勤俭。尤其当他位及宰相时，也依然是粗茶淡饭，衣着简单，生活简朴，一生保持着勤俭清廉的风范。到了司马光晚年，这些事被他写进家训来教育他的儿子司马康。

司马光一生不爱名利，行谊谨慎，从来不说虚妄不实的话。他晚年曾说过，他一生光明磊落，立身处世堂堂正正，从来没有一件事是不可告人的。也就因为他的磊落风范，这一段话成为流传千古的美德。

勤政爱民的司马光在晚年病重的时候，仍然拖着虚弱的身体，亲自处理公务，甚至通宵达旦地工作。有一次他病情加剧，昏昏沉沉，口中仍喃喃自语，仔细一听，所说的全都是天下大事。

季札让国

季札是春秋时吴王寿梦第四子，称公子札，因受封于延陵一带，又称“延陵季子”。

泰伯本是周朝王位继承人，但父亲太王有意传位给幼子季历以及孙子昌。于是泰伯就主动把王位让了出来，自己则以采药为名，逃到荒芜的荆蛮之地，建立了吴国。

数代后，寿梦继承了吴国王位。他的四个儿子当中，以四子季札最有德行，所以寿梦一直有意要传位给他。季札的兄长也都特别疼爱他，认为季札的德行才干，足以继承王位，所以都争相拥戴他即位。但是季札不肯受位，坚持把王位让给哥哥。

哥哥诸樊觉得自己的德能远在季札之下，一心想把持国的重任托付给他，但被季札婉言谢绝了。他说：“曹国之人想拥立贤能的子臧为国君，来取代无德的曹王，但被子臧所拒绝。为了坚守臣民应有的忠义，并打消国人拥立的念头，子臧离开曹国，奔走到了宋，使曹国的君主，仍然得以在位执政。子臧谦恭无争的美德，被人们赞美为能‘守节’的盛德之人。前贤的殷鉴历历在心，国君的尊位，哪里是我季札所希求的呢？虽然我无德，但祈求追比贤圣，则是念念在心啊！”

季札的厚德感动了吴人，他们如同众星拱月般，一心想要拥戴季札为王。不得已之下，季札退隐于山水之间，成日躬耕劳作，以表明他坚定的志节，才彻底打消了吴人的念头。

吴王诸樊一直到去世之前，都还念念不忘弟弟季札。他留下遗训，让后人将王位依次传给几位弟弟，这样最终就能传到幼弟季札的手里，以满先王寿梦生前的遗愿。

继位的吴王夷昧临终前，要把王位传给季札，但被季札再一次拒绝了。为了表明自己坚定的决心，他再度归隐而去。

【原文】

有子曰：“礼①之用，和②为贵。先王之道③，斯④为美。小大由之，有所不行。知和而和，不以礼节⑤之，亦不可行也。”

【译文】

有子说：“礼的运用，以和谐为贵。古代圣明的君王治理国家，可宝贵的地方就在这里，不论小事大事都是由此而行。但也有行不通之处，（这是因为）为和谐而和谐，不以礼来节制，也是不行的。”

【注释】

①礼：礼节、仪式，也指人们的道德规范。

②和：调和，和谐，协调。

③先王之道：指尧、舜、禹、汤、文、武、周公等古代先贤的治世之道。

④斯：这里指礼、和。

【评解】

“和”是儒家所特别倡导的伦理、政治和社会原则。孔子既强调礼的运用以和为贵，又指出不能为和而和，这样就造成了礼与和之间既相矛盾又相统一的辩证关系。如果“和”重于“礼”，就会喧宾夺主。“和”是宾，“礼”是主，不可一味求和而无“礼”，这样“无礼的和”是失去原则的和稀泥，达不到“礼节”所要呈现的完美境界。因此礼的推行和应用要以和谐为贵，并要以礼节制。

【国学小百科】

古代礼仪的产生与发展

中国古代礼仪形成于“三皇五帝”时代，到尧舜时，已经有了成文的礼仪制度，就是“五礼”。这“五礼”指的是吉礼、凶礼、宾礼、军礼和嘉礼。

作为人类祖先的圣贤唐尧、虞舜、夏禹等，他们本身都是讲究礼仪的典范。传说尧年轻的时候十分敬重老人，同辈之间，礼让三先。每次把打回的猎物平分给众人，自己拿最少的一份。有时还把最少的一份猎物再分送给年迈体弱的老者。他的德行受到众人的称颂，所以大家都推选他为首领。虞舜讲究礼仪是历代的楷模。我国的《二十四孝图说》中第一篇《大舜耕田》，就是讲他躬耕历山，任劳任怨，供养父亲、继母和同父异母之弟的故事。

尧舜时期制定的礼仪经过夏、商、周三个奴隶制社会国家1000余年的总结、推广，日趋完善。周朝前期历经文王、武王、成王三个君主，重新“兴正礼乐，度制于是政，而民和睦，颂声兴”。周公还在朝廷设置礼官，专门掌管天下礼仪，把我国古代礼仪制度推向了较为完备的阶段。

春秋时期，孔子把“礼”推向了一个至高无上的地位。他要求所有人都要“克己复礼”，教育他的弟子们做到“非礼勿视”、“非礼勿听”、“非礼勿食”。总之，为了“礼”的需要，可以舍弃一切。为了宣扬古代礼制，他不远千里，从鲁国到西歧向老子（李耳）学礼。

汉武帝时期，“废黜百家，独尊儒术”的治国方略确立后，礼仪作为社会道德、行为标准、精神支柱，其重要性提高到了前所未有的高度。

此后历朝历代都在朝廷设置掌管天下礼仪的官僚机构，如汉代的大鸿胪、尚书礼曹，魏晋时的祠部（北魏又称仪曹），隋唐以后的礼部（清末改为典礼院）等。同时，礼仪学著述越来越重要。

汉代把《周礼》、《仪礼》列为五经之一，是读书人的必修之课。西汉人戴圣在研究前人礼书著作基础上，编纂《礼记》一书，也被列为十三经之一。

此后，历代礼学研究者又在这些礼书的基础上进一步研究，先后出现了《周礼注疏》、《仪礼注疏》、《礼记正义》、《礼说》、《礼记集解》、《礼记集说》、《礼书通故》、《礼书纲目》等数以千卷的礼学著作，成为中国历史文化中一门重要学科，对人类文明进步起着特有的作用。

【相关链接】

孔子尚礼与嵇康无礼

孔子小时候十分崇尚礼制，他聪明好学，富于模仿性，年仅5岁就能组织伙伴模仿祭祀礼仪。这一切都和孔母早期教育分不开。孔母经常给孔子讲故事：从盘古开天地，女娲炼石补天，讲到天命玄鸟降而生商，姜嫄履大人之迹而有周，又讲了尧舜禅让，大禹治水，文王演《易》等许许多多的故事。

一天孔子听母亲讲了周公吐哺、制礼作乐的故事，非常认真地攥着小拳头说：“周公太好了，我长大了也要成为周公那样的人！”

孔子曾到西岐，向老子问礼，后来在鲁国做司寇，代理着相国的职务。他服侍君王，非常尽礼。上朝时，和上大夫交谈，态度中正自然；和下大夫交谈，态度和乐轻松。进入国君的宫门时，低头弯腰，态度恭敬；快到国君面前时，小步快行，态度端谨。走进周公的庙里，每一种事情的礼仪，都要向人询问。

有一次孔子同鲁国的君主在郊外祭祀后，鲁君违背礼制，没有将祭品分给大夫们共享，孔子觉得他们无礼，没等脱下礼帽来，就离开了鲁国，到别的地方去了。路过宋国时，他曾和弟子们在树底下习练礼节。

孔子在平常没有事的时候，容貌很舒畅，神色很愉快，外表虽然温和，却仍旧带着严肃；外表虽然威严，却不流于刚猛；外表虽然恭谨，心里仍是安泰的。他遇到放得不正当的座位，就不肯坐下；在有丧事的人旁边吃饭，从来不吃饱；在这一天里哭过，就不再唱歌。可见得圣人对于小小的事情，也是不肯苟且的。

与孔子相反，在三国时代，魏国嵇康担任中散大夫，文学造诣很深，最喜爱老子、庄子的学说，尊崇自然虚无，本身放荡形骸，认为传统的礼节规矩是束缚而不肯遵守，饮酒也无所节制，以此为自在逍遥。嵇康甚至因此而引来了杀身之祸，丢了性命。

有一次，中书侍郎钟会闻名来拜访嵇康，嵇康见到他来蹲坐不起，然后只顾做他锻铁的事情，无视客人的来访。钟会离去后，一直怀恨嵇康的无礼傲慢。

嵇康曾批评古代的圣王成汤、武王，又轻视传统礼法，大将军司马昭听到后非常生气，加上钟会借机述说其罪状，司马昭于是将嵇康杀掉。

孟母教子

孟子长大成婚后，孟母也时刻不忘在日常生活的点滴之中，帮助孟子不断发现和改正德行上的不足之处。

有一次，天气非常炎热。孟子正准备走进自己的房间，忽然抬头看见妻子由氏，挽着上衣袖子，两只手臂露在外面。十分注重礼仪的孟子心中感到不悦，便停住脚步没有走进房里。

古时候的人们非常注重男女间交往的礼节。如果不是家人或特殊关系，男子一般是不会单独进入女子所在的房间的。

孟母教子

由氏见孟子没有进入房间，便明白了他的意思。她难过地到婆婆那里去辞行："妇人在自己房里看见丈夫，本来是不行宾客礼节的。现在丈夫用宾客之礼要求我，说明是我做得不好，才使丈夫将我当宾客看了。妇人家做客时是不能够留下过夜的。所以，现在我只好向您告别，回到爹娘那里去。"

孟母听完儿媳的话后，立刻召唤孟子。孟子听到后不敢怠慢，马上快步来到母亲面前说："母亲，您有什么吩咐吗？"

母亲对孟子说："《礼记》里讲，如果将要走上厅堂的时候，声音一定要高一些，好让里面的人知道而有所准备。如果将要走进房间，迈过门坎的时候，眼睛一定要向下看，以避免见到人家的疏漏或过失，使人感到尴尬。现在你自己对礼还尚且不明白，就去责备人家，岂不是背离了礼的精神吗？"

听了母亲的教诲，孟子深刻地反省了自己对礼的内涵并不真正明了，感到非常惭愧。于是他向母亲深施一礼说：“感谢母亲的教诲，及时帮助儿子指正过失，并使我对礼有了进一步认识。现在儿子知道错了，一定认真反省改过，请母亲放心。”

孟子对母亲说完，当着母亲的面，转身向由氏施礼道歉说：“刚才是我的错，使你受到了委屈，现在我真心地请你留下来。”由氏见孟子如此真诚，也就欣然应允。

孟母深明义理，保全了儿子和儿媳的家庭幸福。

【原文】

有子曰：“信近①于义②，言可复③也；恭近于礼，远④耻辱也；因⑤不失其亲，亦可宗⑥也。”

【译文】

有子说：“与人有约应该守信，但所约定的事必须合乎义理，方能实践遵守；恭敬要符合于礼，这样才能远离耻辱；所依靠的都是值得亲近的人，也就可靠了。”

【注释】

①近：接近、符合的意思。

②义：指思想和行为符合“礼”的标准。

③复：实践的意思。朱熹《集注》云：“复，践言也。”

④远：音 yuàn，使之远离。

⑤因：依靠、凭借。

⑥宗：主，可靠。

【评解】

孔子的弟子有子认为“信”和“恭”都要以周礼为标准，不符合于礼的话绝不能讲，讲了就不是“信”的态度；不符合于礼的事绝不能做，做了就不是“恭”的态度。

此外，也不可以教条，要灵活应对。诚信，是对合情合理的值得的承诺而言；恭敬，是对值得恭敬的人和事而言。否则，就是迂腐，就是屈辱。

对现实而言，讲信用但要合乎道义和法律，人不一定很讲义气，但能够讲信用也不错了。对人要恭敬，如果能从发自内心尊敬他人的角度去办事，这样就算没有讲究表面上的很多礼节也是可以的。

【国学小百科】

《周礼》

说到中国的礼仪文化，不能不提到《周礼》、《仪礼》和《礼记》，即通常所说的“三礼”。《三礼》是古代礼乐文化的理论形态，对礼法、礼义作了最权威的记载和解释，对历代礼制的影响最为深远。

《周礼》是一部通过官制来表达治国方案的著作，是儒家经典，其成书在战国时期。从其思想内容分析，则说明儒家思想发展到战国后期，融合道、法、阴阳等家思想，与春秋孔子时思想发生极大变化。

《周礼》所涉及之内容极为丰富，大至天下九州，天文历象；小至沟洫道路，草木虫鱼，凡邦国建制，政法文教，礼乐兵刑，赋税度支，膳食衣饰，寝庙车马，农商医卜，工艺制作，各种名物、典章、制度，无所不包。既有祭祀、朝觐、封国、巡狩、丧葬等国家大典，也有如用鼎制度、乐悬制度、车骑制度、服饰制度、礼玉制度等具体规制，还有各种礼器的等级、组合、形制、度数的记载。

《周礼》是以人法天的理想国纲领，作者希望透过此书表达自己对社会、对天人关系的哲学思考，全书的谋篇布局，无不受此左右。儒家认为，人和社会都不过是自然精神的复制品。战国时期，阴阳五行思想勃兴，学术界盛行以人法天之风，讲求人与自然的联系，主张社会组织仿效自然法则，因而有“人法地，地法天，天法道，道法自然”之说。《周礼》作者正是“以人法天”思想的积极奉行者。

《周礼》以天官、地官、春官、夏官、秋官、冬官六篇为构架。天、地、春、夏、秋、冬即天地四方六合，就是古人所说的宇宙。《周礼》六官即六卿，根据作者的安排，每卿统领六十官职。所以，六卿的职官总数为三百六十，三百六十正是周天的度数，所以说《周礼》是以人法天的理想国的蓝图。

东汉末，经学大师郑玄为《周礼》作了出色的注。由于郑玄的崇高学术声望，《周礼》一跃而居《三礼》之首，成为儒家的煌煌大典之一。

【相关链接】

周公制礼

公元前 11 世纪到公元前 771 年是中国历史上的西周时期。为了加强统治，周王朝初期的统治者实行了“封诸侯，建同姓”的政策，把周王室贵族分封到各地，建立西周的属国。

周武王死后，年幼的成王继位，武王的弟弟姬旦即周公辅政。周公旦是位德才兼备并且忠心耿耿的臣子，曹操曾于《短歌行》中以“周公吐哺，天下归心”来赞扬他的忠诚与认真。

周公在“分邦建国”的基础上“制礼作乐”，总结、继承、完善，从而系统地建立了一整套有关“礼”“乐”的完善制度。周公所制定的“礼”，是维护统治者等级制度的政治准则、道德规范和各项典章制度的总称，后来发展为区分贵贱尊卑的等级教条。

“礼”所要解决的中心问题是尊卑贵贱的区分，即宗法制，进一步讲是继承制的确立。由于没有严密的继承制，周公固然可以称“咸王”，管、蔡也可以因争王位而背叛王室。小邦周不能不考虑大邦殷的经验教训，何况周公对夏殷历史是了如指掌的。

殷代从先妣特祭和兄终弟及的人数有限看，是分了嫡庶的，是子以母贵。殷是传弟和传子并存，曾导致了“九世之乱”。传弟终究还要传子，这本来是生物的规律。传子和传弟有传长、传幼和传贤的矛盾。传弟更有个传弟之子和传兄之子的矛盾。这些矛盾的存在，往往导致王室纷争，王室纷争又会导致王权衰落，国祚不久。殷代从康丁以后，历经武乙、文丁、帝乙、帝辛（纣），明显地废除了传弟制而确立了传子制。周在周公之前也没确立嫡长制，继太王的不是泰伯和仲雍，而是季历。武王有兄名伯邑考，文王却以武王姬发为太子。

自周公以后，历成王、康王、昭王、穆王、共王、懿王，除去孝王外直到幽王都是传子的，这不是偶然的，这种制度即嫡长子继承制的确立应归功于周公。

周公确立的嫡长子继承制，即以血缘为纽带，规定周天子的王位由长子继承。同时把其他庶子分封为诸侯卿大夫。他们与天子的关系是地方与中央、小宗与大宗的关系。

嫡长子继承制确立以后，只有嫡长子有继承权，这样就在法律上避免了支庶兄弟争夺王位，起到稳定和巩固统治阶级秩序的作用。

周公旦还制定了一系列严格的君臣、父子、兄弟、亲疏、尊卑、贵贱的礼仪制度，以调整中央和地方、王侯与臣民的关系，加强中央政权的统治，这就是所谓的礼乐制度，孔子一生所追求的就是这种有秩序的社会。

周公把宗法制和政治制度结合起来，创立了一套完备的服务于奴隶制的上层建筑。周天子是天下大宗，而姬姓诸侯对周天子来说是小宗。而这些诸侯在自己封国内是大宗，同姓卿大夫又是小宗，这样组成一个宝塔形结构，它的顶端是周天子。周代大封同姓诸侯，目的之一是要组成这个以血缘纽带结合起来的政权结构，它比殷代的联盟形式前进了一大步。

【原文】

子贡曰："贫而无谄[1]，富而无骄，何如[2]？"子曰："可也。未若贫而乐，富而好礼者也。"

子贡曰："《诗》云，'如切如磋！如琢如磨[3]'，其斯之谓与？"子曰："赐[4]也！始可与言《诗》已矣，告诸[5]往[6]而知来者[7]。"

【译文】

子贡说："虽然贫穷而能不谄媚，虽然富有而能不骄傲自大，怎么样？"孔子说："可以算不错了，只是还不如贫穷仍能乐道，富贵仍然好礼之人。"

子贡说："《诗》上说，'要像对待骨、角、象牙、玉石一样，切磋它，琢磨它'，就是讲的这个意思吧？"孔子说："赐呀，你能从我已经讲过的话中领会到我还没有说到的意思，举一反三，我可以同你谈论《诗》了。”

【注释】

①谄：音 chǎn，意为巴结、奉承。

②何如：怎么。

③如切如磋，如琢如磨：此二句见《诗经·卫风·淇澳》。有两种解释：一说切磋琢磨分别指对骨、象牙、玉、石四种不同材料的加工，否则不能成器；一说加工象牙和骨，切了还要磋，加工玉石，琢了还要磨，有精益求精之意。

④赐：子贡名，孔子对学生都称其名。

⑤诸：同“之”。

⑥往：过去的事情。

⑦来：未来的事情。

【评解】

孔子希望他的弟子以及所有的人们，都能够达到贫而乐道、富而好礼这样的理想境界。“贫而乐”比“贫而无谄”的境界高出一层，“富而好礼”亦比“富而无骄”更进一步。贫而无谄，只表明个人的一种骨气，但未如安贫乐道更有价值。富而无骄，只表明能够抑制自己内心的骄慢，但不如“好礼”有更积极的意义。

孔子对子贡比较满意，在这段对话中可以看出，子贡能独立思考、举一反三，因而得到孔子的赞扬。这是孔子教育思想中的一个显著特点。

【国学小百科】

《诗经》

《诗经》是我国最早的一部诗歌总集，共收录自西周初期至春秋中叶约五百年间的诗歌 305 篇。最初称《诗》或《诗三百》，被汉代儒者奉为经典，乃称《诗经》。

现存的《诗经》是汉朝毛亨所传下来的，所以又叫“毛诗”。据说《诗经》中的诗，当时都是能演唱的歌词。按所配乐曲的性质，可分为风、雅、颂。

“风”包括周南、召南、邶风、鄘风、卫风、王风、郑风、齐风、魏风、唐风、秦风、陈风、桧风、曹风、豳风，称为“十五国风”，大部分是黄河流域的民歌，小部分是贵族加工的作品，共160篇。“雅”包括小雅和大雅，共105篇。“雅”基本上是贵族的作品，只有小雅的一部分来自民间。“颂”包括周颂、鲁颂和商颂，共40篇。颂是宫廷用于祭祀的歌词。一般来说，来自民间的歌谣，生动活泼，而宫廷贵族的诗作，相形见绌，诗味不多。

《诗经》开创了我国古代诗歌创作的现实主义优秀传统，是中国韵文的源头，是中国诗史的光辉起点。

《诗经》形式多样，史诗、讽刺诗、叙事诗、恋歌、战歌、颂歌、节令歌以及劳动歌谣样样都有。它内容丰富，对周代社会生活的各个方面，如劳动与爱情、战争与徭役、压迫与反抗、风俗与婚姻、祭祖与宴会，甚至天象、地貌、动物、植物等各个方面都有所反映。

《诗经》是周代社会的一面镜子，而《诗经》的语言是研究公元前11世纪到公元前6世纪汉语概貌的最重要资料。

【相关链接】

孔子删《诗》

孔子“删诗”指的是春秋时期，诗歌是很多的，据司马迁说有3000多篇，后来孔子十取其一，整理成集，就剩下了305篇。

孔子晚年，在离开鲁国14年之后，又回到了故乡鲁国。当孔子的现实政治活动失败后，他埋头于古代典籍的整理；在被自己的时代拒绝之后，他成功地通过文化符号进入了未来的世纪；在被几个诸侯国的诸侯和政客拒绝后，他的影响力却遍及全世界，名声响彻天下。

孔子本来是想通过立功来传名后世的，像他终生倾慕的周公一样。但这一点已经毫无疑问地没有可能了。于是他便想通过立言来达到不朽，在这一点上，他成功了，而且在立言中他还立了德。正因为他的手，那些积满时光尘土的古典才成为“经”，而为后世不断地钻研，又在这不断的琢磨中发出历久弥新的光芒。

孔子把《诗》当做教材，传授给弟子们，正是因为这种口耳相传式的传授，才使得《诗经》能避开暴君嬴政的焚书之火和莽汉项羽的复仇之火，斯文不灭。他还庄重地为《诗》回护，说："诗三百，一言以蔽之，曰思无邪！"

"删诗说"最初出于司马迁，司马迁在《史记·孔子世家》中记载："古者诗三千余篇，及至孔子，去其重，取可施于礼义……三百五篇孔子皆弦歌之，以求合韶武雅颂之音。"认为古代存留诗歌3000余首，经孔子删订而成今日《诗经》中三百余首的规模。

【原文】

子曰："不患①人之不己知，患不知人也。"

【译文】

孔子说："不必忧虑别人不知道我，应该忧虑我不能了解别人。"

【注释】

①患：忧虑，怕。

【评解】

这段话是孔子对自己学生所传授的为人处世之道。真正公平的理解是人与人之间相互理解。我们不要在意别人理不理解自己，别人知不知己已经不重要了，重要是自己是否能正确地认识自己，既不要自我贬低，也不要自吹自擂，同时更重要的是要了解他人、理解他人。

【国学小百科】

知音的由来

春秋时期，有一位琴师叫俞伯牙，他从小就拜一个著名的琴师为师。他不但刻苦求学，而且善于思考。每弹一支曲子，除了按照严格的指法规定去练习外，还认真体会曲子所表达的情感和意境。他的老师带着他到东海的蓬莱山，领略大自然的壮美神奇，使他从中悟出了音乐的真谛。

渐渐地，俞伯牙的琴弹得越来越好，成为当时著名的琴师。虽然俞伯牙自己创作了不少曲子，也有许多人赞美他的琴艺，但他却认为一直没有遇到真正能听懂他琴声的人。这使他觉得很苦恼。

有一年，俞伯牙奉晋王之命出使楚国。八月十五那天，他乘船来到了汉阳江口。遇风浪，停泊在一座小山下。晚上，风浪渐渐平息了下来，云开月出，景色十分迷人。望着空中的一轮明月，俞伯牙琴兴大发，拿出随身带来的琴，专心致志地弹了起来。他弹了一曲又一曲，正当他完全沉醉在优美的琴声之中的时候，猛然看到一个人在岸边一动不动地站着。俞伯牙吃了一惊，手下用力，“啪”的一声，琴弦被拨断了一根。俞伯牙正在猜测岸边的人为何而来，就听到那个人大声地对他说：“先生，您不要疑心，我是个打柴的，叫钟子期，回家晚了，走到这里听到您在弹琴，觉得琴声绝妙，不由得站在这里听了起来。”

俞伯牙借着月光仔细一看，那个人身旁放着一担干柴，果然是个打柴的人。俞伯牙心想：一个打柴的樵夫，怎么会听懂我的琴呢？于是他就问：“你既然懂得琴声，那就请你说说看，我弹的是一首什么曲子？”听了俞伯牙的问话，钟子期笑着回答：“先生，您刚才弹的是孔子赞叹弟子颜回的曲谱，只可惜，您弹到第四句的时候，琴弦断了。”

俞伯牙听了很吃惊，心想一个打柴的竟能懂得音乐，真不简单！俞伯牙不禁大喜，忙邀请钟子期上船来细谈。钟子期看到俞伯牙弹的琴，便说：“这是瑶琴，相传是伏羲氏造的。”接着他又把这瑶琴的来历说了出来。听了钟子期的这番讲述，俞伯牙心中不由得暗暗佩服。接着俞伯牙又为钟子期弹了几曲，请他辨识其中之意。

俞伯牙刚弹完一段，钟子期就赞叹道：“真好啊，听到这琴声真像是见到了高山！”俞伯牙又弹了一支曲子，谁知钟子期听后又连声赞叹道：“这琴声多么像流淌的河水，从山涧直奔大海！”俞伯牙连忙出来握住钟子期的双手，称他为“知音”。俩人相见恨晚，结拜为兄弟。约定来年的中秋再到这里相会。

和钟子期洒泪而别后第二年中秋，俞伯牙如约来到了汉阳江口，可是他等啊等啊，怎么也不见钟子期来赴约，于是他便弹起琴来召唤这位知音，可是又过了好久，还是不见人来。第二天，俞伯牙向一位老人打听钟子期的下落，老人告诉他，钟子期已不幸染病去世了。临终前，他留下遗言，要把坟墓修在江边，到八月十五相会时，好听俞伯牙的琴声。

听了老人的话，俞伯牙万分悲痛，他来到钟子期的坟前，凄楚地弹起了古曲《高山流水》。弹罢，他挑断了琴弦，长叹了一声，把心爱的瑶琴在青石上摔了个粉碎。他悲伤地说："我惟一的知音已不在人世了，这琴还弹给谁听呢？"

为了纪念这两个人，人们就在他们相遇的地方，筑起了一座古琴台。后来人们就用"知音"来称呼自己的知心朋友。

【相关链接】

伯乐相马

伯乐本来的名字叫孙阳，他是春秋秦穆公时的人，很会辨别马匹的好坏，是著名的相马师，所以人们叫他伯乐（传说中，天上管理马匹的神仙叫伯乐）。

一次，伯乐受楚王的委托，购买能日行千里的骏马。伯乐向楚王说明，千里马少有，找起来不容易，需要到各地寻访，请楚王不必着急，他会尽力将事干好。

一天，伯乐从齐国返回，在路上，看到一匹马拉着盐车，很吃力地在陡坡上行进。马累得呼呼喘气，每迈一步都十分艰难。伯乐对马向来亲近，不由走到跟前。马见伯乐走近，突然昂起头来瞪大眼睛，大声嘶鸣，好像要对伯乐倾诉什么。伯乐立即从声音中判断出，这是一匹难得的骏马。

伯乐对驾车的人说："这匹马在疆场上驰骋，任何马都比不过它，但用来拉车，它却不如普通的马。你还是把它卖给我吧。"

驾车的人认为伯乐是个大傻瓜，他觉得这匹马太普通了，拉车没气力，吃得太多，骨瘦如柴，毫不犹豫地同意了。

伯乐牵走千里马，直奔楚国。伯乐牵马来到楚王宫，拍拍马的脖颈说：“我给你找到了好主人。”千里马像明白伯乐的意思，抬起前蹄把地面震得咯咯作响，引颈长嘶，声音洪亮，如大钟石磬，直上云霄。

楚王听到马嘶声，走出宫外。伯乐指着马说：“大王，我把千里马给您带来了，请仔细观看。”楚王一见伯乐牵的马瘦得不成样子，认为伯乐愚弄他，有点不高兴，说：“我相信你会看马，才让你买马，可你买的是什么马呀，这马连走路都很困难，能上战场吗？”

伯乐说：“这确实是匹千里马，不过拉了一段车，又喂养不精心，所以看起来很瘦。只要精心喂养，不出半个月，一定会恢复体力。”

楚王一听，有点将信将疑，便命马夫尽心尽力把马喂好，果然，马变得精壮神骏。楚王跨马扬鞭，但觉两耳生风，喘息的功夫，已跑出百里之外。后来千里马为楚王驰骋沙场，立下不少功劳。

伯乐有一个朋友名叫方九皋，也很会相马。有一次，他找来了一匹骏马，告诉秦穆公说这是黄色的雌马。秦穆公牵来一看，却是一匹栗色的雄马，不禁大失所望。

事后，穆公对伯乐说：“方九皋连雄马、雌马，以及毛色都分不清楚了，怎么可能看得出马的好坏呢？”

伯乐不以为然，他认为方九皋看重马的内在精神，而不重外形。穆公听了，再牵出马仔细察看，果然是天下最好的马。

为政篇第二

【原文】

子曰：“视其所以[1]，观其所由[2]，察其所安[3]，人焉廋[4]哉？人焉廋哉？”

【译文】

孔子说："（要了解一个人），应看他言行的动机，观察他为达到一定的目的所采用的方式方法，考察他安心干什么，这样，这个人怎样能隐藏得了呢？这个人怎样能隐藏得了呢？"

【注释】

①所以：所做的事情。
②所由：所走过的道路。
③所安：所安的心境。
④廋：音 sōu，隐藏，藏匿。

【评解】

孔子认为，要全面了解一个人必须做到：从言论、行动和内心表现，听其所言，观其所行，察其心境，那么这个人就没有什么可以隐瞒得了的。

【国学小百科】

中国古代的相术

相术又称人相学，指通过观察分析人的形体外貌、精神气质、举止情态等方面的特征来测定，评判人的禀性和命运的学问。"相"包括两方面的含义：一指命相，一指看相。

古人认为"人命禀于天，则有表候于体。"即是说，但凡人的一切外在表征都含有关涉不同命运的深层意蕴。因此只要把握规律，也就可以探测出其中的命运消息。

按存在方式，命相可分为骨相、面相、色相等；按所示命禄的属性，则可分为福相、寿相、贫相、夭相等。既然确信外在表征蕴含着人的命运消息，也就自然会有人来解读这种命运密码。于是，就有了看相这种社会活动。看相，过去雅称"风鉴"。

古代相学名流群芳灿若星辰，如春秋时期的姑布子卿，战国晚期的唐举，汉代许负，唐代袁天纲、李淳风，宋初麻衣道者、陈抟，明代袁忠微，清代陈钊等，皆负盛名。其社会影响不在同时代的达官显贵、文人学士之下。

相学在中国有着悠久的历史。最早约可追溯到公元前 7 世纪的春秋之际。《左传·文公元年》载：一次会葬中，公孙敖听说周天子派来参加葬礼的内史叔服会看相，便让自己的两个儿子出来相见。叔服对公孙敖说："谷可以祭祀供养你，难可以安葬你。谷的下颌丰满，其后代必定兴于鲁国。"

《史记·绛侯周勃世家》也有相关记载：周亚夫为河南太守时，相士许负看过他的面相之后说："您三年后将封侯，再过九年则饿死。"周亚夫不信，说："既然封侯，又怎么会挨饿呢？"许负指着他的嘴说："您嘴边有两条线纹入口，命相所定，必遭此厄。"后周亚夫果然饿死狱中。许负用以测断周亚夫命禄的依据是其体之"表侯"，也即相学中所说的命相。

《吴越春秋》等史书中亦有关于姑布子卿、吴市吏等早期相者活动情况的记载。至战国，看相始流行。《增孔子·执节篇》载：魏安茵王问子顺，拜马回为相是否合适。子顺答曰："长眼猪视者诡诈。"后马回为相，终以谄获罪。

作为一种命学术数，其初时较为简单。通过长期的历史发展，相士们不再简单地将人的某一部位的大致差别作为命禄的表征，而是通过归纳、分类，将它看作层次细腻、内容丰富的集合体。

如耳朵的命相就可分为二十余种，面相更是细分为一百多个部位。同时，由过去从某一部位的特征孤立地推论命禄变为将人的形体部位看作有机的统一整体，依据各部位的相互关系来推测人的命运前景。

论相谈命的内容也由最初简单的寿夭、贵贱，发展到人的仕途、职业、俸禄、疾病、子嗣、婚姻、家庭等，几乎将人生所有的生活内容全部囊括。后来在发展中还将气色说与形体部位的命相交融起来，以部位特征决定总的命运走向，气色决定某时空范围具体的吉凶福祸的变化，从而形成了一套既有相对稳定又变化无穷的看相方法。

中国春秋时代已出现不完备的相书。两汉时期，相学得到迅速发展。仅刘邦一家看相的事迹，《史记》就有种种详细的记载。但凡汉代发迹显达之人，如丞相周亚夫、长平侯卫青、吴王濞、淮南王英布、将军李广、御史大夫倪宽等，都有命相故事传世。

据《后汉书》记载：东汉时连皇宫挑选嫔妃、采女都须经相士过目。随着看相习俗的广泛流行，此时相学理论体系初步建立。《汉书·艺文志》载有《相人》二十四卷。据《怀庆府志》记载，仅当时的著名相士许负就著有相书《德器歌》、《五官杂记》、《听声相形》诸种。

至李唐，看相成为重要的社会职业，相书多达三十余种，一百三十多卷。其中最重要的相书是敦煌本《相书》，有9卷，35篇，认为人体的各个部位都可以相。内容也从服务于少数人的升官发财，发展到求子求女、求贤夫贤妻、求田地等，渗透到人们的日常生活中。

此后宋、明两朝，看相风气发展到巅峰。出现了完整的相书《麻衣相法》，其主要内容是相五官，作者相传是麻衣道士。《麻衣相法》汇集了宋以前相学的精华，建立了比较完整的体系，开创了中国相学的应用领域，并使相术在朝野广为流传。许多相士成为显贵，不少知识分子、上层名流以浓厚的兴趣研究相学理论。明代有相书《柳庄相法》，作者袁珙，一生游历，曾与一位异僧学习相术。他能以听声、观相推断人之吉凶。

清代的相术著作，为旧有相书的解释、改编或修订，无大发展。随着相术不被统治阶级重视而流于市井乡陌，成为纯粹的末流小道，相术逐渐衰落。

【相关链接】

扁鹊见蔡桓公

扁鹊觐见蔡桓公，站了好一会儿说道：“您有病在皮下，要是不治，恐怕会加重。”

蔡桓公回答说：“我没有病。”

扁鹊退出后，蔡桓公说：“医生总是喜欢给没病的人治病，并把这作为自己的功劳。”

过了十天，扁鹊又拜见蔡桓公，说：“您的病已经到了肌肤，要是不治，就会更加厉害了。”蔡桓公听后不理睬他。

扁鹊退出，蔡桓公又是很不高兴。

过了十天，扁鹊再次拜见蔡桓公，说：“您的病已经进入肠胃，要是不治，就更加严重了。”蔡桓公仍不理睬他。

扁鹊退出，蔡桓公又是极不高兴。

又过了十天，扁鹊远远地看见桓公转身就跑。

扁鹊

蔡桓公很奇怪，故此特派人去问他，扁鹊说：“病在皮下，用药热敷治疗就可以医治好；病在肌肤之间，用针刺就可以医治好；病在肠胃中，用清火汤剂就可以医治好；要是病在骨髓，那就是掌管生命的神所管的了，我就没有办法治疗了。现在桓公的病已发展到骨髓里面，我因此不再过问了。”

过了五天，蔡桓公感到浑身疼痛，便派人去寻找扁鹊，这时，扁鹊已经逃到秦国去了。

【原文】

子曰：“温故[①]而知新[②]，可以为师矣。”

【译文】

孔子说：“能从温习旧知识当中，领悟出新的道理来，就可以当老师了。”

【注释】

①温故：温习旧知识。

②新：刚刚学到的知识。

【评解】

学习最重要的是获取心得，逐步达到无师自通的程度，需要不断温习所学过的知识，从而可以获得新知识。人们的新知识、新学问往往都是在过去所学知识的基础上发展而来的。因此，温故而知新是一个十分可行的学习方法。达到无师自通，就可以做别人的老师了。

【国学小百科】

古代教师的特点

在原始社会末期和阶级社会初期，政治、宗教、教育逐渐从生产劳动中分离出来，于是产生了政权、教会、学校，学校已开始成为一个独立的社会职能和独立的社会过程，这就是古代学校。这时，脑力劳动者从体力劳动者中也逐渐分离出来，这就是政治领袖、官吏、僧侣、艺术家和学者，这就是古代知识分子。他们中的很多人担任或兼任古代学校的教育工作，这就是古代教师。

古代学校只有阶级性而没有生产性，只有等级性而没有群众性。因而古代学校必须要以官吏和僧侣为师。例如我国秦代以吏为师，欧洲中世纪则多以僧侣为师。这就是说，在那个时候，虽然已经有了学校，但还没有从官府和教会中完全分离出来；虽然已经有了教师这个职业，但还没有成为专门的职业，专业性还很差，对教师的需求量也不大，因而那时也就没有师范教育。古代学校教师的主体是剥削阶级的一部分。

古代教师的特点可以分为三个阶段加以叙述：

1. 原始社会教师：尚未形成专门的职业，教育活动完全融合于生产、生活过程中。

2. 奴隶社会教师：官师合一，明显的阶级性，具有一定的职业性。

3. 封建社会教师：由文人、学者执教，打破了以往教师非官莫属的状况；教师的工作是为统治阶级服务的；教师主要采取个别教育的形式。

【相关链接】

孔子学琴

孔子向鲁国著名的乐师师襄子学琴。师襄子教了他一首新曲，孔子练了十天还在练，师襄子对孔子说：“这首曲子你已经弹熟练了，可以练新曲子了。”孔子说：“我仅仅学会了曲谱，但还没能把握其中的韵致规律和结构呢。”

孔子学琴

过了一段时间，师襄子又到孔子家，见孔子正埋头练琴。师襄子说：“你已掌握了韵致的规律，可以另学新曲了。”孔子回答说：“我还没有体会到这首曲子的真正内容呢。”于是继续练琴。

又过了一段时间，师襄子再次到孔子家，还没走进孔子书房，就听到一阵阵悠扬的琴声，时而急速如千军万马，时而缓缓如流水潺潺，时而低回委婉似窃窃私语，时而高亢挺拔似巍峨高山……师襄子箭步进入书房对孔子说：你不但熟练了弹奏的技法，掌握了其中的规律，而且完全弹出了它的思想感情，可以弹别的曲子了。”孔子摇头回答说：“但我还没能完全进入其人的心智境界，还不知道他是什么样的人呢。”

又过了几天，孔子神情俨然，仿佛进到新的境界：时而庄重穆然，若有所思，时而怡然高望，志意深远。他对师襄子又说：“我从乐曲中感觉到他了：黑黑的面孔，高高的身材，目光深邃，威武庄严，很有王者的气度，除了文王，还能是谁呢？”师襄子听后，十分敬佩地说：“我的老师也认为这正是《文王操》呢。”

【原文】

子曰：“君子不器①。”

【译文】

孔子说：“君子不要像器皿一样（只有某一方面的用途）。”

【注释】

①器：器皿。

【评解】

君子是孔子心目中具有理想人格的人。孔子认为君子进德修正，无论是做学问还是从政，都应该博学而才能广泛，努力使自己成为适应各个方面的通才。

作为为政的君子，应多才多艺，是个全才，对内可以妥善处理各种政务；对外能够应对四方，不辱君命。

【国学小百科】

古人理想的修身人格——君子

“仁”是儒家思想伦理道德的最高境界，但是，落实到个人的具体修养上，“君子”则是其理想的人格典范。孔子的弟子曾参强调“君子以文会友，以友辅仁”（《论语·颜渊》）。试图以君子的成立来辅助仁的修养的实现或者是将仁的高标准落实到具体的实践——君子人格上。

孔子曾言：“君子有九思：视思明、听思聪、色思温、貌思恭、言思忠、事思敬、疑思问、忿思难、见得思义。”

曾参说：“君子有三费，饮食不在其中。君子有三乐，钟磬琴瑟不在其中……有亲可畏，有君可事，有子可遗，此一乐也；有亲可畏，有君可去，有子可怒，此二乐也；有君可喻，有友可助，此三乐也……少而学，长而忘之，此一费也；事君有功，而轻负之，此二费也；久交友而中绝之，此三费也。”

《曾子立事》篇还有大量对君子的严格要求："君子不绝人之欢，不尽人之礼，来者不豫，往者不慎也。去者不谤，就之不赂，亦可谓之忠矣。君子恭而不难，安而不舒，逊而不谄，宽而不纵，惠而不俭，直而不往，亦可谓知矣。"

由于曾参学派对"君子"的要求过分严厉，所以有时又不免流露出一些道家者流的味道。《曾子立事》篇还说："君子不绝小不殄微也，行自微也不微人，人知之则愿也，人不知苟吾自知也，君子终身守此勿勿也。""君子见利思辱，见恶思诟，嗜欲思耻，忿怒思患，君子终身守此战战也。"这种做人的小心翼翼的态度，虽其要求基本上还是在儒家的范围之中，但用道家的逻辑来要求君子，其消极避让的倾向已很明显。这种倾向，也许是曾参当初要避免的，但思想的发展，形同其他许多人能参与其中的事情一样，进行到一定程度之后，便会出现自身难以把握的变形。

【相关链接】

信陵君窃符救赵

魏公子无忌是魏昭王的小儿子，魏安王的异母弟弟。昭王去世后，安王继位，封公子为信陵君。

公子为人仁爱而尊重士人，士人无论是才能高的还是差的，都谦逊而礼貌地结交他们，不敢以自己的富贵（身份）慢待士人。几千里内的士人都争着归附他，招来食客三千人。这时候，诸侯由于公子的贤能，又有很多食客，十几年不敢兴兵谋取魏国。

魏安王二十年，秦昭王已经击破了赵国长平的军队，又进兵包围邯郸，公子的姐姐是赵惠文王弟弟平原君的夫人，多次送信给魏王和公子，向魏国求救。魏王派将军晋鄙率领十万部队援救赵国。秦王派使者警告魏王说："我攻打赵国，朝夕之间将可攻下，诸侯有敢于援救赵国的，等我拿下赵国之后，一定调动军队先去攻打他。"魏王恐惧，派人制止晋鄙，让军队留在邺城筑垒，名义上是援救赵国，实际上是观望双方的形势。

信陵君因力劝魏王出兵救赵不成，怀抱一腔义愤，亲率自己的三千门客，单独赶赴邯郸，要与秦军拼命。信陵君的门客侯嬴劝谏道："公子，凭您带的这么几个人，去跟强秦硬拼，岂不是白白送死吗？"

信陵君说："可是，我家王兄慑于秦王淫威，不敢出兵救援赵国。我又岂能眼看着秦军围困邯郸，对赵国见死不救呢？何况，那里还有我的亲姐姐。"

"那也不能如此鲁莽行事。我听说魏国将军晋鄙所持的兵符（古时调兵用的凭证，分为两半，右半留在朝廷，左半发给统兵的将领，只有两半兵符合拼一处，才能调动军队）的右半在魏王宫中，只要拿到那东西，您就可把晋鄙的兵权夺过来了。"

侯嬴接着说："听说兵符藏在大王的卧室里，只有如姬能把它拿到手。当初如姬的父亲被人害死，她要求大王给她寻找那个仇人，找了三年都没有找到。后来还是公子叫门客找到那仇人，替如姬报了仇。如姬为了这件事非常感激公子。如果公子请如姬把兵符盗出来，如姬一定会答应。公子拿到了兵符，去接管晋鄙的兵权，就能带兵和秦国作战。这比空手去送死不是强多吗？"

信陵君听了，如梦初醒。他马上派人去跟如姬商量，如姬一口答应。当天午夜，乘着魏王熟睡的时候，如姬果然把兵符盗了出来，交给一个心腹，送到信陵君那儿。

信陵君启程时，侯嬴说："将军在外作战，国君的命令也有不接受的，这样对国家有好处。公子合上兵符之后，如果晋鄙不把兵权交给公子而再次请示魏王，事情就一定很危险了。我的朋友朱亥可以同公子一道前往，这个人是个大力士。晋鄙如果听从，极好；如果不听从，可以让朱亥击杀他。"

信陵君带着朱亥等人，来到魏军的驻地邺，拿出窃得的兵符，假传魏王命令，让晋鄙交出兵权。

晋鄙接过兵符与自己携带的另一半一对拼完全符合。可他仍有疑窦，对信陵君说："大王让我统率十万大军于此驻扎，干系重大，你单身来替换我，这哪行呢？"

晋鄙的话音刚落，站在信陵君身后的朱亥大喝一声："你不听大王命令，想反叛吗？"

不由晋鄙分说，朱亥就从袖子里拿出一个四十斤重的大铁锤，向晋鄙劈头盖脑砸过去，结果了晋鄙的性命。

魏公子

信陵君于是掌管了晋鄙的军队，集合士兵，在军中传达命令说："父子都在军中的，父亲回去；兄弟都在军中的，哥哥回去；独生子没有兄弟的，回去赡养父母。"于是得到精锐士兵八万人，进兵攻击秦军。

秦将王龁没防备魏国的军队会突然进攻，手忙脚乱地抵抗了一阵，渐渐支持不住了。

邯郸城里的平原君见魏国救兵来到，也带着赵国的军队杀出来。两下夹攻，打得秦军像山崩似的倒了下来。秦国多少年来，没有打过这么一个大败仗。王龁带兵败退，还有二万名秦兵被赵兵围困住，投降了。

信陵君与侯嬴诀别之后，到了晋鄙的军营，侯生已面朝北方自杀了。

魏王对公子盗走他的兵符，假传命令杀了晋鄙，很恼怒，信陵君自己也知道这一点。他击退秦军保全赵国之后，派将领统帅军队回到魏国，他自己却与门客留在了赵国。

【原文】

子曰："学而不思则罔①，思而不学则殆②。"

【译文】

孔子说："只读书学习而不思考问题，就会惘然无知而没有收获；只空想而不读书学习，就会疑惑而不能肯定"。

【注释】

①罔：迷惑，糊涂。

②殆：疑惑，危险。

【评解】

孔子认为，在学习的过程中，学与思应相贯通。学而不思，人会被知识的表象所蒙蔽，不能深辨其真意所在，必致迷惘无所得；学而不思，只能被书本牵着鼻子走，就会被书本所累，从而受到书本表象的迷惑而不得其解，容易迷失自己。思而不学，则成无源之水。只有把学习和思考结合起来，才能学到有用的真知。

【国学小百科】

推敲的由来

唐代诗人贾岛，作诗时非常讲究铸字炼句，反复苦吟思索。为了一句诗或是诗中的一个词，不惜耗费心血，花费工夫。贾岛曾用几年时间作了一首诗。诗成之后，他热泪横流，不仅仅是高兴，也是心疼自己。

有一次，贾岛骑着毛驴在长安朱雀大街上走。当时正是深秋时分，秋风一吹，落叶飘飘，景色十分迷人。贾岛一高兴，吟出一句“落叶满长安”来。但一琢磨，这是下句，还得有个上句才行。他就苦思冥想起来，一边骑驴往前走，一边念念叨叨。对面有个官员过来，不住地鸣锣开道。那锣敲得山响，贾岛愣是没听见。那官员不是别人，正是京兆尹刘栖楚，用今天的职务来说就是长安市市长。刘栖楚见贾岛闯了过来，非常生气。贾岛忽然来了灵感，大叫一声：“秋风生渭水”，刘栖楚吓了一跳，以为他是个疯子，叫人把他抓了起来，关了一夜。贾岛虽然吃了不少苦头，却吟成了一首诗《忆江上吴处士》。

贾岛吃了一回亏，还是不长记性，没过多久，他又一次骑驴闯了官道。

原来这天，贾岛骑驴访问隐居的友人李凝，正好友人外出未归，他便在门墙上题诗一首（即《题李凝幽居》），共八句，描绘李凝隐居地的幽静景色，叙述自己来访不遇，以后再来，一同隐居。从李凝隐居地往回走，贾岛一直觉得这首诗的三四句有个字似乎应该改一改。原诗中两句是：“鸟宿池边树，僧推月下门。”他想：究竟用“推”字好呢，还是改为“敲”字好？

贾岛推敲

贾岛在驴背上反复思索，总是犹豫不决，不知不觉间用手做出推和敲的姿势，想把这个字定下来。不知不觉地就骑着驴闯进了长安地方长官韩愈的仪仗队里。

韩愈比刘栖楚有涵养，他问贾岛为什么乱闯。贾岛就把自己作了一首诗，但其中一句拿不定主意是用“推”好，还是用“敲”好的事说了一遍。韩愈听了，哈哈大笑，对贾岛说：“我看还是用‘敲’好，万一门是关着的，推怎么能推开呢？再者去别人家，又是晚上，还是敲门有礼貌呀！而且一个‘敲’字，使夜静更深之时，多了几分声响。静中有动，岂不活泼？”贾岛听了连连点头，他这回不但没受处罚，还与韩愈交上了朋友。

“推敲”也成为“在文字上用心雕琢”的代名词而流传下来。成语“推敲”的出典，就是这个故事。

【相关链接】

纸上谈兵

公元前262年，秦昭襄王派大将白起进攻韩国，占领了野王，截断了上党郡和韩都的联系，上党形势危急。上党的韩军将领不愿意投降秦国，打发使者带着地图把上党献给赵国。

赵孝成王（赵惠文王的儿子）派军队接收了上党。过了两年，秦国又派王龁围住上党。赵孝成王听到消息，连忙派廉颇率领二十多万大军去救上党。才到长平，上党已经被秦军攻占了。王龁还想向长平进攻。廉颇连忙守住阵地，叫兵士们修筑堡垒，深挖壕沟，跟远来的秦军对峙，准备作长期抵抗的打算。王龁几次三番向赵军挑战，廉颇说什么也不跟他们交战。王龁想不出什么法子，只好派人回报秦昭襄王说：“廉颇是个富有经验的老将，不轻易出来交战。我军老远到这儿，长期下去，就怕粮草接济不上，怎么好呢？”秦昭襄王请范睢出主意。范睢说：“要打败赵国，必须先叫赵国把廉颇调回去。”秦昭襄王说：“这哪儿办得到呢？”范睢说：“让我来想办法。”

过了几天，赵孝成王听到左右纷纷议论，说：“秦国就是怕让年轻力强的赵括带兵；廉颇不中用，眼看就快投降啦！”他们所说的赵括，是赵国名将赵奢的儿子。赵括小时爱学兵法，谈起用兵的道理来，头头是道，自以为天下无敌，连他父亲也不在他眼里。赵王听信了左右的议论，立刻把赵括找来，问他能不能打退秦军。赵括说：“要是秦国派白起来，我还得考虑对付一下。如今来的是王龁，他不过是廉颇的对手。要是换上我，打败他不在话下。”赵王听了很高兴，就拜赵括为大将，去接替廉颇。蔺相如对赵王说：“赵括只懂得读父亲的兵书，不会临阵应变，不能派他做大将。”可是赵王对蔺相如的劝告听不进去。

赵括的母亲也向赵王上了一道奏章，请求赵王别派他儿子去。赵王把她召了来，问她什么理由。赵母说：“他父亲临终的时候再三嘱咐我说，‘赵括这孩子把用兵打仗看作儿戏似的，谈起兵法来，就眼空四海，目中无人。将来大王不用他还好，如果用他为大将的话，只怕赵军断送在他手里。’所以我请求大王千万别让他当大将。”赵王说：“我已经决定了，你就别管吧。”

公元前 260 年，赵括领兵二十万到了长平，请廉颇验过兵符。廉颇办了移交，回邯郸去了。赵括统率着四十万大军，声势十分浩大。他把廉颇规定的一套制度全部废除，下了命令说：“秦国再来挑战，必须迎头打回去。敌人打败了，就得追下去，非杀得他们片甲不留不算完。”

那边范睢得到赵括替换廉颇的消息，知道自己的反间计成功，就秘密派白起为上将军，指挥秦军。白起一到长平，先布置好埋伏，故意打了几阵败仗。赵括不知是计，拼命追赶。白起把赵军引到预先埋伏好的地区，派出精兵二万五千人，切断赵军的后路；另派五千骑兵，直冲赵军大营，把四十万赵军切成两段。赵括这才知道秦军的厉害，只好筑起营垒坚守，等待救兵。秦国又发兵把赵国救兵和运粮的道路切断了。赵括的军队，内无粮草，外无救兵，守了四十多天，兵士都叫苦连天，无心作战。赵括带兵想冲出重围，秦军万箭齐发，把赵括射死了。赵军听到主将被杀，也纷纷扔了武器投降。四十万赵军，就在纸上谈兵的主帅赵括手里全部覆没了。

八佾篇第三

【原文】

子曰："人而不仁，如礼何[1]？人而不仁，如乐何？"

【译文】

孔子说："作为一个人却没有仁德，怎么样对待礼仪制度呢？作为一个人却没有仁德，怎样对待乐呢？"

【注释】

①如礼何：拿礼怎么办，意即礼对他已没有什么意思了。下文"如乐何"义同。

【评解】

"乐"是表达人们思想情感的一种形式，在古代，它也是礼的一部分。礼与乐的基础是仁，而仁则是人们内心的道德情感和要求，礼、乐见于外，仁、德见于内。孔子就把礼、乐与仁紧紧联系起来，认为如果失去了内心之仁，礼将失其神韵，乐亦失其和雅，就如同人造的假花再怎么逼真，也不会有生命的姿态。因此没有仁德的人，根本也谈不上礼乐。

【国学小百科】

古代的礼乐制度

礼乐制度是以乐从属礼的思想制度。以“礼”来区别宗法远近等级秩序，同时又以“乐”来和同共融“礼”的等级秩序，两者相辅相成。

《礼记·乐记》中说：“乐者为同，礼者为异；同则相亲，异则相敬；乐胜则流，礼胜则离。”因此，“礼”是根据一个人的德与位所形成的本分与职责的不同，要求每个位置上的人各敬其业，这是使一个团体和国家，乃至天下，能够有条不紊的关键所在，它不是强制性的接受，而是靠人们的自觉遵守和公众舆论的监督，当自觉遵守和舆论监督无效的时候，才会动用“政刑”的手段予以制裁。

孔子在提倡“非礼勿视，非礼勿听，非礼勿言，非礼勿动”的时候，不是强制人们接受，因为孔子既不是君王，也不是官长，孔子只是站在仁者的立场，告诉人们，怎样才能使社会和谐稳定，从而使人们更能保障自己的安居乐业的正常生活。

“德”潜存于人心，是理想的美好品性，但它的内涵很抽象，没有明确的重心。有国有家者的“德”，应该体现在国政、家政和自己的言语举止中。人非圣贤，德性不会与生俱来，需要经过砥砺和涵养才会逐步形成。为了便于人们修养德性，孔子把周代相传的冠、婚、丧、祭、飨、射、朝、聘等礼仪，改造成为一套道德行为的规范，统称为“礼”。使人们在揖让进退之际，增益其德。如能久习而成性，则庶几乎近于德。因此，礼的功能，从大处而言，是要推行仁政；从小处而言，是要造就德性充盈的君子。

礼之所以合理，正如《礼记》所说“礼缘人情而作”，是基于人情而制定的。儒家从人本主义出发，提出治理人民的前提是尊重人性。人性是天赋予的自然属性，理应得到尊重。人性的流露，表现为喜、怒、哀、乐之情。只有充分注意到人民的好恶之情，社会才能长治久安。但是，这并不等于说人性可以不受制约，可以纵情放任，那样无异于将人类等同于动物。人的好恶之情的缺乏或者过度，同样不利于社会的安定。儒家认为，人与动物的重要区别在于，人有思维能力，能够用理智控制自己的情感。只有健康的情感，才是社会和谐、进步的保证。人的情感应该与天道（大自然）一样，处在阴阳和谐的“至中”境界。但是人性不能自发企及于至中之地，因此需要礼（各种仪式节文）来引导人性，使之合于天道，这是儒家礼治主义的根本要旨之所在。儒家所提倡的父子、君臣、夫妇、长幼、朋友五伦，无一不根于人性。

儒家认为，与民同乐，才是真正的乐。只有君子能懂得乐。君子审声而知音，审音而知乐，审乐而知政，治国之道尽在其中。礼乐皆得，谓之有德，所以古人说：“乐者德之华也。”

周代的音乐领导机构“大司乐”是世界上出现最早，规模最大的音乐教育与音乐表演机构，它所培养的对象是王和诸侯的长子、公卿大夫的子弟、从民间选拔的优秀青年。主要教授学员们学习六代乐舞与小舞。大司乐教育贵族子弟学习音乐并非是让他们真正地去表演，而是让他们懂得“礼乐”是一种有效的治国方式。

在统治阶级内部所设定的等级具体表现为“天子八佾，诸公六，诸侯四”。古代舞队的行列，八人为一行，叫一佾。按周礼，天子的舞队用八佾（即六十四人），诸公六佾，诸侯四佾，士二佾。这样，阶层不同从而使用舞队人数的不同，是为了给人们灌输君权至上无人能与之相抗衡的等级秩序思想。

【相关链接】

“新乐”的兴起

古代把礼当作社会道德、行为的规范；“礼崩乐坏”形容社会纲纪紊乱，骚动不宁的时代。春秋（公元前 8 世纪—前 5 世纪）时期，开始出现“礼崩乐坏”的局面。春秋时期，宗法制度渐次瓦解，异姓互相结盟，同姓反相攻伐，宗族、血亲观念逐渐被地域性的封国观念代替，各地区原来只能在社会下层流行的当地音乐随之而取得了自己应有的地位。

《诗经》中的《国风》是各诸侯国的本国歌诗，《国风》绝大部分是春秋时期的作品，正是春秋时期各地音乐逐渐复兴才出现的现象。到后来，地方音乐甚至可以取代雅乐，用于礼仪了。郑国音乐（郑声）是首开其端的。正因为此，以维护礼乐制度为己任的孔子才会“恶郑声之乱雅乐也”，并说“郑声淫”（郑声浸淫雅乐），提出要“放郑声”（把郑声赶出雅乐领域），但是孔子并不能改变历史的进程。

编钟

孔子去世之后，各地方音乐的影响更加扩大，社会上称之为“新乐”，其中著名的有郑、卫、宋、齐等地区的音乐。“新乐”是从“新兴起”的意义上起的名字，如果从历史上说，其实不少“新乐”比号称“古乐”的西周雅乐更加古老。例如郑、卫、宋等国，郑是早商活动地区，卫是商王室所在地，宋是商亡后商后裔的封国，它们的音乐都承袭自商，从渊源讲，比岐周音乐古老，而且发展水平也较高。更重要的是，一切“新乐”都没有像“古乐”那样，被礼乐制度堵死，而是按音乐自身规律发展。所以“新乐”清新活泼，风格多样，优美感人，连理论上懂得“古乐”重要的贵族也不得不承认他们确实喜好“新乐”，听“新乐”不觉疲倦。

出土的春秋时期的编钟，已不再守雅乐“宫一角一征一羽”的音阶规律，它们非常生动地为后人保存了当时各地不同风格的音阶形式。例如郑国新郑编钟（新郑是郑的都城），既可构成历史上奉为“正统”的升四级七声音阶，也可构成自然七声音阶，并可构成三种调高的五声音阶。晋国侯马编钟的音阶六声缺角（mi），甚至与今天这一地区的民歌音阶特点相同。

各地“新乐”兴起后，不但在当地发展，而且进一步随着政治和

经济的交往，国与国之间的战争，得到空前的大交流。春秋中晚期的楚国，编钟一套十三枚，备有完整的十二律，包含了演奏各地音乐的可能，它们应是各地音乐大交流的反映。战国初期曾国的大套编钟，即最有名的曾侯乙编钟，不但从钟的音列上，更以钟的铭文告诉我们当时音乐大交流的真实存在。

【原文】

林放[①]问礼之本。子曰："大哉问！礼，与其奢也，宁俭；丧，与其易[②]也，宁戚[③]。"

【译文】

林放问什么是礼的根本。孔子回答说："你问的问题意义重大呀！就礼节仪式的一般情况而言，与其过于奢侈浪费，宁可节俭朴素。就丧事而言，与其过于注重形式与外表的繁文缛节，宁可内心哀戚些好。"

【注释】

①林放：鲁国人。

②易：治理，这里指有关丧葬的礼节仪式办理得很周到。

③戚：心中悲哀。

【评解】

孔子明确解答了礼的根本问题。这就是，祭礼宁俭：不讲排场，而重心有诚意；丧礼宁戚：不讲秩序井然，而重人有哀痛之情。

可见，孔子虽然十分重视礼仪，但却反对形式主义的排场，认为礼节仪式只是表达礼的一种形式，不能只停留在表面仪式上；更重要的是要从内心和感情上体悟礼的根本，符合礼的要求。

【国学小百科】

古代的丧葬文化

1. 丧葬的起源

原始社会的丧葬，是原始宗教最常见的表现形式之一，是死人崇拜（或者说是祖先崇拜）的体现和人们对灵魂世界的理解，属于原始社会中的一种社会意识形态。原始人有了灵魂观念之后，又从灵魂观念发展为鬼魂观念，这一时期的原始人便产生了对死人的崇拜，即鬼魂崇拜，从而自然而然地出现了一套送鬼魂和安葬死者的礼仪。

2. 墓地制度

(1) 墓地制度的起源

墓地制度源于旧石器时代中晚期的“居室葬”。当时，人们一般居住在自然洞穴里，这样洞穴也成为死者的墓地。从目前我国的考古资料来看，最早的墓地发现于北京周口店山顶洞。当时的北京猿人将洞穴中的上室作为生者的居所，下室为死者的墓地。

把墓地选择在人类居住的洞穴或屋内，既反映了远古人类在情感上不愿离开死者，并设法保护死者的尸体免遭自然力的破坏与野兽啃啮的观念；另一方面又反映了原始人的深层意识，即害怕死者的灵魂出来干扰危害生者，于是极力地讨好死者。

(2) 氏族公共墓地

到了新石器时代，墓地制度发生了重大的变化，即由旧石器时代盛行的“居室葬”发展为氏族公共墓地。氏族公共墓地制度是人类社会在新石器时代极为盛行的一种墓地制度。每一个氏族部落不仅都有自己的公共氏族墓地，而且墓葬方向也基本一致，墓坑排列整齐。氏族公共墓地反映了当时的社会状态和社会意识，是氏族血缘观念的集中体现之一。

(3) 家族墓群的出现

在新石器时代晚期，在氏族墓地内出现了相对独立的家族墓群。这表明拥有私产的父系家族已经崛起，并成为以原始共产制为基础的氏族社会制度的分裂力量。

当时人们认为：人死之后肉体虽然腐烂消灭了，但灵魂还在。他们幻想灵魂回到祖先那里，在另一个世界过着生前一样的生活，不仅需要吃、穿、用，而且也需要役使奴隶。因而，在安葬时将死者生前的东西用来随葬，以此炫耀和突出本家族在氏族中的显贵地位。于是，就在氏族墓地内出现了相对独立的家族墓群。

【相关链接】

诸葛亮吊孝

东吴大都督周瑜，精通兵法，才智超群，只是肚量狭小，不能容人。他和诸葛亮共商破曹大计，可又想加害诸葛亮。周瑜攻打南郡时，曾身中毒箭。当诸葛亮趁乱用计先取南郡、荆州、襄阳后，周瑜一气之下箭伤复发。病中的周瑜仍想智取荆州，均被诸葛亮识破。周瑜一气再气，在“既生瑜，何生亮”的怨恨声中死去。

诸葛亮得知周瑜的死讯，决定前去吊唁。刘备怕诸葛亮被害，派赵云带五百军士保护。孔明径至柴桑，鲁肃以礼迎接。张昭传令一千名士兵埋伏在灵堂四周，以小乔摔杯为号，捉拿诸葛亮为周瑜报仇。诸葛亮进入灵堂，知有埋伏，嘱赵云多加提防。

诸葛亮设祭物于灵前，亲自奠酒，跪在地上，读祭文：

刘备

呜呼公瑾，不幸夭亡！修短故天，人岂不伤？

我心实痛，酹酒一觞；君其有灵，享我烝尝！

吊君幼学，以交伯符；仗义疏财，让舍以民。

吊君弱冠，万里鹏抟；定建霸业，割据江南。

吊君壮力，远镇巴丘；景升怀虑，讨逆无忧。

吊君丰度，佳配小乔；汉臣之婿，不愧当朝。

吊君气概，谏阻纳质；始不垂翅，终能奋翼。

吊君鄱阳，蒋干来说；挥洒自如，雅量高志。

吊君弘才，文武筹略；火攻破敌，挽强为弱。

想君当年，雄姿英发；哭君早逝，俯地流血。

忠义之心，英灵之气；命终三纪，名垂百世，

哀君情切，愁肠千结；惟我肝胆，悲无断绝。

昊天昏暗，三军怆然；主为哀泣；友为泪涟。

亮也不才，丐计求谋；助吴拒曹，辅汉安刘；

掎角之援，首尾相俦，若存若亡，何虑何忧？

呜呼公瑾！生死永别！朴守其贞，冥冥灭灭，

魂如有灵，以鉴我心：从此天下，更无知音！

呜呼痛哉！伏惟尚飨。

诸葛亮读罢祭文泪如泉涌，悲痛不已，小乔及众将见诸葛亮哭诉前情，深受感动，对生杀二字难下决断。鲁萧见诸葛亮如此悲痛，自言自语地说：“周瑜肚量狭小，自取灭亡。”

【原文】

子曰：“君子无所争。必也射①乎！揖②让而升，下而饮③。其争也君子。”

【译文】

孔子说：“君子没有什么可与别人争的事情。如果一定要说有，那也就像射箭比赛一样吧！比赛前，双方互相作揖敬礼，才升堂开始比赛，比赛完之后，又互相作揖才退下，然后登堂饮酒祝贺。这就是君子之争。”

【注释】

①射：原意为射箭，这里指射箭比赛，是古代的一种礼仪。

②揖：拱手行礼，表示尊敬。

③下而饮：比赛完后下堂饮酒互相祝贺。

【评解】

在古代的射礼中，强调在射的过程中谦让有礼，如果发而未中，下来所需反思的是自己哪里不对，以求改进，这是积极的竞争精神。

孔子在这里所说的“君子无所争”，是不为私利而争；孔子提倡温文尔雅，有绅士风度的君子之争：胜有礼，败亦有礼。这反映了孔子和儒家思想的一个重要特点，即强调谦逊礼让而鄙视无礼的、不公正的竞争。

与世无争，是大智若愚后的清醒，而不是自我保全的麻木不仁。君子之争是不与人争，是不争之争，是为了使自己做得更好。正如射义所言：“发而不中，不怨胜己者，反求诸己而已。”射的目的不是为了决胜负，而是为了去除胜负之心，将心专注于当下所做的事情上。

【国学小百科】

古代的射礼

儒家将往昔的田猎之射，提升为富有哲理的普遍之道，内涵十分丰富，其主题之一，就是把射礼作为正心修身、反躬自省的一种方式。

《射义》说：“射之为言者绎也，或曰舍也。绎者，各绎己之志也。故心平体正，持弓矢牢固；持弓矢牢固，则射中矣。”意思是说，所谓射，是寻绎的意思。射者身份各不相同，但都应在射礼的过程中寻绎自己的志向。只有心气平和，体态正直，紧握弓箭，瞄准目标，才有可能射中。

《射义》还提出，无论是做父亲的、做儿子的，还是做人君、人臣的，都要把箭靶作为自己的道德标准来射。尽管同用一个箭靶，但各人所要命中的道德目标却各不相同。射鹄的过程，就是反复内省、存养、进取的过程。

射礼有四种：一是大射，是天子、诸侯祭祀前选择参加祭祀人而举行的射祀；二是宾射，是诸侯朝见天子或诸侯相会时举行的射礼；三是燕射，是平时燕息之日举行的射礼；四是乡射，是地方官为荐贤举士而举行的射礼。射礼前后，常有燕饮，乡射礼也常与乡饮酒礼同时举行。

儒家提倡修身、齐家、治国、平天下，修身是第一位的。孔子认为，人只要注重提升精神境界，自然就会淡泊名利，平心静气地对待竞争。人生不会一帆风顺，如何面对失败，培养起百折不回的毅力，从失败走向成功，可以从射礼中得到体悟。

《射义》提到："射求正诸己，己正然后发，发而不中，则不怨胜己者，反求诸己而已矣。"射箭的成败，关键在于能否调整好自己的体态和心志。发而不中，根本原因在于自身，不要怨天尤人，尤其不要埋怨射中者，而是要"反求诸己"，反躬自问。

君子以修身进德为本，所以不妄与别人争高低。如果一定要说有所争，那就是比射了。比射要分胜负，输了要当众饮罚酒，所以君子在比赛中要力争胜利，但在比赛时，却是处处与对手揖让而升，下来后一起饮酒，这就是君子之争。

尽管射礼是一种计算胜负的礼仪，竞争激烈，但颇有些"友谊第一"的意思。儒家的这一思想，在东亚文化圈中也有着重要影响，我们今日所见日本、朝鲜的相扑、跆拳道等传统竞赛项目，在比赛之前，双方都要作揖或者鞠躬，互致敬意，比赛结束时也是如此，正是古代射礼君子之争的遗风。

【相关链接】

退避三舍

春秋时期，晋献公晚年时十分宠爱一个叫骊姬的妃子，并且为把骊姬的儿子奚齐立为太子，竟将原来的太子申生给杀了，又派人捉拿申生的弟弟重耳。重耳闻讯，逃出了晋国。

重耳流亡到了楚国，楚成王认为重耳日后必有大作为，就以国君之礼相迎，待他如上宾。一天，楚王设宴招待重耳，两人饮酒叙话，气氛十分融洽。

忽然楚王问重耳："你若有一天回晋国当上国君，该怎么报答我呢？"重耳略一思索说："美女待从、珍宝丝绸，大王您有的是，珍禽羽毛，象牙兽皮，更是楚地的盛产，晋国哪有什么珍奇物品献给大王呢？”楚王说：“公子过谦了，话虽然这么说，可总该对我有所表示吧？”重耳笑笑回答道：“要是托您的福，果真能回国当政的话，我愿与贵国友好。假如有一天，晋楚之间发生战争，我一定命令军队先退避三舍（古时候行军，每三十里叫一舍。退避三舍，就是退让九十里的意思），如果还不能得到您的原谅，我再与您交战。”

四年后，重耳真的回到晋国当了国君，就是历史上有名的晋文公。晋文公励精图治，整顿内政，发展生产，把晋国治理得井井有条，晋国渐渐强盛起来。晋文公也想能像齐桓公那样，做个中原霸主。

公元前 632 年，晋军打下了归附楚国的两个小国——曹国和卫国，把两国国君都俘虏了。楚成王本来并不想同晋文公交战，听到晋国出兵，立刻派人下命令叫成得臣退兵。可是成得臣派部将去对楚成王说：“我虽然不敢说一定打胜仗，但也要拼一个死活。”楚成王也只好答应了。

成得臣先派人通知晋军，要他们释放卫、曹两国国君。晋文公却暗地通知这两国国君，答应恢复他们的君位，但是要他们先跟楚国断交。曹、卫两国真的按晋文公的意思办了。成得臣本想救这两个国家，不料他们倒先来跟楚国绝交。这一来，直气得他双脚直跳。

于是成得臣决定先发制人，而此时晋文公却命令自己的军队不要与楚军交锋，而是退避后撤。晋军的将士很不理解，问：“仗还没打，怎么就退了呢？楚军虽然强大，但是为了保卫自己的国家，我们愿意拼死一战！”

晋文公说：“这是我当初在楚国时对成王许下的诺言，两军相遇，我要先退避三舍。所以即使这一仗败了，我们也要履行诺言。”这样，晋军一口气后撤了九十里，到了城濮才停了下来，布置好了阵势。

楚国有些将军见晋军后撤，想停止进攻。可是成得臣却不答应，一步盯一步地追到城濮，跟晋军遥遥相对。成得臣还派人向晋文公下战书，措辞十分傲慢。晋文公也派人回答说：“贵国的恩惠，我们从来都不敢忘记，所以退让到这儿。现在既然你们不肯谅解，那么只好在战场上比个高低啦。”

成得臣一向骄傲自大，从不把晋人放在眼里。结果交战中晋国的将军用两面大旗，指挥军队向后败退。他们还在战车后面拖着伐下的树枝，战车后退时，地下扬起一阵阵尘土，显出十分慌乱的模样。

成得臣不顾一切地直追上去，却正中了晋军的埋伏。晋军的中军精锐，猛冲过来，把成得臣的军队拦腰切断。原来假装败退的晋军又回过头来，前后夹击，把楚军杀得七零八落。

这时候，晋文公又发出命令，让将士们只要把楚军赶跑就是了，不要再追杀。成得臣由此逃了出来，带着残兵败将逃回楚国。

晋国胜利的消息伟到周的都城洛邑，周襄王和大臣们都认为晋文公言而有信，退避三舍后还能打败楚国，所以立下大功。襄王亲自去慰劳晋军，于是晋文公趁此机会，给襄王造了一座新宫，并约各国诸侯召开大会，订立盟约。这样，晋文公就当上了中原霸主，成为“春秋五霸”之一。

【原文】

子谓韶[1]：“尽美矣，又尽善[2]也。”谓武[3]：“尽美矣，未尽善也。”

【译文】

孔子说舜那个时候的韶乐：“十分美，又十分善。”讲到周武王那个时代的音乐说：“十分美，但是没有达到十分善。”

【注释】

①《韶》：舜时的乐曲名。

② 美、善：美指声音，即艺术形式方面；善指思想内容方面。

③《武》：周武王时的乐曲名。

【评解】

孔子在这里谈到对艺术的评价问题。他很重视艺术的形式美，更注意艺术内容的善。这是有明显政治标准的，不单是娱乐问题。

韶，是舜帝之乐，尧、舜、禹之间的传位是禅让，天下为公，选贤任能，所以是尽善尽美的；而周武王的天子之位是由讨伐商纣得来的，尽管是正义的，但却“未尽善”。可见，孔子评论文艺作品是以政治标准为前提的。

【国学小百科】

古代的禅让制

禅让制是原始社会部落联盟民主推选氏族首领的制度，这种制度的执行机构是部落联盟会议，方式是民主推选首领。也就是说，当时的王位并不是父子相传的世袭制，而是“选贤与能”的禅让制。

《礼记·礼运篇》描述了当时的社会情况：“大道之行也，天下为公，选贤与能，讲信修睦。故人不独亲其亲，不独子其子。使老有所终，壮有所用，幼有所长，鳏、寡、孤、独、废疾者有所养。男有分，女有归。货恶其弃于地也，不必藏于己，力恶其不出于身也，不必为己。是故谋闭而不兴，盗窃乱贼而不作，故外户而不闭，是为大同。”

在以“天下为公”和“禅让”王位制为特点的“大同”之世，人人都是平等的，国家、财产和土地是公有的。作为国家统治者的国王也没有什么特权和待遇。“昔者先王未有宫室，冬则居营窟，夏则居橧巢。未有火化，食草木之实，鸟兽之肉，饮其血，茹其毛，未有麻丝，衣其羽皮。”可见，原始社会的“先王”们和当时老百姓一样，同样过着艰苦的生活。但由于其平等、自由、和睦的特点，因而被许多史学家称赞为“大同之世”。

传说黄帝以后，在黄河流域的部落联盟出现了尧、舜、禹三个著名的领袖。《史记》和《尚书》都叙述了尧、舜、禹禅让王位的史事。

尧是帝喾的儿子、黄帝的五世孙，居住在西部平阳（今山西省临汾县一带）。尧当上部落联盟的首领，和大家一样住茅草屋，吃糙米饭，煮野菜作汤，夏天披件粗麻衣，冬天只加块鹿皮御寒，衣服、鞋子不到破烂不堪绝不更换。老百姓拥护他，如爱“父母日月”一般。

尧在位70年后，年纪大了。他的儿子丹朱很粗野，好闹事。有人推荐丹朱继位，尧不同意。后来尧又召开部落联盟议事会议，讨论继承人的人选问题。大家都推举虞舜，说他是个德才兼备、很能干的人。尧很高兴，把自己的两个女儿娥皇、女英嫁给舜，并考验了3年才将帝位禅让给舜。

传说舜是颛顼的七世孙，距黄帝九世，生于诸冯（今山东省境内）。舜继位后，亲自耕田、打鱼、制陶，深受大家爱戴。他通过部落联盟会议，让八元管土地，八恺管教化，契管民事，益管山林川泽，伯夷管祭祀，皋陶作刑，完善了社会管理制度。他也仿照尧的样子召开继位人选举会议，民主讨论。大家推举禹来做继承人。舜到晚年身体不好，依旧到南方各地去巡视，竟病死在苍梧（今湖南境内）途中。舜死后，禹做了部落联盟的首领。

禹是“五帝”之末，他并没有废除选贤的禅让制。据《史记》所载，禹死时以“天下授益”，并没有将天下授予自己的儿子启。但禹的儿子启却没有遵守禅让的传统制度，而是仗着禹的威信和自己的势力，在3年后用武力夺取了帝位。

从此，启用武力开启了王位由父子世代相传的世袭制。“天下为公”的原始社会被“天下为家”的奴隶社会所代替。

【相关链接】

武王伐纣

商朝最后一个国王叫纣，是中国历史上和夏桀一样有名的暴君。他修筑豪华的宫殿园林，创制“炮烙（páo luò）之刑”，用严刑峻法镇压人民。商朝社会矛盾空前尖锐。

商纣在殷都北边的沙丘，养着各地进贡的珍禽异兽，他兴建宠丽的琼楼瑶台，整日“以酒为池，以肉为林”，和爱妃妲己以及贵族们宴饮酒池，附近修建的巨大粮仓，装满了从全国掠夺来的粮食。殷都南边修建了高大的鹿台，用来堆集无数的珍宝财物。

为了满足自己的享受，纣王就加重赋税，使社会矛盾越来越尖锐。百姓起来反抗，他就用重刑镇压。他的叔叔比干，为人正直，几次向他提意见，商纣于是残暴地将比干挖心处死。另一个大臣规劝商纣说："假若一再胡作非为，将会有亡丧命脉的危险。"商纣却回答说："我的性命生来就有上天保佑，谁能把我怎样！"纣王的残暴统治激起了人们的反抗，动荡不安的社会像烧开了的水那样沸腾。

这个时候，活动在渭河流域的姬姓周部落逐渐强大起来。周原来是商的属国，周文王为国事操心，有时从清早忙到下午，都顾不上吃饭。他尤其注意用人，姜尚就是他发现的人才。传说，姜尚出身贫寒，年过花甲，仍然很穷困。他听说周文王重视人才，就天天在岐山的水边钓鱼，希望看到从这里路过的文王。有一天，他果真见到了文王，两个人谈得十分投机。姜尚与文王同车而归，受封为军师，后来成为周朝的开国功臣。

公元前11世纪中期，周文王死后，儿子继位，就是周武王。武王得到姜尚、周公旦辅助，国家兴盛。武王继承父亲文王的遗志，积极策划灭商。这时候，商朝统治更为腐朽。周武王联合西方和南方的部落，向商纣进攻。

当时，商纣王已感觉到周人对自己构成的严重威胁，决定对周用兵。然而这一拟定中的军事行动，却因东夷族的反叛而化为泡影。为平息东夷的反叛，纣王调动部队倾全力进攻东夷，因此国内军事力量空虚。而此时商朝统治集团内部的矛盾也呈现白炽化，商纣饰过拒谏，肆意胡为，残杀王族重臣比干，囚禁箕子，逼走微子。

周武王遂把握这一有利战机，联合各个部落，率领兵车300辆，卫军3000人，士卒4.5万人，进军到距离商纣王所居的朝歌只有70里的牧野（今河南淇县西南），举行了誓师大会，列数纣王罪状，鼓励军队同纣王决战。经过牧野之战，商军纷纷倒戈，引导周军攻入商都。商纣自焚，商朝灭亡。

里仁篇第四

【原文】

子曰："富与贵，是人之所欲也，不以其道得之，不处也；贫与贱，是人之所恶也，不以其道得①之，不去也。君子去仁，恶乎②成名？君子无终食之间违仁，造次③必于是，颠沛④必于是。"

【译文】

孔子说："富有和尊贵是人人所希求的，但如果不是用正当的手段取得，君子就不会去享受；贫穷与低贱是人人都厌恶的，但如果不用正当的方法去摆脱它，君子是不会摆脱的。君子如果离开了仁德，怎样去成就他的名声呢？君子没有一顿饭的时间背离仁德，就是在最紧迫的时刻也一定与仁德同在，就是在颠沛流离的时候，也一定会按仁德去办事。"

【注释】

①这句的"得"字应是"去"字之误。

②恶（wū）乎：哪里，怎么。

③造次：匆忙，仓促。

④颠沛；穷困，受挫折。

【评解】

任何人都不会甘愿过贫穷困顿、流离失所的生活，都希望得到富贵安逸，但这必须通过正当的手段和途径去获取，也就是我们常说的要"君子爱财，取之有道"，否则宁守清贫而不要去享受富贵。

这个"道"就是指仁道。仁道是安身立命的基础，生活的原则。所以，无论是富贵还是贫贱，无论是仓促之间还是颠沛流离之时，都绝不能违背这个基础和原则。用孟子的话来说，就是：“富贵不能淫，贫贱不能移。”

【国学小百科】

不食嗟来之食的由来

战国时期，各诸侯国互相征战，老百姓不得太平。有一年，齐国大旱，一连3个月没下雨，田地干裂，庄稼全死了，严重的饥荒使齐国满目疮痍，饿殍遍野。

家境富裕的黔敖见此情景，便在路边备饭，准备施舍给过路的饥民。但他却摆出一副救世主的架子，他常把做好的窝头摆在路边，施舍给过往的饥民们。每当过来一个饥民，黔敖便丢过去一个窝头，并且傲慢地叫着：“叫花子，给你吃吧！”有时候，过来一群人，黔敖便丢出去好几个窝头让饥民们互相争抢，黔敖在一旁嘲笑地看着他们，十分开心，觉得自己真是大恩大德的活菩萨。

有一天，一个面黄肌瘦的饥民无力地垂着双手，拖着破鞋，一瘸一拐，摇摇晃晃地走了过来。由于几天没吃东西了，他已经支撑不住自己的身体，眼看就要饿晕了。黔敖看到后，用轻蔑的口气大声吆喝道：“喂，过来吃呀！”

饥民像没听见似的，没有理他。黔傲又叫道：“嗟（jiē），听到没有？给你吃的！”只见那饥民突然精神振作起来，瞪大双眼看着黔敖说：“我就是因为不吃这种没好气的饭才落到这步田地的。”黔敖万万没料到，饿得这样摇摇晃晃的饥民竟还保持着自己的人格尊严，于是连忙道歉，但那位饥民最终还是坚持不吃而饿死了。这个故事表现了齐国人自尊自爱、纯洁高尚的人格。

“不食嗟来之食”就出自这个典故，它教导人们做人要有骨气，绝不低三下四地接受别人的施舍，哪怕是牺牲自己的利益甚至生命，也绝不能做出辱没骨气和志气的事情。

【相关链接】

不为五斗米折腰

这个成语来源于《晋书·陶潜传》："吾不能为五斗米折腰，拳拳事乡里小人邪。"

陶渊明又名陶潜，是我国最早的田园诗人。他能创作出许多以自然景物和农村生活为题材的作品，与他的经历和处境有着密切的关系。

公元405年秋，陶渊明为了养家糊口，来到离家乡不远的彭泽当县令。这年冬天，郡的太守派出一名督邮，到彭泽县来督察。督邮的品位很低，却有些权势，在太守面前就凭他那张嘴而得宠。

陶渊明

这次派来的督邮，是个粗俗而又傲慢的人，他一到彭泽的旅舍，就差县吏去叫县令来见他。陶渊明平时蔑视功名富贵，不肯趋炎附势，对这种假借上司名义发号施令的人很瞧不起，但也不得不去见一见，于是他马上动身。

不料县吏拦住陶渊明说："大人，参见督邮要穿官服，并且束上大带，不然有失体统，督邮要乘机大做文章，会对大人不利的！"

这一下，陶渊明再也忍受不下去了。他长叹一声，道："我不能为五斗米向乡里小人折腰！"说罢，索性取出官印，把它封好，写了一封辞职信，随即离开只当了八十多天县令的彭泽。

【原文】

子曰："不患①无位②，患所以立③；不患莫己知④，求为可知⑤也。"

【译文】

孔子说："不要忧虑得不到职位，应该忧虑没有担任那个职位的才能；不要忧虑没有人知道我，应该注重自己有没有值得别人认识、了解的才德。"

【注释】

①患：忧虑。

②位：官位。

③立："立"和"位"通用，是在官位而有建树之意。

④莫己知："己知"即"知己"，因前面有否定词"莫"而倒装。

⑤为可知：被别人知道的依据。

【评解】

这是孔子和自己的学生经常谈论的问题，在《学而》篇中孔子说"人不知而不愠，不亦君子乎？""不患人之不己知，患不知人也。"孔子在《宪问》中也说："不怕别人不知道自己，怕的是自己没有才能。"在《卫灵公》中也提到："君子怕的是自己没有才能，不怕别人不知道自己。"

孔老夫子反复多次强调这个话题，是因为这是他立身处世的基本态度。孔子并非不想成名成家，并非不想身居要职，而是希望首先立足于自身的学问、修养、才能的培养，具备足以胜任官职的各方面素质。

【国学小百科】

古代的官职

中国古代的官职在历朝历代发生了非常复杂的变化，涉及官署名、官名、官员的职掌等方面，这里只是择其大要情况，略作说明。

1. 中央官职

秦汉时，中央机构采取三公九卿制。

三公分别为太尉，管理军事；丞相，协助皇帝处理全国政事；御史大夫，执掌群臣奏章，下达皇帝诏令，并管理国家监察事务。

九卿：奉常，掌管宗庙祭祀和国家之礼；郎中令，负责皇帝禁卫；卫尉，负责皇宫守卫；太仆，负责皇帝车马；少府，负责皇帝财政；廷尉，负责司法；典客，负责外交和内部少数民族事物；治粟内史，负责粮食和财政；宗正，负责皇室事务。

魏晋南北朝时，开始向三省六部制过渡。到隋代，正式确定了六部。

三省为中书省（决策）、门下省（审议）、尚书省（执行），三省的长官都是宰相。宋代中书省职权扩大，同枢密院分掌文武大权，门下、尚书省遂废。明代内阁为最高政务机构，内阁大臣称为辅臣，首席称首辅（即宰相）。清代有军机处，王、公、尚书等为军机大臣，掌握政府大权。

六部为吏、户、礼、兵、刑、工。吏部，管官吏任免、考核、升降等事；户部，管土地户口、赋税财政等事；礼部，管典礼、科学、学校等事；兵部，管军事；刑部，管司法刑狱；工部，管工程营造、屯田水利等事。各部的正副长官分别是尚书和侍郎，每一部下设四司，各司的正副长官是郎中和员外郎。此后历代相沿，基本未变。

此外，中央还设有专门机构和官员，负责管理图书、编修历史、制定历法等工作。

2. 地方官职

秦汉主要行政区是郡。郡的长官，秦称郡守，汉称太守。隋唐主要行政区是州，州官称刺史，属官有长史、司马等。唐代在一些军事重镇设节度使，属官有行军司马、参谋、掌书记等。宋代州官称知州，县官称知县。明清改州为府，称知府。

此外，汉代也设州，天下分十几个州，基本上是监察区，中央派官员去刺探情况，称刺史。隋唐全国分十几个道，也称监察区，中央派官员前往巡视，称黜陟使。宋代全国分二十左右路，路中设若干司，分管各方面的事务。元代地方最高行政机构叫行中书省，明代改称承宣布政使司，习惯上仍称为“省”。清代省以下，府州以上还有道员（道台）作为高级行政长官。

【相关链接】

毛遂自荐

战国时，秦军在长平一线，大胜赵军。秦军主将白起，领兵乘胜追击，包围了赵国都城邯郸。大敌当前，赵国形势万分危急。平原君赵胜，奉赵王之命，去楚国求兵解围。

平原君到楚国去之前，召集他所有的门客商议，决定从这千余名门客中挑选出二十名能文善武、足智多谋的人随同前往。他挑来挑去最终只有十九人合乎条件，还差一人却怎么挑也总觉得不满意。

门下有一个叫毛遂的人，走上前来，向平原君自我推荐说："我听说先生将要到楚国去签订合纵盟约，约定与门下食客二十人一同前往，而且不到外边去寻找。现在还少一个人，希望先生就以我凑足人数出发吧！"毛遂在平原君门下已经三年了，一直默默无闻。

平原君一看，是平常不曾注意的毛遂，便不大以为然，只是婉转地说："你到我门下已经三年了，却从未听到有人在我面前称赞过你，可见你并无什么过人之处。一个有才能的人在世上，就好像锥子装在口袋里，锥尖子很快就会穿破口袋钻出来，人们很快就能发现他。而你一直未能出头露面显示你的本事，我怎么能够带上没有本事的人同我去楚国行使如此重大的使命呢？"

毛遂说："我不过今天才请求进到囊中罢了。如果我早就处在囊中的话，我就会像禾穗的尖芒那样，整个锋芒都会挺露出来，不单单仅是尖梢露出来而已。"平原君觉得毛遂说得很有道理且气度不凡，便答应毛遂作为自己的随从，连夜赶往楚国。其余十九个人互相用目光示意嘲笑他却都没有说出来。

到了楚国，楚王只接见平原君一个人。两人坐在殿上，从早晨谈到中午，还没有结果。面对这种情况，随同前往的二十个人中十九个只知道干着急，在台下直跺脚、摇头、埋怨。惟有毛遂，眼看时间不等人，机会不可错过，于是手按宝剑，大踏步跨到台上。

毛遂大声说："出兵的事，非利即害，非害即利，简单而又明白，为何议而不决？"楚王非常恼火，问平原君："此人是谁？"平原君答道：“此人名叫毛遂，乃是我的门客！”楚王喝道：“赶快下去！我和你主人说话，你来干什么？”

面对盛气凌人的楚王，毛遂毫不胆怯。他两眼逼视着楚王，慷慨陈词，申明大义，他从赵楚两国的关系谈到这次救援赵国的意义，对楚王晓之以理动之以情。他的凛然正气使楚王惊叹佩服，他对两国利害关系的分析深深打动了楚王的心。楚王答应马上出兵。不几天，楚、魏等国联合出兵援赵，秦军撤退了。平原君回赵后，待毛遂为上宾。

平原君

事后，平原君深感愧疚地说：“毛遂原来真是了不起的人啊！他的三寸不烂之舌，真抵得过百万大军呀！可是以前我竟没发现他。若不是毛先生挺身而出，可要埋没一个人才呢！”

【原文】

子曰：“参[①]乎！吾道一以贯[②]之。”曾子曰：“唯。”

子出，门人问曰：“何谓也？”曾子曰：“夫子之道，忠恕而已矣。”

【译文】

孔子说：“参啊，我平日所讲许许多多的道，是由一个基本的思想贯彻始终的。”曾子回答说：“是。”

孔子出去之后，同学便问曾子：“老师说的是什么意思？”曾子说：“老师所说的道，不过是忠恕罢了。”

【评解】

忠恕之道是孔子思想的重要内容，已有欲立欲达之心而着实去做，便是“忠”，推一已有欲立欲达之心去立人达人，便是“恕”。“忠”是推已及人的肯定方面，“恕”是推已及人的否定方面。

待人忠恕，这是仁的基本要求，贯穿于孔子思想的各个方面。忠恕之道，有如持规矩以定方圆一样。尽己之心为矩，推己及人为方。

君子之道即絜矩之道，絜矩之道即忠恕之道，忠恕之道即仁道，所以说，忠恕之道，是孔门的至德要道。

【注释】

①参：曾参。

②贯：贯穿，贯通。

【国学小百科】

忠恕之道

在孔子的思想体系里，“忠恕之道”是仁在现实社会生活中的实际运用，是孔子在处理人与人、人与社会的关系时，阐发的关于人与人、人与社会的和谐统一的思想。

孔子的“忠恕”是不能截然分开的。“忠”与“恕”只“一”道，故孔子说“吾道一以贯之”；若把“忠”与“恕”割裂开来，就成为两道了。在孔子的“一”道中，包含着“己欲立而立人，己欲达而达人”、“己所不欲，勿施于人”的统一而深刻的涵义。

“忠”是从积极的方面说，也就是孔子在《雍也》篇里所说的：“己欲立而立人，己欲达而达人。”自己想有所作为，也尽心尽力地让别人有所作为，自己想飞黄腾达，也尽心尽力地让别人飞黄腾达。这其实也就是人们通常所理解的待人忠心的意思。

恕是从消极的方面说，也就是孔子在《卫灵公》篇里回答子贡“有一言而可以终身行之者乎”的问题时所说的：“其恕乎！己所不欲，勿施于人。”自己不愿意的事，不要强加给别人。

这两个方面合在一起，就是人们常说的将心比心，推己及人，自己想这样，也要想到人家也想这样；自己不想这样，也要想到人家也不想这样。

“忠”与“恕”有着相互补充、相互规定、相互包含的意思，因为在儒家的“推其所欲以及于人”的思想中内在地包含着“推其所不欲而勿施于人”的思想。《论语·子路》篇载樊迟问仁，孔子答：“居处恭，执事敬，与人忠。虽之夷狄，不可弃也。”

此处的“与人忠”亦可理解为“与人忠恕”。也就是说，真正的“忠”是包含着“恕”，或是以“恕”为基础的。有了“恕”，能做到“己所不欲，勿施于人”，则“己欲立而立人，己欲达而达人”才是真正的“忠”；若无“恕”，将己之所欲或不欲强加于人，则其“立人”“达人”就不是真正的使人有所“立”“达”，即已不是“忠”了。

只有把“忠”与“恕”统一起来，既做到“己欲立而立人，己欲达而达人”，又做到“己所不欲，勿施于人”，才是孔子的“一以贯之”的仁道。

【相关链接】

君子蔺相如

战国时期，由于赵国自武灵王胡服骑射、大兴改革以来，奋发图强，逐渐强盛起来，成为秦国向东发展的劲敌。到了赵惠文王后期，秦的攻势加剧，秦、赵之间的外交、军事斗争日趋复杂起来。

赵惠文王十六年（前 283 年）秦向赵强索和氏璧，宦官缪贤推荐手下门客蔺相如出使。蔺相如奉命带璧入秦，当廷力争，勇斗秦王，完璧归赵，出色地完成了出使秦国的使命。九年后，秦又派使臣去赵国，约赵王在渑池（今河南渑池县西）与秦王相见，蔺相如又随赵王同行，在筵席上，以其机敏和雄辩，没有使赵王受屈辱，反而大长了赵国的志气，大灭了秦国的威风。

赵惠文王因蔺相如外交有功，拜蔺相如为上卿，官位在廉颇大将之上。廉颇因此心中不快，居功自傲，很不服气，扬言要当面侮辱蔺相如。蔺相如知道后，不愿意和廉颇争位次先后，便处处留意，避让廉颇，上朝时假称有病，以便回避。

有一次，蔺相如乘车外出，远远望见廉颇的车子迎面而来，急忙叫手下人把车赶到小巷里避开。蔺相如的门客便以为相如害怕廉颇，非常气愤。他们说：“蔺相如怕廉颇像老鼠见了猫似的。”有些人甚至想离开蔺相如。

蔺相如对他们解释说："依你们看来，是廉将军厉害呢，还是秦王厉害?"门客们说："当然是秦王厉害了。"蔺相如说："秦王我都不怕，我会怕廉将军吗? 秦国之所以不敢进攻我们赵国，就是因为赵国武有廉颇，文有蔺相如。如果我们两人闹不和，就会削弱赵国的力量，秦国就要乘机来攻打我们了。我之所以避着廉将军，为的正是赵国长远的利益啊!"

负荆请罪

蔺相如这番话，使他手下的人极为感动。蔺相如手下的人也学习蔺相如的样子，对廉颇手下的人处处谦让。此事传到了廉颇耳中，廉颇为蔺相如宽大的胸怀深深感动，觉得十分惭愧。于是廉颇脱下战袍，赤裸着上身，背上荆条，亲自到蔺相如门上去请罪，并沉痛地说："我是个粗陋浅薄之人，真想不到将军对我如此宽容。"蔺相如见廉颇态度真诚，便亲自解下他背上的荆杖，请他坐下，两人坦诚畅叙，从此誓同生死，成为至交。

蔺相如为了国家利益，忍辱负重，使大将廉颇"负荆请罪"，"将相和"的故事从此也被人们传为佳话。

【原文】

子曰："见贤思齐焉，见不贤而内自省也。"

【译文】

孔子说："见到贤人，就应该向他学习、看齐，见到不贤的人，就应该反省一下有没有与他相同的毛病。"

【评解】

好人固然可以成为我们的老师，坏人也可以成为我们对照自己的镜子，加以借鉴，这实际上是一种取别人之长补自己之短的个人道德修养方法。

【国学小百科】

竹林七贤

“竹林七贤”是三国魏末的七位有名文士，成名年代较“建安七子”晚一些。包括：嵇康、阮籍、山涛、向秀、刘伶、王戎及阮咸。七人常聚在当时的山阳县（今河南修武一带）竹林之下，肆意酣畅，故世谓“竹林七贤”。

“竹林七贤”是当时玄学的代表人物，大都崇尚老庄之学，不拘礼法，生性放达，但在政治态度上的分歧比较明显。嵇康、阮籍、刘伶对司马氏集团均持不合作态度，嵇康因此被杀。向秀在嵇康被害后被迫出仕。阮咸入晋曾为散骑侍郎，但不为司马炎所重。山涛起先“隐身自晦”，但40岁后出仕，历任尚书吏部郎、侍中、司徒等，成为司马氏政权的高官。王戎为人鄙吝，功名心最盛，入晋后长期为侍中、吏部尚书、司徒等，历仕晋武帝、晋惠帝两朝，至八王乱起，仍优游暇豫，不失其位。

在文章创作上，以阮籍、嵇康为代表。阮籍的《咏怀》诗82首，多以比兴、寄托、象征等手法，隐晦曲折地揭露最高统治集团的罪恶，讽刺虚伪的礼法之士，表现了诗人在政治恐怖下的苦闷情绪。

嵇康的《与山巨源绝交书》，以老庄崇尚自然为论点，说明自己不堪出仕，公开表明了不与司马氏合作的政治态度，文章颇负盛名。

其他如刘伶的《酒德颂》、向秀的《思旧赋》等，也是可读的作品。透过“竹林七贤”的文章创作，可窥略到他们各自的志向意趣。

【相关链接】

以人为鉴

魏征是唐初政治家，字玄成，巨鹿（今河北巨鹿）人。魏征从小丧失父母，家境贫寒，但喜爱读书，不理家业，曾出家当过道士。隋大业末年，魏征被隋武阳郡（治所在今河北大名东北）丞元宝藏任为书记。元宝藏举郡归降李密后，魏征被李密任为元帅府文学参军，专掌文书卷宗。

唐高祖武德元年（618 年），李密失败后，魏征随其入关降唐，但久不见用。次年，魏征自请安抚河北，诏准后，乘驿驰至黎阳（今河南浚县），劝说黎阳守将徐世绩归降唐朝。不久，窦建德攻占黎阳，魏征被俘。窦建德失败后，魏征又回到长安，被太子李建成引用为东宫僚属。魏征看到太子与秦王李世民的冲突日益加深，多次劝建成要先发制人，及早动手。玄武门之变以后，唐太宗李世民由于早就器重魏征的胆识才能，非但没有怪罪于他，而且还把他任为谏官之职，并经常引入内廷，询问政事得失。

有一天太宗问魏征："爱卿，你说何为明君，何为暗君？"魏征听到此问，心中一动，这正是自己想提醒皇上的话。于是他从容答道："兼听则明，偏信则暗。人主如果能广泛地听取各方面的意见，就可称得上是一位明君，但要是只相信一个人的说法，那就不可避免是昏聩的君王了。所以人君应该兼听广纳，这样才能充分了解各方面的情况，而不会受到一两个大臣的蒙蔽啊。"太宗点头称是，说："若不是因为有了爱卿，朕听不到这样的话啊！"

由于魏征能够犯颜直谏，即使太宗在大怒之际，他也敢面折廷争，从不退让，所以，唐太宗有时对他也会产生敬畏之心。有一次，唐太宗想去秦岭山中打猎取乐，行装都已准备停当，但却迟迟未能成行。后来，魏征问及此事，太宗笑着答道："当初确有这个想法，但害怕你又要直言进谏，所以很快又打消了这个念头。"还有一次太宗得到了一只上好的鹞鹰，把它放在自己的肩膀上，很是得意。但当他看见魏征远远地向他走来时，便赶紧把鹰藏在怀中。魏征故意奏事很久，致使鹞子闷死在怀中。

有一次，魏征在上朝的时候，跟唐太宗争得面红耳赤。唐太宗实在听不下去，想要发作，又怕在大臣面前丢了自己接受意见的好名声，只好勉强忍住。退朝以后，他憋了一肚子气回到内宫，见了他的妻子长孙皇后，气冲冲地说："总有一天，我要杀死这个乡巴佬！"长孙皇后很少见太宗发这么大的火，问他说："不知道陛下想杀哪一个？"唐太宗说："还不是那个魏征！他总是当着大家的面侮辱我，叫我实在忍受不了！"

长孙皇后听了，一声不吭，回到自己的内室，换了一套朝见的礼服，向太宗下拜。唐太宗惊奇地问道："你这是干什么？"长孙皇后说："我听说英明的天子才有正直的大臣，现在魏征这样正直，正说明陛下的英明，我怎么能不向陛下祝贺呢！"这一番话就像一盆清凉的水，把太宗的满腔怒火浇熄了。

贞观十六年（642 年），魏征染病卧床。魏征一生节俭，家无正寝，唐太宗立即下令把为自己修建小殿的材料，全部为魏征营构大屋。公元 643 年，直言敢谏的魏征病死在家中。太宗亲临吊唁，痛哭失声，并说："一个人用铜作镜子，可以照见衣帽是不是穿戴得端正；用历史作镜子，可以看到国家兴亡的原因；用人作镜子，可以发现自己做得对不对。魏征一死，我就少了一面好镜子了。"这堪称对魏征人生价值的最佳注释。

公冶长篇第五

【原文】

宰予昼寝，子曰："朽木不可雕也，粪土[1]之墙不可杇[2]也，于予与何诛[3]！"子曰："始吾于人也，听其言而信其行；今吾于人也，听其言而观其行。于予与[4]改是。"

【译文】

宰予白天睡觉。孔子说："腐朽的木头无法雕刻，粪土的墙面不堪粉刷！对于宰予这个人，责备还有什么用呢？”

孔子又说：“起初我对于人，听了他说的话就相信他的行为；现在我对于人，听了他讲的话还要观察他的行为。在宰予这里我改变了观察人的方法。”

【注释】

①粪土：腐土，脏土。

②杇：音 wū，抹墙用的抹子。这里指用抹子粉刷墙壁。

③诛：责备，批评。

④与：语气词，同“欤”。

【评解】

有一天孔子的学生宰予白天睡觉，宰予在孔子的弟子中以擅长言辞论辩著称，其他的弟子很是羡慕，但孔子担心弟子们只注重说而不注重做，如果那样的话，就会误入歧途，因此孔子借对宰予的指责教育其他弟子。

事实也是如此，如果我们的言行不一，语言就会没有力量；如果我们发现自己说的话没有人愿意听，甚至招人反感，这不一定是我们讲错了，而可能是我们说的是一套，做的又是另一套。

【国学小百科】

古人睡眠十忌讳

1. 不可仰卧。古人说：“睡不厌蹴，觉不厌舒”，睡时宜侧身屈膝，则精气不散，醒时宜舒展活动，则气血流通。如果仰卧，则体直不舒，肌肉不能放松，且手易搭胸，多做噩梦，还影响呼吸与心跳。

2. 不可忧虑。睡眠一定要专心安稳思睡，不可想事，古人说：“先睡心，后睡眼”，是睡眠的重要秘诀。如果睡下以后思想日间或过去未来的杂事，甚至忧愁焦虑，不但会失眠，而且对身体的损害会比白天更大。

3. 不可恼怒。《素问·举痛论》说：“怒则气上，喜则气缓，悲则气消，恐则气下，思则气结”。凡情志的变化都会引起气血的紊乱，从而导致失眠，甚至疾病。所以睡前非但不可恼怒，亦应防止任何情绪的过激。

4. 不可进食。临睡进食容易增加胃肠负担，既影响入睡，又伤害身体。如睡前感觉饥饿，饭食后宜稍休息一段时间再睡。古人说：“早饭宜早，午饭宜饱，晚饭宜少”，确是一个值得注意的养生经验。若夜瞑目以后在床上进食，则更为不利。当然由于特殊情况所造成的因饥饿而进食，则又当别论，只是不应形成一种习惯。

5. 不可言语。中医认为，肺为五脏华盖，主出声音，凡人卧下，肺即收敛，如果此时言语，则易耗肺气，这好像钟磬一样，不悬挂则不能发声。另外，睡前说话也会使精神兴奋、思想活跃，从而影响入睡，导致失眠。

6. 不可对灯。睡卧对灯光，使心神不能安定，不易入睡，也易醒。

7. 不可张口。孙思邈说：“夜卧常习闭口”，是保养元气的最好方法。若张口呼吸，可使未经过鼻腔过滤、加温及湿化的干燥空气直接吸入肺内，易发生肺部疾病。

8. 不可掩面。掩面以被覆面，会影响氧气的吸入，使人呼吸困难，而且吸入自己呼出的大量二氧化碳，对于身体健康极为不利。因此“三叟歌”中有“下叟前致词，夜卧不覆首”，足见古人对这一养生方法的重视。

9. 不可当风。古人认为，风为百病之长，善行而数变，人体睡眠后，对环境变化的适应能力降低，最易受风邪的侵袭。《琐碎录》说，卧处不可当风，“恐患头风，背受风则嗽，肩受风则臂疼，善调摄者，虽盛暑不当风及坐卧露下”。

10. 不可对火炉。卧时头对火炉，易受火气蒸犯，醒后会感到口鼻干燥，头重目赤，或患痈肿疮疖，并易发生感冒。《琐碎录》说：“卧处不可以首近火，恐伤脑”。且由于温度过高，容易在入睡后将被撩开，反而着凉；或夜间起身，高视阔步易受寒。

【相关链接】

金玉其外，败絮其中

明初的大臣刘基，字伯温，元代末年中过进士，担任过一些小官。后来，他劝说朱元璋脱离红巾军领袖韩林儿建立政权。朱元璋建立明王朝后，他被任命为御史中丞。

夏日的一天，刘基在杭州城里漫步，只见一个小贩在卖柑子。柑子是很难保存到夏天的，但刘基发现这小贩卖的柑子金黄油亮，新鲜饱满，就像是刚从树上摘下来的，他便去向小贩买了几个。虽然价钱是上市时的十倍，但觉得小贩能把柑子贮存到现在，也是很不容易的事，贵就贵些吧！回家后，刘基剥开柑皮，发现里面的果肉干缩得像破旧的棉絮一样，便拿着柑子，去责问小贩为何骗人钱财。

刘伯温

不料，卖柑子的小贩从容地笑了笑，说：“我靠卖这样的柑子为生，已经有好几年了。买的人很多，谁也没有说什么，就是先生您不满意。”接着，小贩说道：“当今世上骗人的事到处都是，岂止是我一个？请问，那些威风凛凛的武将，从装束看，比孙子、吴起还神气，可是他们真正懂得兵法吗？那些头戴高帽、身着宽大朝服、气宇轩昂的文官，难道他们真正掌握治理国家的本事吗？寇盗横行，他们不能抵御；百姓困苦，他们不能救助；贪官污吏，他们不能处置；法纪败坏，他们不能整顿。这些人一个个身居高位，住着华美的房舍，吃着山珍海味，喝着琼浆玉液，骑着高头骏马，哪一个不是装得道貌岸然、一本正经的样子？又有哪一个不像我所卖的柑子那样，表面上如金如玉，内中却像是破旧的棉絮呢？”

这便是“金玉其外，败絮其中”的由来，比喻外表漂亮，内里破败，虚有华美的外表，实质却一团糟。

【原文】

子贡问曰：“孔文子①何以谓之文也?”子曰：“敏②而好学，不耻下问③，是以谓之文也。”

【译文】

子贡问道：“为什么给孔文子一个‘文’的谥号呢?”孔子说：“他聪敏勤勉而好学，不以向地位比他低的人请教为耻（或向才学不如自己的人请教），所以被谥为‘文’。”

【注释】

①孔文子：卫国大夫，姓孔，名圉（音 yǔ），谥号“文”，“子”是尊称。

②敏：敏捷，勤勉。

③下问：向下请教。

【评解】

孔子在回答子贡提问时讲到“不耻下问”的问题。敏而好学似乎还比较容易做到一些，而不耻下问就非常难了。敏而好学”，就是勤敏而兴趣浓厚地发愤学习。“不耻下问”，就是不仅听老师、长辈的教导，向老师、长辈求教，而且还求教于不如我们自己的人，这不仅仅是个好不好学的问题，而且还牵涉到自尊心、虚荣心的问题。

人们的天性往往就是如此。如果自己位卑，自己能力弱，自己孤陋寡闻，求教于位尊者、能力强者、见多识广者，那似乎没有什么，不以为耻。一旦反过来，以位尊求教于位卑，以能力强求教于能力弱，以博求教于寡，便立即感到脸上不光彩，耻于开口了。只有真正怀着一颗求真的心，才能做到不耻下问!

【国学小百科】

古代的谥号

谥（shì）号，指的是古代的帝王、诸侯、卿大夫、高官大臣等具有一定地位的人死去以后，根据他们的生平事迹与品德修养，而给予的带有评判性质的一种名号。谥号用一两个字对一个人的一生做一个概括的评价，算是盖棺定论吧。

谥号有表扬性的美谥、同情性的平谥、批评性的恶谥三种。表扬性的美谥，如“文”表示具有“经纬天地”的能力；“康”表示具有“温柔好乐”的品德；“平”表示具有“布纲治纪”的政绩。同情性的平谥，如“愍”（mǐn）表示“在国遭忧”；“怀”表示“慈仁短折”。批评性的恶谥，如“炀”表示“好内远礼”；“厉”表示“杀戮无辜”。

谥号制度形成，传统说法是西周早期，即《逸周书·谥法解》中提到的周公制谥。但是近代以来，王国维等根据金文考释得出的结论谥法应当形成于西周中期的恭王、懿王阶段，这一说法现在得到广泛认同。周王室和春秋战国各国广泛施行谥法制度，秦始皇认为谥号有“子议父、臣议君”的嫌疑，因此把它废除了。直到西汉建立之后又恢复了谥号。

西周东周的天子、各国诸侯、卿大夫及夫人有得谥资格；汉朝规定只有生前封侯者有得谥资格；唐朝规定职事官三品以上有得谥资格；一般文人学士或隐士的谥号，则由其亲友、门生或故吏所加，称为私谥，与朝廷颁赐的不同。

皇帝的谥号是在嗣位皇帝的参与下得出的；末代皇帝的谥号由下一王朝的帝王追赠，或者由遗民政权上谥，比如明崇祯帝的谥号，南明上的是“绍天绎道刚明恪俭揆文奋武敦仁懋孝烈皇帝”，清代定鼎中原后，追赠崇祯的谥号为“庄烈帝”。

对于我国封建社会殁（mò）世的帝王，后世往往有不同的称谓。大体说来，对于唐代以前的殁世帝王，称呼他们的谥号，例如汉武帝、魏文帝、隋炀帝；对于唐代以后的殁世帝王，则一般称呼他们的庙号，例如唐太宗、宋太祖、明代宗。

由于谥号具有“褒贬死者，劝勉生者”的作用，因此选用的谥号实际上是根据封建统治者的需要决定的，所以往往名不副实，甚至完全是虚伪的。例如西汉有个皇帝名刘奭（shì），他为帝时，昏庸无道，宦官专权，赋役繁重，致使汉朝政权由盛转衰。可是在他死后，却谥以为“元”，意思是他能“行义悦民”，这就是历史上的汉元帝。再说南宋的秦桧，这是历史上臭名昭著的大奸臣、卖国贼，此人的劣绩，几乎是家喻户晓，人人皆知。可是在秦桧死后，宋高宗却谥之为“忠献”，意思是说他“忠诚而聪睿（ruì）”，直到宋宁宗时才改谥为“穆丑”，终于降了格。

历代除对帝王可以称呼谥号之外，称呼高官大臣、学者名流的谥号也是一种尊重的表示。有些人的谥号由于经常被后人称呼，几乎成为他们的别名。比如民族英雄岳飞，后人就常常称他为岳武穆，而“武穆”则是他的谥号。

【相关链接】

一字师

古代诗人很注重诗句的锤炼。杜甫说：“语不惊人死不休”、“新诗改罢自长吟”；韦庄说：“卧看南山改旧诗”，说的都是作诗要下工夫锤字炼句。而所谓“一字师”，就是改一个字的老师。他给你的诗文改一个字，你就尊他为师，这固然是你的谦虚，但更重要的是他在一个字上见能耐，就这一点而言，他确实有资格当老师。

古人为求“一字师”而不耻下问的故事，经常被传为文苑佳话，我国古籍中曾记载不少“一字师”的掌故，下面列举几例。

1

晚唐诗人郑谷有个怪癖，喜欢同诗僧交往。一些爱写诗的和尚也乐意向他请教。唐五代“诗僧”齐己，写过一首题为《早梅》的诗，开头四句是：

万木冻欲折，

孤根暖独回。

前村深雪里，

昨夜数枝开。

意思是说天寒地冻，万木凋零，只有梅花透露着大地春回的消息。你看，昨夜大雪纷飞，前村已有数枝梅花凌寒而开！雪里梅花，只有数枝刚刚吐蕾，这样写是比较切合诗题的。但齐己还是想听听郑谷的意见，就兴冲冲地拿着诗稿登门求教。

郑谷一眼就看出这是首好诗。但他仔细琢磨了一番，诚恳地提意见说："确实是佳句呀！但我还想改动一个字。我想题目既然是'早梅'，那么'数枝开'还不算早，不如改成'一枝开'。"

郑谷不愧是诗坛老将，一字之改，诗题"早梅"的意境更豁朗了。齐己大为钦佩，当即拜郑谷为"一字师"。

2

元代诗人萨天锡有两句诗："地湿厌闻天竺雨，月明来听景阳钟。"很多人都赞誉有加，唯有一个不知名的老者含笑摇头。萨天锡求教，老者说："此联虽好，只是'闻'、'听'二字意思重复，'闻'宜改为'看'。"并说唐人有"林下老僧来看雨"的名句。萨天锡即俯身叩首拜为"一字师"。

杜甫

"闻"改为"看"，不但为了避复，而且"看"比"闻"更直观，因而更能表现"厌"的情绪，妙！

3

宋人肖楚才在溧阳主持事务时，有个叫张乖崖的官员请他吃饭。他看到张的案上放着刚写完的一首诗，其中有"独恨太平无一事，江南闲杀老尚书"两句，略作沉吟，就提笔把"恨"改为"幸"。

张乖崖问肖楚才为什么要如此改，肖楚才则说：“你现在功高位显，奸人蠢蠢欲动而未曾动，今天下统一，太平无事，你应该感到万幸才对，为何独恨太平无事？有悖情理啊！”张茅塞顿开，拜肖为“一字师”。

“恨”改为“幸”，完全从实际出发。古人使用语言先要炼“意”，而后再炼“字”；意切，字才可能准。离开外部语境和内部语境，孤立地“炼字”，是下策。

前人“一字师”的故事还有很多，这些故事都从不同角度告诉我们学习语言和运用语言的道理，它给我们的启发已经远远超过某一个字本身的妙处。

【原文】

季文子[①]三思而后行。子闻之，曰：“再[②]，斯[③]可矣。”

【译文】

季文子遇事总要考虑多次。孔子听到了，说：“考虑两次也就可以了。”

【注释】

①季文子：鲁国大夫季孙行父，鲁成公、鲁襄公时任正卿，素以谨慎多虑著称。“文”是他的谥号。

②再：两次。

③斯：就。

【评解】

凡事不想一想就莽撞行动，往往会导致后患；凡事三思而后行，一般总是利多弊少。但想得太多，过于谨慎，则容易陷入犹豫不决的狐疑之中，导致优柔寡断。当断不断，反被其乱。所以，朱熹说：“君子务穷理而贵果断。”意思是既要想清楚，有所思考而后行动，又不要优柔寡断。

【国学小百科】

古代兄弟姊妹的排行称谓

我国古代从西周初年开始，便用伯（孟）、仲、叔、季来表示一家的长幼排行，一直沿用了两千多年。

“伯”是排行老大，“仲”是老二。《说文·人部》：“伯，长也。”“仲，中也。”举孔子为例：孔子有一个同父异母的哥哥，名孟皮，字伯尼；孔子名丘，字仲尼。历代封建统治者把孔子“抬到吓人的高度”，孔子的名字是不准随便提及的；近代孔子身价大跌，客气点称他一声“孔二先生”，不客气就干脆叫他“孔老二”了。

“伯仲”两字连用，表示相差不多，难分高下，成语有“不相伯仲”、“伯仲之间”。

排行老大也有不用“伯”字而用“孟”字的。有人解释说“嫡长为伯，庶长为孟”，意思是说，古代贵族一夫多妻，如果长子是正妻所生用“伯”字，非正妻所生则用“孟”字，不过事实上似乎并不完全如此。

《说文·又部》：“叔，拾也。”“叔”字的本义是拾取，字形以手拾豆会意；表示排行次序是假借用法，后来假借义通行，而本义反倒废弃不用了。“叔”通常是排行老三，但也可以是兄弟中较小的，如周武王灭商后，孤竹君的两个儿子逃到首阳山，不食周粟而死，长子叫伯夷，次子叫叔齐，就是一例。

《说文·子部》：“季，少称也。”段注：“叔季皆谓少者，而季又少于叔。”“季”是兄弟中最小的，可以是排行老四，但不一定是老四。汉高祖刘邦排行老三，因为他最小，所以又以刘季为字；他在当了皇帝以后，曾经得意洋洋地对父亲说：“今某业之所就，孰与仲多。”意思是要同他的二哥刘仲比个我高你低。

兄弟讲排行，姊妹也讲排行；古代待嫁女子通常是在姓氏之前加“伯（孟）、仲、叔、季”等字，如伯姬、叔姬之类。文学故事人物孟姜女，相传为秦始皇时人，以哭夫崩城而闻名，她姓姜，“孟”表示她排行老大，照现今的习惯说法就是姜家大小姐。

【相关链接】

司马懿多疑失良机

三国时，蜀国丞相诸葛亮错用马谡，失去战略要地街亭后，只有五千军士驻守在西城县。正在这时魏将司马懿乘势引大军十五万向诸葛亮所在的西城蜂拥而来。当时，诸葛亮身边没有大将，只有一班文官，所带领的五千军队，也有一半运粮草去了。众人听到司马懿带兵前来的消息都大惊失色。诸葛亮登城楼观望后，对众人说："大家不要惊慌，我略用计策，便可叫司马懿退兵。"

于是，诸葛亮传令，把所有的旌旗都藏起来，士兵原地不动，如果有私自外出以及大声喧哗的，立即斩首。又叫士兵把四个城门打开，每个城门之上派 20 名士兵扮成百姓模样，洒水扫街。诸葛亮自己披上鹤氅，戴上高高的纶巾，领着两个小书童，带上一张琴，到城上望敌楼前凭栏坐下，燃起香，然后慢慢弹起琴来。

司马懿

司马懿的先头部队到达城下，见了这种气势，都不敢轻易入城，便急忙返回报告司马懿。司马懿听后，笑着说："这怎么可能呢？"于是便令三军停下，自己飞马前去观看。

离城不远，他果然看见诸葛亮端坐在城楼上，笑容可掬，正在焚香弹琴。左面一个书童，手捧宝剑；右面也有一个书童，手里拿着拂尘。城门里外，20 多个百姓模样的人在低头洒扫，旁若无人。司马懿看后，疑惑不已，便来到中军，下令后军充作前军，前军作后军撤退。

司马懿的二子司马昭说："莫非是诸葛亮家中无兵，所以故意弄出这个样子来？父亲您为什么要退兵呢？"司马懿说："诸葛亮一生谨慎，不曾冒险。现在城门大开，里面必有埋伏，我军如果进去，正好中了他们的计。还是快快撤退吧！"于是各路兵马都退了回去。

诸葛亮见魏军远去，哈哈大笑起来。

众官员问他说：“司马懿是魏国的名将，今统率十五万精兵来到这里，见了丞相，慌忙撤退，这是什么原因呢？”

诸葛亮说：“他料定我平生谨慎，从不冒险，因此我设下此空城计。司马懿见我们这样镇定，怀疑有重兵埋伏，所以退去。我并非在冒险，只因为不得以才这样做啊！”

空城计是一种“虚而虚之”的心理战术，多在战争的紧急关头和力量虚弱的情况下运用，历来为人们津津乐道。

【原文】

颜渊、季路侍①。子曰：“盍②各言尔志。”

子路曰：“原车马，衣轻裘，与朋友共，敝③之而无憾。”

颜渊曰：“愿无伐④善，无施劳⑤。”

子路曰：“愿闻子之志。”

子曰：“老者安之，朋友信之，少者怀之⑥。”

【译文】

颜渊、子路两人侍立在孔子身边。孔子说：“你们何不各自说说自己的志向？”

子路说：“愿意拿出自己的车马、衣服、皮袍，同我的朋友共同享用，就是用坏了，也不会怨恨、遗憾。”

颜渊说：“我愿意不夸耀自己的长处，有功劳也不夸张。”

子路说：“愿意听一听老师您的志向。”

孔子说：“（我的志向是）希望老年人能得到安养，希望朋友之间能诚信相待，希望年轻的子弟们得到关怀照顾。”

【注释】

①侍：服侍，站在旁边陪着尊贵者叫侍。

②盍：“何不”的合音字。

③敝：坏。

④伐善：夸耀自己的好处。伐，自夸。

⑤施劳：施，表白。劳，功劳。

⑥怀之：使得到关怀。

【评解】

孔子及其弟子们各自谈了自己的志向，从中也表现出了个人的道德修养及处世态度。

孔子的志向最接近于“仁德”。他希望让老年人无论在精神上和物质上都得到安顿，让人与人之间互相理解，互相信任，没有欺诈，没有仇怨。“少者怀之”，就是要关心下一代的成长，永远爱护下一代，这样世界就会和谐美好，实现“大同世界”的理想。

这里也说明了立志的重要性。“人无远虑，必有近忧”，立定远大的志向，才能经风雨见世面，才能克服身体的痛苦和磨难，才能战胜内心的孤独和寂寞。

【国学小百科】

大同世界

“大同”是古人追求的一种理想的社会模式。几千年前孔子向世人描绘了“大同世界”，“大同世界”具有以下一些特点：

1. 全民公有的社会制度。

2. 选贤与能的管理体制。

3. 讲信修睦的人际关系。

4. 人得其所的社会保障。

5. 人人为公的社会道德。

6. 各尽其力的劳动态度。

孔子认为“大道之行，天下为公”是为“大同”，他称尧舜时代为“大同”并作为最高理想。《礼记·礼运》篇记载了孔子出游，有所感叹。当时，弟子子游在侧，问孔子为什么叹息。

孔子于是表述了自己对大同世界的看法：大道实行的时候以及夏、商、周三代英贤，他都没有赶上，但是，他非常向往那个时代。

他说，大道之行就是天下为公，在那个时代，选贤能，讲诚信，人们不独亲其所亲，不独抚养自己的子女，而是普遍相爱，使老者有所终，壮者有所用，幼者能够顺利成长，寡、孤、独及残疾者生活都有依靠，男子有一定的职分，女子都能找到合适的人家。人们不必把财物攫为己有，只怕被丢弃而不用；人们在劳动中都能各尽其力，但不是为自己，并且鄙弃那种只为自己而劳动的行为。所以，奸邪之谋、盗贼之事都不会发生，路不拾遗，夜不闭户，那才是太平盛世。

孔子重新建构“仁”这一道德范畴，主要是为了处理好人与人之间的关系。由于每一个人均处于一定的社会关系之中，所以把各种人与人之间的关系处理好了，就可以导致一个秩序井然的理想社会的出现。

孔子的“大同”是面对春秋天下大乱、贤圣不明、道德不一的时代提出的一种对远古选贤与能、讲信修睦社会的怀念，是让“未来”服从于被美化的过去，让现实后归于变化了的历史，或是一种虚幻，正如朱熹所说“千五百年之间……只是架漏牵补过了时日……尧舜、三王、周公、孔子所传之道，未尝一日得行天地之间也”，但作为最高理想的自然状态，即“大同”社会，可谓是思之深刻而虑之长远的，除了所有制的问题提得不够明确外，与当代的社会主义社会几乎没有太大的差别。

【相关链接】

燕雀安知鸿鹄之志

秦朝人陈胜，字涉，阳城（今河南省方城县）人，年轻时曾受雇佣给富人家种地。有一天，他放下农活到田埂上休息。由于对秦朝苛捐杂税和繁重劳役致使百姓生活困苦感到愤恨不平，他就对一起干活的人说：“假如将来我们中间有谁发迹富贵了，可不能相互忘记啊。”

别人讥笑他：“受雇给人家种地，怎么能发迹富贵呢？”陈胜长长地叹了一口气道：“燕雀哪里会懂得鸿鹄的凌云壮志呢！”

被统治阶级“富贵在天”说教欺蒙的贫苦农民，一时还不能理解实际上代表了他们自己阶级摆脱贫困、压迫的先进思想。而陈胜的杰出之处，就在于他率先看到了这种贫贱、富贵的不平，并提出了改变这种不平的朴素而勇敢的要求。反抗命运的决心犹如一团烈火在陈胜胸中燃烧。不久，他便以实际行动向人们证明了自己的豪言壮语。

陈胜吴广

秦二世元年（前209年）七月，朝廷大举征兵去戍守渔阳（今北京市密云西南），陈胜也在征发之列，并被任命为带队的屯长。他和其他900名穷苦农民在两名秦吏押送下，日夜兼程赶往渔阳。当行至蕲县大泽乡（今安徽宿州西寺坡乡）时，遇到连天大雨，道路被洪水阻断，无法通行。大伙眼看抵达渔阳的期限将近，急得像热锅上的蚂蚁，不知如何是好。按照秦的酷律规定，凡所征戍边兵丁，不按时到达指定地点者，是要一律处斩的。在生死存亡的危急关头，陈胜毅然决定谋划起义。

陈胜把900名戍卒召集在一起，大声说道："各位，我们在这里遇上了大雨，已不能按期抵达渔阳了，而误了期限大家都要被斩杀，即便侥幸不被砍头，戍守边塞的苦役十有六七也要送命。'壮士不死即已，死即举大名耳，王侯将相宁有种乎'！"

陈胜铿锵有力的一番话，说出了大伙的心声，戍卒们齐声高呼："我们愿听从您的号令！"于是大伙在陈胜、吴广的带领下，袒露右臂作为标志，筑坛盟誓，按事先谋划，诈以公子扶苏、楚将项燕之名，宣布起义。陈胜自立为将军，以吴广为都尉，一举攻下大泽乡，接着又迅速攻下蕲县县城。中国历史上第一次大规模的农民起义战争就这样爆发了。

陈胜与吴广发动农民起义，建立了中国历史上第一个农民政权。这个政权虽然持续时间不长，但终于推翻了秦朝的严酷统治。

雍也篇第六

【原文】

子华[1]使于齐，冉子[2]为其母请粟[3]。子曰："与之釜[4]。"请益。曰："与之庾[5]。"冉子与之粟五秉[6]。子曰："赤之适[7]齐也，乘肥马[8]，衣[9]轻裘。吾闻之也：君子周[10]急不济富。"

【译文】

子华出使齐国，冉有替他的母亲向孔子请求补助一些谷米。孔子说："给他六斗四升。"冉有请求再增加一些。孔子说："再给他二斗四升。"结果冉有竟给了他八十石。孔子说："公西赤到齐国去，乘坐着肥马驾的车子，穿的是又轻又暖的皮袍。我听说过，君子只是周济急需救济的人，而不是周济富人。"

【注释】

①子华：姓公西名赤，字子华，孔子的学生。

②冉子：即孔子的学生冉有。《论语》中称孔子的学生为"子"的只有曾参、有若、闵子骞、冉有四人。

③粟：小米。在古文中，粟与米连用时，粟指带壳的谷粒，去壳以后叫做米；粟字单用时，就是指米了。

④釜：音 fǔ，古代量名，一釜约等于当时的六斗四升。

⑤庾：音 yǔ，古代量名，相当于当时的二斗四升。

⑥秉：古代量名，相当于当时的一百六十斗，即十六石。

⑦适：到。

⑧乘肥马：指乘坐肥马拉的车。

⑨衣：当“穿”讲。

⑩周：周济，救济。

【评解】

孔子主张“君子周急不济富”，这是从儒家“仁爱”思想出发的。凡事都有轻重缓急，所以与其替人锦上添花，不如为人雪中送炭，这就是所谓“求人须求大丈夫，济人须济急时无”，这种思想符合于人道主义。

【国学小百科】

古代的度量单位

度量衡的发展大约始于父系氏族社会末期。度量衡单位最初都与人体相关：“布手知尺，布指知寸”、“一手之盛谓之掬，两手谓之溢”。这时的单位尚有因人而异的弊病。《史记·夏本纪》中记载禹“身为度，称以出”，则表明当时已经以名人为标准进行单位的统一，出现了最早的法定单位。商代遗址出土有骨尺、牙尺，长度约合16厘米，与中等身材的人大拇指和食指伸开后的指端距离相当。尺上的分寸刻划采用十进位，它和青铜器一样，反映了当时的生产和技术水平。

春秋战国时期，群雄并立，各国度量衡大小不一。秦始皇统一全国后，推行“一法度衡石丈尺，车同轨，书同文字”，颁发统一度量衡诏书，制定了一套严格的管理制度，商代牙尺为中国2000多年封建社会的度量衡制奠定了基础。

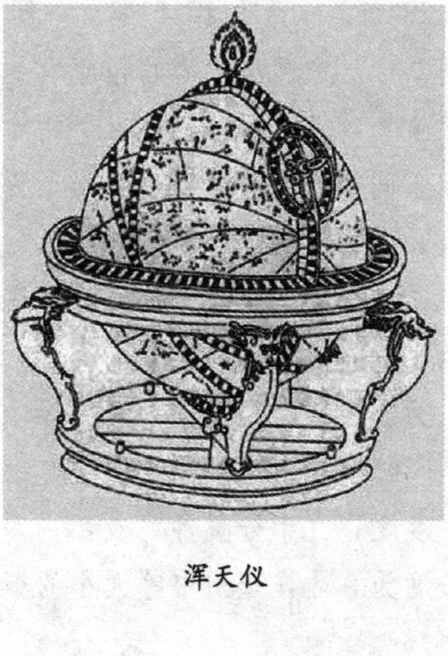

浑天仪

汉代政治经济皆如秦制，度量衡也沿用秦制。西汉末刘歆将秦汉度量衡制度整理成文，使之更加规范化，条理化，后收入《汉书·律历志》，成为最早的度量衡专著。

中国古代度量衡与数学、物理、天文、律学、建筑、冶炼等科学技术的发展起着相互促进的作用。商鞅为统一秦国度量衡而于公元前344年制造的标准量器铜方升上刻有：“十六寸五分寸壹为升”，用度量审其容。方升遗存至今。战国时齐的一件标准量器栗氏量包括升、豆、斛三个容量单位。《考工记》详细记载了制作这件量器时冶炼青铜和铸造的技术条件及所包括的各个量的尺寸、容量和重量。

长度单位的规定。秦汉时尺长约合今23厘米。南朝太史令钱乐之依照当朝尺长（合今24.5厘米）更铸张衡浑天仪。隋文帝统一全国后，下令统一度量衡，用北朝大尺（长30厘米）作为官民日常用尺，用南朝小尺测日影以定冬至和夏至。唐代僧一行测量子午线，宋代司天监的圭表尺、元代郭守敬造观星台所标的量天尺都采用隋唐小制。1975年，天文史家从明代制造的铜圭残件上发现当时量天尺的刻度，考定尺长24.525厘米，与钱乐之浑天仪尺度相符。在1300多年间，量天尺尺值恒定不变，保证了天文测量的连续性和稳定性。日常用尺，则历朝趋向变大。

重量单位的规定。春秋中晚期，楚国制造有小型衡器——木衡、铜环权，用来称黄金货币。完整的一套环权共十枚，分别为一铢、二铢、三铢、六铢、十二铢、一两、二两、四两、八两、一斤。一铢重0.69克，一两重15.5克，一斤251.3克，十枚相加约500克，为楚制二斤。中国历史博物馆藏有一支战国时铜衡杆，正中有拱肩提纽和穿线孔，一面显出贯通上下的十等分刻线，全长为战国的一尺。形式既不同于天平衡杆，也不同于秤杆。可能是介于天平和杆秤之间的衡器。战国不仅广泛使用衡器，对杠杆原理也有透彻的认识。

中国古代度量衡制的内在联系。中国很早就以长度作为基本量，由它推导出容量和重量。因此，如何确定一个恒定不变的长度单位，成为历代探讨和争论的课题。

《汉书·律历志》：度“起于黄钟之长，以子谷秬黍中者，一黍之广度之，九十分黄钟之长，一为一分”。即以固定音高的黄钟律管的长度为9寸，选用中等大小的黍子，横排90粒为黄钟律管之长，100

粒恰合一尺。律管容积为容量单位一龠，10 龠为合，10 合为升，一龠之黍重 12 铢，24 铢为两，使度量衡三者建立在物理量的自然基准之上。这在当时是很先进的。《汉书·食货志》记有“黄金方寸而重一斤”。《后汉书·礼仪志》中有：“水一升，冬重十三两。”清康熙年间规定以金、银等金属作为长度和重量的标准，后发现金属纯度不高影响标准精度而改用一升纯水为重量标准。这种利用重量确定度量衡单位的方法在世界度量衡史上也占有一定地位。

国际公制在中国的推行。明清两代采用营造、库平度量衡制。清乾隆帝接受西方科学技术，在钦定《数理精蕴》中对度量衡详加考订，并用万国权度原器与营造尺、库平两进行校验。营造尺相当于米制 32 厘米，库平两约合 37.3 克。

光绪三十四年 (1908)，清廷拟订划一度量衡制和推行章程。商请国际权度局制造铂铱合金原器和镍钢合金副原器，次年制成运回中国。1928 年，中华民国政府公布度量衡法，规定采用“万国公制”为标准制，并暂设辅制“市用制”作为过渡，即 1 公尺为 3 市尺，1 公升为 1 市升，1 公斤为 2 市斤。

【相关链接】

曹冲称象

有一次，吴国孙权送给曹操一只大象，曹操十分高兴。大象运到许昌那天，曹操带领文武百官和小儿子曹冲，一同去看。

曹操的人都没有见过大象。这大象又高又大，光说腿就有大殿的柱子那么粗，人走近去比一比，还够不到它的肚子。

曹操对大家说：“这只大象真是大，可是到底有多重呢？你们哪个有办法称它一称？”这么大个家伙，可怎么称呢！大臣们纷纷议论开了。

有的说：“只有造一杆特大的秤来称。”

有的说：“这可要造多大的一杆秤呀！再说，大象是活的，也没办法称呀！我看只有把它宰了，切成块儿称。”

他的话刚说完，所有的人都哈哈大笑起来。有人说：“你这个办法太笨了！为了称称重量，就把大象活活地宰了，不可惜吗?”

大臣们想了许多办法，都行不通。

这时，从人群里走出一个小孩，对曹操说：“我有个法儿，可以称大象。”

曹操一看，正是他最心爱的儿子曹冲，就笑着说：“你小小年纪，有什么法子？你倒说说，看有没有道理。”

曹冲把办法说了。曹操一听连连叫好，吩咐左右立刻准备称象，然后对大臣们说：“走！咱们到河边看称象去！”

众大臣跟随曹操来到河边。河里停着一只大船，曹冲叫人把象牵到船上，等船身稳定了，在船舷上齐水面的地方，作了一个标记。再叫人把象牵到岸上来，把大大小小的石头，一块一块地往船上装，船身就一点儿一点儿往下沉。等船身沉到刚才刻的那条标记和水面一样齐了，曹冲就叫人停止装石头。

大臣们睁大了眼睛，起先还摸不清是怎么回事，看到这里便恍然大悟，不由得连声称赞：“好办法！好办法！”现在只要把船里的石头都称一下，把重量加起来，就知道象有多重了。

【原文】

子曰：“贤哉回也，一箪①食，一瓢饮，在陋巷②，人不堪其忧，回也不改其乐③。贤哉回也。”

【译文】

孔子说：“真有贤德啊，颜回！只吃一箪饭，只喝一瓢水，住在简陋的小屋里，别人都忍受不了这种穷困清苦，颜回仍然不改自得其乐。真有贤德啊，颜回！”

【注释】

①箪：音 dān，古代盛饭用的竹器。

②巷：此处指颜回的住处。

③乐：乐于学。

【评解】

这里讲孔子的高徒颜回“不改其乐”，也就是贫贱不能移的精神，是因为他的心中有“义”，就是仁义、道义。如果不“义”，就是再富贵也没有意思。相反，只要心中有“义”，就是吃粗茶淡饭，睡觉连枕头都没有，那也是快乐的。

颜回和老师孔子一样，都是以“义”为乐。他们为了自己的理想，不断地追求，即使生活清苦困顿也能够安贫乐道，自得其乐。

【国学小百科】

古代的粮食

我国自进入农业社会后，就以粮食作物为主食，所以自周秦以来，诗文中关于粮食的记述很多。粮食作物古代统称五谷或六谷。至于五谷六谷所包括的品种，则历来说法不一，比较可信的说法是黍、稷、麦、菽、麻为五谷，六谷即再加上稻。

黍即现代北方的黍子，又叫黄米，状似小米，色黄而黏。稷是今天的小米，现在北方称其作物为谷子。我国西北地区适合谷子的种植，在“靠天吃饭”的古代，谷子也较能适应风雨不时的干旱气候，因而在相当长的历史时期里，稷是最重要的粮食。古代以“社稷”代表国家，社为社神，稷为谷神。

古代黍与稷还经常连在一起说。黍在古人生活中的地位仅次于稷。《论语·微子》记载，孔子的弟子子路遇见隐者，隐者“止子路宿，杀鸡为黍而食之”，按照当时的伙食标准看，这顿招待饭已经是很不错了。

麦子有大麦小麦之分，古代称大麦为麰（móu），麦子的地位似乎没有黍和稷那么突出。《诗经·周颂·思文》：“贻我来麰，帝命率育。”这两句诗是说，天帝赐给周小麦（“来”）、大麦，命令武王遵循后稷（周的始祖）以稼穑养育万民的功业。来、麰进入神话传说并与周之延续与扩大联系起来，可见这类作物与人们生活关系之密切。

菽就是豆子，原指大豆，又作豆类的总名。《说文》：“尗，豆也。”尗即菽，段玉裁说，“尗、豆古今语”，“此以汉时语（豆）释古语（菽）也。”

麻之所以列入谷类，是因为麻籽可以充饥。麻籽在贫苦人看来味道还可以，而富贵人是难以下咽的。《诗经·七月》：“九月叔（拾取）苴”。夏历九月正是麻籽成熟的时候，拾起来“食（sì，四）我农夫”，可见麻籽甚至是农民们的主要食品之一。

古代常见的粮食作物还有粟、粱、稻、禾、谷等。

粟是黍的籽粒。《诗经·小雅·黄鸟》：“交交（鸟鸣声）黄鸟，无（勿）集于谷，无啄我粟。”后来，则用粟作为粮食的通称。《史记·项羽本纪》：“章邯围钜鹿，筑甬道而输之粟。”《韩非子·显学》：“磐石千里，不可谓富；象人（俑人）百万，不可谓强……磐不生粟，象人不可使距（拒）敌也。”

粱是稷的良种。《小雅·黄鸟》：“交交黄鸟，无集于桑，无啄我粱。”《后汉书·五行志》：“桓帝之初。京都童谣曰：‘……以钱为室金为堂，石上慊慊春黄粱。’”黄粱则是粱中的上品。

稻在中原地区的种植比上述几种作物要晚，大约起于周代。稻类有黏与不黏的分别，“稻”最初专指黏者，不黏的叫秔（jing），又叫稴（lián）、秫（shú）等等。黏稻适于做酒，《晋书·陶潜传》：“潜为彭泽令，公田悉令种秫。曰：‘令吾常醉于酒，足矣。’妻子固请种稻，乃使一顷五十亩种秫，五十亩种稻。”“稻”作为稻类的总称是稍后的事。

因为稻与粱都是“细粮”，所以二者常常连言以代表精美的主食。

禾本来专指稷，后来成为粮食作物的通称。《诗经·七月》：“十月纳禾稼，黍稷重穋，禾麻菽麦。”其中第二个“禾”字即专指稷，而第一个“禾”字则是泛指，“禾稼”二字包括了后两句开列的八种作物（重是早种晚熟的稻，穋是晚种早熟的稻）。人们熟知的李绅《悯农》诗：“锄禾日当午，汗滴禾下土”，其中的“禾”字也是泛指。再往后，“禾”又成为稻的专称。黄庭坚《戏咏江南风土》：“禾舂玉粒送官仓”，玉粒即大米，则禾即稻。至今南方仍然保留着这种称呼。

【相关链接】

苏武牧羊

公元前100年，汉武帝派苏武出使匈奴。出使的那一天，苏武手中持着长长的“汉节”，那是邦国之间互相往来的信物，他带领着由一百多人组成的和平使团，随着一声威武的号令，庄严而肃穆地启程。但由于“虞常事件”，苏武受牵连被扣押在匈奴，和平的任务尚未完成，即遭此劫难，让苏武非常痛心。

单于知道苏武为人忠贞爱国，于是想要借机劝他投降，就派遣卫律等人去游说，苏武义正辞严地说：如果我忘恩负义，背叛朝廷，就算是活着，也没有颜面再回到汉朝！说罢，抽出配刀，往自己身上刺了进去。一时间，鲜血喷洒而出，他倒在了一片血泊中。卫律大惊失色，赶紧冲上前去救他，医治了半天之久他才苏醒过来。

单于看到苏武的志节这样高迈，内心对他产生了敬佩之情，就想用高官厚禄来收买他，请他为匈奴效力，但是均被苏武断然回绝了。后来，恼羞成怒的单于把他幽禁到了地牢里，想把他活活地饿死，逼他投降。

在寒气逼人的地洞中，身心交瘁的苏武躺在刺骨的寒冰上，疲惫地昏了过去。不久，难以忍受的饥饿使他苏醒了过来，他爬到雪堆旁，将一把雪塞进了嘴里，又抓起汉节上的一撮毡毛，艰难地咽了下去。奇迹出现了，几天之后，苏武居然没有死。单于被吓坏了，以为他一定是个神人，否则这要换成别人，不早就死好几回了吗?

后来，单于把苏武流放到了荒无人烟的北海，只送给他几只公羊，目的是要让他像无法繁殖的公羊那样衰老、绝后、自生自灭，要他等到公羊能够哺乳才可以回来。

苏武拄着汉节，在风雪交加的北海牧羊，他常常抚摸着它，就像是见到汉王一样。汉节从来没有离开过他的手，节上的毛早就已经脱落了，完成出使匈奴任务的使命感和忠于汉朝的气节，始终在支持着他一定要活着回去。

苏武就凭着这股坚忍不拔的毅力，吃着野鼠、啃着野草，艰难地活下去，希望还有那么一天，能重见曙光，返回大汉的国土。

六年过去了，有一次，单于的弟弟于靬王到北海去打猎，惊奇地发现苏武居然还活着。在这种严酷恶劣的环境中，人怎么可能活得下去呢？于靬王被他深深地感动了，他默默地送来了一些食物和牲畜，希望能改善他的生活。

但是好景不长，三年之后于靬王过世，而苏武赖以生存的这些财物却全部被偷走了。又回复到从前那种艰苦不堪的日子。

艰辛的日子又过了五年，单于派李陵来劝苏武投降。李陵是汉朝李广将军的孙子，也是一位骁勇善战的将军，他在投降匈奴之后，一直都不敢去拜见苏武，苏武高尚的人格，始终令他感到自责和羞耻。而这次受命于单于，他只好硬着头皮去。

李陵恳切地劝他说："在这种没有人烟的不毛之地，哪里有信义可言？有谁见得到你的信和义、忠与贞呢？回到汉朝的希望太遥远、太渺茫了，人生那么短暂，就像朝露一样，你究竟是何苦呢？"

苏武长叹了一口气说道："做臣子的忠于他的君王，就如同做儿子的孝顺他的父母一样，是天经地义的事情，儿子为了报答父母，就算是死了都在所不惜，更不要说这样的一点折磨了。我和父亲受封于朝廷，国家曾经给予我们非常优厚的恩宠，朝廷的深恩大德是我报答不尽的。今天就算是为国家牺牲，赴汤蹈火、我都心甘情愿，请你不要再劝我了。"

苏武牧羊

李陵听了之后百感交集，一时悲从中来，痛哭流涕，他赞美苏武是一位真正的义士，并对自己的苟且偷生悔恨不已。回去之后，他送来了几十头牛羊，希望能改善苏武的生活。

不久之后，汉武帝驾崩了，当李陵把这个消息告诉他的时候，苏武沧桑的脸上乍现出深切的痛苦。他面向南方，扑倒跪地，放声痛哭，鲜血顺着嘴角流在了地上。从那以后，他终日悲恸的哭泣，谁都劝不了他。

数年之后，汉朝跟匈奴开始和亲了，苏武终于能够回到故乡，李陵流着泪，目送他消失在万里黄沙中。十九年前由一百多人组成的声势浩大的使团，现在只剩凄冷的九个人，怀着无尽的伤感，踏上返乡的道路。

他回到京师，奉上太牢，泪流满面地拜谒了汉武帝的陵墓。朝廷有感于他的志节，给了他非常优厚的待遇，后来宣帝封他为“关内侯”。苏武把财产全部分送给亲朋、故旧，自己什么都没有留下。他的妻子虽然已经改嫁，儿子因被连坐而死，而他自己也已经白发苍苍，可苏武却得到了天下人对他的敬仰，不但是在汉朝，也赢得了匈奴人的尊敬。

【原文】

樊迟问知①，子曰：“务②民③之义④，敬鬼神而远⑤之，可谓知矣。”问仁，曰：“仁者先难而后获，可谓仁矣。”

【译文】

樊迟问孔子怎样才算是智，孔子说：“专心致力于人世间该做的事情，尊敬鬼神但要远离它，这就可以说是智的了。”

樊迟又问怎样才是仁，孔子说：“有仁德的人总是先付出艰苦的努力然后才有所收获。这就可以说是仁了。”

【注释】

①知：音 zhì，同“智”。

②务：从事，致力于。

③民：通“人”。

④义：致力于人道的事情。

⑤远：疏远。

【评解】

这里提出了“智、“仁”等重大问题。在“智”的问题上，一方面是“务民（人）之义”，着眼于人间事；另一方面是“敬鬼神而远之”，对于我们搞不太清楚的事情，既不轻易相信，也不盲目否定，体现了圣人现实而理性的精神。

孔子还提出了“敬鬼神而远之”的主张，否定了宗法传统的神权观念，他不迷信鬼神，自然也不主张以卜筮向鬼神问吉凶。

【国学小百科】

古代的鬼神崇拜与占卜

中国古代社会盛行鬼神崇拜，人们将日月星辰、河海山岳和祖先视为神灵，并对它们进行祭祀和祈祷。而主持“神道”者，谓之“巫”和“觋”，他们充当人与鬼神打交道的中介人，可以通过一套巫术交通鬼神，代人祈祷神明，以符咒求其保佑。

中国古代鬼神崇拜的现象相当普遍，人们把社会生活中发生的一切事情或后果，都认为是天神意志的体现。鬼神崇拜充分体现了人类对生命的渴望与追求。鬼神崇拜首先是为了人类的祈福和免祸。在当时的社会条件下，人类征服自然和改造自然的能力低下，人们希望生命健康却不能实现自己的愿望，便把幻想寄托于鬼神。男觋女巫便把人的祈愿转告鬼神，又把鬼神的意志转告给人，他们提供着降神、解梦、预言、祈雨、医病、占星等服务。

古代对鬼神的崇拜产生了占卜之术。“占”意为观察，“卜”是以火灼龟壳，认为就其出现的裂纹形状，可以预测吉凶福祸。它通过研究观察各种征兆所得到的不完全的依据来判断未知事物或预测将来。

在许多社会里，占卜仅仅是操作者在将行某事时，由于没有把握而借助某些器具或现象寻求信息或解答，由此满足心理需求的行为。占卜流行于全世界各个时代的文化中，而且方法多种多样。早期的占卜和宗教密切相关，其发展受到宇宙观和民族心理的影响。常见的占卜方式有询问性占卜（如中国民间的求签）、鸡卜、鸟卜、鸟占、水占、星占、纸牌占卜等。

占卜之法繁多，若单纯以立卦而占卜来说，大约可分为：周易卜卦、梅花易数以及文王圣卦三种。

1.《周易》卜卦法

《周易》主要是为了阐明天道，教人性命之旨。《系辞》曰：“是故天生神物，圣人则之；天地变化，圣人效之；天垂象，见吉凶，圣人象之；河出图，洛出书，圣人则之。”天道的流布是生生不息的；以道学的角度看《周易》，固然是好，但若以之为世间万物的吉凶变现，也无不可！所以道家和道教之不同，在于前者是哲理，而后者是道术。这些仅是体与用的差异而已，无关高低对错。职是之故，《周易》成了卜道之正宗，甚至应该说是阴阳五行哲学之必修科目。

所以称之为“周易占卜法”，因为这门占卜方法，是以《周易》经文为主要解卦方法。

2. 梅花易数

梅花易数，创始于邵雍——康节先生，是北宋庆历年间人。据说他“隐处山林，冬不炉，夏不扇，盖心在于易，忘乎其为寒暑也”。做学问至如此，实在令人钦仰。

梅花易数以先天八卦为主，起卦之卦数，即以先天——乾一兑二震三……坤八为例。所谓先天为主，是指比较重视卦本身阴阳五行的生克对待，而对于后天《周易》之文辞，相对的只有参考而已。先天重气化，阴阳五行之基本架构；而后天才开始有人文典章制度，工巧艺术。这也就是为何伏羲八卦仅有图像，而无文字，而《周易》卦文皆有之理。

3. 文王圣卦

讲到文王圣卦之前，必先得提到“五行断易”。它是以浑天甲子，即纳甲安在六爻之上，又有世、应、身三爻，财、官、父兄、子五种用神；以之间的生克变化来断休咎吉凶。文王卦就是在五行易的基础上，加上天干、六兽、神煞等配件所形成的占卜法。许多人仅知有文王卦，而不知有五行断易，实质上二者并无很大的差异。因为五行之生克制化，才是主体，神煞六兽不过是更细微的呈现某种既定的结果而已。文王卦虽名“文王”，其实只是上托周文王之名，也有纪念他的意思。以断卦的角度来说，他与《周易》的关系已渐行渐远了！体系上虽跟梅花易数不尽相同，但在重视五行生克的角度上，有其雷同之处，也可说都是重先天一系，而文王卦已经加入了许多如同子平八字的论述了。

文王卦实用的成分更多，只要取对用神，即可论断吉凶。这门卜卦法，历经无数岁月的洗礼，多少前贤先哲的淬炼与升华，更融合了许许多多阴阳五行的派别！若要很单纯地只是把它列入占卜这一系中，恐怕就有见树不见林之憾了！

【相关链接】

先忧后乐

宋朝有个品德十分高尚的政治家叫范仲淹。他从小心怀大志，有次遇到一个算命先生，就走过去跟这位先生说："你可不可以帮我看看，我能不能当宰相"？算命先生听了很惊讶，这个孩子小小年纪，口气挺大的。所以当算命先生这么一讲，范仲淹有点不好意思，头低了下来，接着又说："不然这样好了，你再看看我能不能当医生"？算命先生也有点怀疑，奇怪！一开始是说能不能当宰相，现在居然降到当个中医师。就问他："为什么你两个愿望差那么大"？范仲淹说："因为惟有良相跟良医可以真正救人。因为一个好的宰相只要把国家的政策处理好，可以帮助千千万万的人民；而医生尽心尽力，也可以让人从病痛当中脱离。"算命先生听到范仲淹这么讲，看他小小年纪处处立的志向不为自己，而是为了帮助他人。很是感动，马上跟范仲淹说："你有这一颗心，你一定可以当宰相。"

后来，范仲淹做了官，还真当了一段时间的宰相。他为官清正廉洁，很受好评。有一年，他到泰州做管盐仓的小官，见海水泛滥，百姓受难，就提议修海堤，还亲自参加运土、夯土。不料母亲去世，他按规定回家服丧。可身在家中，心在海堤，他不断写信去帮助出主意。海堤修成了，当地人感激他，把堤叫范公堤。

范仲淹

几年以后，范仲淹进京城做官。

他看到不对的事就批评，还主持改革，结果得罪了人，好几次被贬职排挤出京。可他从不计较个人得失，不管在什么职位上都做出了成绩。他在一生中用自己的财产办了许多义庄、义田、义宅，救济穷人，还办了一些不收钱的学校，让没钱的穷人子弟上学，可他自己的孩子连一件像样的衣服都没有。有人不明白他为什么这样，他写了一篇叫《岳阳楼记》的文章，作了回答，表示自己要“先天下之忧而忧，后天下之乐而乐”。

【原文】

子曰：“君子博学于文，约①之以礼，亦可以弗畔②矣夫。”

【译文】

孔子说：“君子广泛地学习古代的文化典籍，并且用礼来约束自己，也就可以不离经叛道了啊！”

【注释】

①约：约束。

②畔：同“叛”，指离经叛道。

【评解】

既要学习文化知识，又要提高思想修养。德育、智育一起发展，品学兼优，自然也就不会离经叛道了。

【国学小百科】

中国古代的文化典籍

1. 四书。四书是《大学》、《中庸》、《论语》、《孟子》的合称。宋人抽出《礼记》中的《大学》、《中庸》两篇，与《论语》、《孟子》配合，至南宋淳熙年间，朱熹撰《四书章句集注》，“四书”之名由此而定。此后，“四书”始终是我国封建社会正统教育的必读书和科举

取士的初级标准书。

2. 五经。五经是《诗》、《书》、《礼》、《易》、《春秋》五部儒家经典的简称，始称于汉武帝时。其中存有中国古代丰富的历史资料，是封建时代教育的必读教科书，并被统治阶级作为宣传宗法封建思想的理论依据。

3. 六经。指的是六部儒家经典，即在“五经”外，另加《乐经》。也有称“六经”为“六艺”的，韩愈《师说》中的“六艺经传皆通习之”中的“六艺”即“六经”。

4. 十三经。十三部儒家经典。汉代开始，把《诗》、《书》、《礼》、《易》、《春秋》称为“五经”。唐代把“三礼”（《周礼》、《仪礼》、《礼记》）、“三传”（《公羊传》、《穀梁传》、《左传》），连同《易》、《书》、《诗》称为“九经”。至唐文宗刻石经，将《孝经》、《论语》、《尔雅》列入经部，则为“十二经”。宋代又将《孟子》提升为经，故有“十三经”之称。

5. 三字经。旧时广泛使用的蒙学课本。相传为宋代王应麟撰，明清学者陆续增补，至清初的本子为一千一百四十字。内容从阐述教育的重要性开始，进而依次讲述名物常识、经书子书、历史知识及古人勤学的故事等。全部用三言韵语，便于儿童诵读。句法灵活丰富，语言通俗易懂。自编成后广为流传，一直使用至清末民初。

6. 千字文。旧时广泛使用的蒙学课本。南朝梁代周兴嗣编，梁武帝大同年间编成。全书将一千个字，编为四字一句的韵语，介绍有关自然、社会、历史、伦理、教育等方面的知识，基本上无重复的字。自隋代开始流行，至清末一直被广泛用作儿童识字课本。宋代以后，有种种续编和改编本，但都没有旧本流传得广泛、长久。

7. 千家诗。旧时蒙学读物。有《新镌五言千家诗》《重订千家诗》两种，前者题王相选注，后者题谢枋得选、王相注，所选均七言诗。两种选本都分绝句、律诗两部分，大都为唐、五代、宋作品，宋诗尤多。因入选之诗浅近易解，所以流传较广。

8. 唐诗三百首。诗歌总集。清代乾隆年间蘅塘退士孙洙编，实选唐诗三百十首，分五古、七古、五律、七律、五绝、七绝及乐府诸体排列。选编的原意，本作为家塾课本。所选诗作大都艺术性较高，便于吟诵，是流传最广的唐诗选本。

9. 文选。现存最早的诗文总集。南朝梁萧统（昭明太子）编选，世称《昭明文选》。选录自先秦至梁的诗文辞赋，共一百二十九家，七百余篇，分三十八类。选者注意到文学与其他类型著作的区分，故不选经子，史书也仅取论赞，入选作品大多为骈文。该书是研究梁以前文学的重要参考资料。

10. 古文观止。清代康熙年间吴楚材、吴调侯叔侄二人编选的一部历代文章总集，共十二卷。全书收录自东周至明末的文章二百二十二篇，以朝代为序排列。选文多慷慨悲愤之作，语言琅琅上口。每篇的简要评注，颇有见解。是清代以后流传最广、影响较大的古文选本。

11. 古文辞类纂。清代姚鼐编的各类文章总集。全书七十五卷，选录战国至清代的古文，依文体分为论辩、序跋、奏议、书说、赠序、诏令、传状、碑志、杂记、箴铭、颂赞、辞赋、哀祭十三类。所选作品主要是《战国策》、《史记》、两汉散文家、唐宋八大家及明代归有光、清代方苞、刘大櫆等的古文。书首有序目，略述各类文体的特点、源流及其义例。

12. 二十四史。从《史记》到《明史》的二十四部纪传体史书，被称为“正史”，清代乾隆年间编定。全书总计三千二百二十九卷，记载了从黄帝到明末共四千余年的史事，是史学研究的重要资料，也常以之代称中国历史。其中《史记》是通史，其余都是断代史。

13. 史记。我国第一部纪传体通史。原名《太史公书》，东汉以后始称《史记》，西汉司马迁撰。全书一百三十篇，计十二本纪、十表、八书、三十世家、七十列传，记载自黄帝至汉武帝时期共约三千年的历史。该书取材颇富，作者曾广泛查阅并实地调查了大量史料和史事。文笔优美生动，结构严谨，被奉为封建时代历史著作的典范，在我国史学史和文学史上都有极重要的地位。作者所创的纪传体例为历代著正史者所遵循取法。

14. 资治通鉴。北宋司马光撰，全书二百九十四卷。宋神宗以其“鉴于往事，有资于治道”，命名为《资治通鉴》。该书取材广泛，除历朝正史外，尚有野史、实录、谱牒、行状、文集等三百余种。剪裁精审，严谨清晰，功力极深，是一部对后代产生很深影响的编年体通史。

15. 太平广记。著名类书，由北宋李防等奉敕编辑。因成书于宋太宗太平兴国年间，故名。全书五百卷，另目录十卷，按题材性质分九十二大类，一百五十余小类，收录上迄先秦两汉，下及北宋初年的作品约七千则。采录汉代至宋初的小说、笔记、稗史等五百余种，保存了今已亡佚的大量古小说资料。

【相关链接】

害人终害己

李斯，秦代政治家，战国末年楚国上蔡（今河南上蔡西南）人，秦国宰相。他虽然身居要位，却是无德有才之人，所以看到有才华的人他很嫉妒，并想方设法将其除掉。

秦王十分喜爱韩非的才华。韩非和李斯是同学，他继承了荀子的学说，并在此基础上，把慎到的“势”、商鞅的“法”、申不害的“术”结合起来，并加以丰富和发展，形成了一套完整的君主专制理论。

韩非是战国末期的一位大思想家，学问比李斯大得多。韩非说话口吃，不善辩说，但善于著述。韩非回到韩国以后，看到韩国太弱，多次上书献策，但都未能被采纳。于是，韩非发愤著书，先后写出《孤愤》、《五蠹》、《说难》等。他的书传到秦国，由于讲的都是“尊主安国”的理论，秦王非常赞赏韩非的才华，并说：“我要是能见到此人，和他交往，死而无恨。”不久，因秦国攻韩，韩王不得不起用韩非，并派他出使秦国。

韩非

秦王很喜欢韩非，但还没有决定是否留用。李斯知道韩非的本事比自己大，害怕秦王重用他，对自己的前途不利，就向秦王讲韩非的坏话。他说：“韩非是韩王的同族，大王要消灭各国，韩非爱韩不爱秦，这是人之常情。如果大王决定不用韩非，把他放走，对我们不利，不如把他杀掉。”

秦王轻信李斯的话，把韩非抓起来。根据秦国法令的规定，狱中的囚犯无权上书申辩。韩非到秦国以后，又得罪了姚贾。姚贾为秦国立过功，深得秦王的重用，被任命为上卿。韩非却向秦王说，姚贾出身不高贵，当过大盗，在赵国做官时被赶跑了，认为用这样的人是很不应该的，使得秦王很扫兴。

事后秦王又向姚贾问起韩非，姚贾当然不会讲韩非的好话。在李斯和姚贾的串通下，韩非没有办法，只好吃了李斯送来的毒药，自杀而死。李斯不止陷害韩非，还陷害读书人，建议秦始皇焚书坑儒，主张焚烧民间收藏的《诗》、《书》、百家语，禁止私学，以加强专制主义中央集权的统治。

秦始皇死后，他与赵高合谋，伪造遗诏，迫令始皇长子扶苏自杀，立少子胡亥为二世皇帝。后为赵高所忌，于秦二世二年（前208）被腰斩于咸阳闹市，并夷三族。

【原文】

子曰：“中[1]庸[2]之为德也，其至矣乎！民鲜久矣。”

【译文】

孔子说：“中庸作为一种道德，该是最高的了吧！人们缺少这种道德已经为时很久了。”

【注释】

①中：折中，无过，也无不及。

②庸：平常。

【评解】

中庸是孔子和儒家的重要思想，作为一种道德观念，这是孔子和儒家尤为提倡的。

中庸其实是孔子在教我们看待问题的一种方法。中庸属于道德行为的评价问题，也是一种德行，而且是最高的德行。

中庸就是不偏不倚的平常的道理。中庸又被理解为中道，中道就是不偏于对立双方的任何一方，使双方保持均衡状态。中庸又称为“中行”，中行是说，人的气质、作风、德行都不偏于一个方面，对立的双方互相牵制，互相补充。中庸是一种折中调和的思想。

对中庸的误解也有很多，最多是认为中庸就是无原则的调和，就是做所谓的老好人，这样的人其实是自私的人另一种嘴脸，这是孔子所批判所鄙视的。

【国学小百科】

中庸之道

所谓中庸之道就是孔子提倡、子思阐发的提高人的基本道德素质达到太平和合的一整套理论与方法。

中庸之道的主题思想是教育人们自觉地进行自我修养、自我监督、自我教育、自我完善，把自己培养成具有理想人格，达到至善、至仁、至诚、至道、至德、至圣、合外内之道的理想人物，共创“致中和天地位焉万物育焉”的“太平和合”境界；理论基础是天人合一；具体内容：五达道、三达德、九经等；主要原则：慎独自修、忠恕宽容、至诚至性；检验标准：抽象标准和具体标准；知行方法是知行合一；主要途径是礼教；中庸之道的现代意义主要体现在促进家庭美德、职业道德、社会公德的建设等方面。

中庸之道的具体内容主要包括五达道、三达德、九经等。

1. 五达道

五达道主要是运用中庸之道调节五种人际关系，通过正确处理这五种人际关系，达到太平和合的理想境界。这五种基本人际关系是君臣、父子、夫妻、兄弟以及朋友的交往，将君臣关系视为上下关系，这五种人际关系就是天下通行的人际关系。

2. 三达德

调节这些人际关系靠人们内心的品德和智慧，因而就有了三达德。三达德就是智、仁、勇。智、仁、勇是天下通行的品德，是用来调节上下、父子、夫妻、兄弟和朋友之间的关系的。智、仁、勇靠什么来培植呢？靠诚实、善良的品德意识来培植加固。

3. 九经

九经就是中庸之道用来治理天下国家以达到太平和合的九项具体工作。这九项工作是：修养自身，尊重贤人，爱护亲族，敬重大臣，体恤众臣，爱护百姓，劝勉各种工匠，优待远方来的客人，安抚诸侯。修养自身，就能够达到美好的人格；尊重贤人，就不至于迷惑；爱护亲族，叔伯兄弟之间就不会有怨恨；敬重大臣，治理政事就不至于糊涂；体恤众臣，士就会尽力予以报答；爱护百姓，老百姓就会受到勉励；劝勉各种工匠，财物就能充足；优待远方来的客人，四方就会归顺；安抚诸侯，天下就会敬服。要做好这九项工作，就必须用至诚、至仁、至善的爱心去充分体现中庸的美好人格。

做好这九项工作，事实上也就处理调节好了九种人际关系，调节这九种人际关系是使天下国家达到太平和合理想的重要保证。

中庸之道的主要原则有三条：一是慎独自修，二是忠恕宽容，三是至诚尽性。

1. 慎独自修

这一原则要求人们在自我修养的过程中，坚持自我教育、自我监督、自我约束。《中庸》第一章就提出了这一原则。其文云：“道也者，不可须臾离也，可离非道也。是故君子戒慎乎其所不睹，恐惧乎其所不闻。莫见乎隐，莫显乎微。故君子慎其独也。”人们必须严格地自觉地进行自我修养，尤其在一个人独处的时候，更应该谨慎地进行自我反省、自我约束、自我教育、自我监督。在别人听不到自己讲话的地方也十分谨慎，不说违背道德的话；在别人看不见自己所为的地方，也时刻属守中庸之道，做到至诚、至仁、至善、至圣，就必须坚持慎独自修的原则。坚持这一原则，其乐无穷，其用无穷，其功无穷。

2. 忠恕宽容

这一原则要求人们将心比心、互相谅解、互相关心、互不损害、忠恕宽容、体仁而行、并行而不相悖。

这一思想源于孔子，曾子将其概括以传于世。《中庸》继承并发扬了孔子的忠恕之道和《大学》的挈矩之道。进一步提出了“以人治人”，要求人们用爱自己的心去爱他人，用责备他人的心来责备自己，用自己的真诚忠恕去感召人、感化人、塑造人。只要坚持忠恕之道，人们就会相安无事、和平共处，人们就会达到素其位而行、无入而不自得焉、上不怨天、下不尤人的思想境界。

3. 至诚尽性

至诚尽性的原则是施行中庸之道的重要原则。“唯天下至诚，为能尽其性。能尽其性，则能尽人之性；能尽人之性，则能尽物之性；能尽物之性，则可以赞天地之化育；可以赞天地之化育，则可以与天地参矣。”只有坚持至诚原则，才能充分发挥自己善良的天性。能够充分发挥自己善良的天性，就能感化他人，发挥他人的善良天性；能够发挥一切人的善良天性，就能充分发挥万物的善良天性；能够充分发挥万物的善良天性，就可以参与天地化育万物。便达到了至仁至善的境界；达到了至仁至善的境界，就可以同天地并列为三了。这就是坚持至诚尽性原则所达到的理想境界，达到了这一理想境界也就找到了自己在宇宙间的真正位置。

【相关链接】

为君之道

郭子仪（697—781年），华州郑县（今陕西华县）人，祖籍山西汾阳。唐代著名的军事家。一次郭子仪的儿媳与儿子在闺房吵架，郭子仪的儿媳是当朝公主，平时骄横跋扈，郭的儿子一怒之下冲老婆说：“你有什么了不起，是我爹爹不愿意做皇帝，你才成今天的公主的！”

公主一听，立即把这作为一条天大的欺君罪状告诉了皇帝。但皇帝只一笑，说：“确实如此，没有郭子仪我今天做不了皇帝，他说点私房话并没有欺君罔上。”

皇帝的话说得轻落得重！我为君，你为臣，我在主动地位执掌着天下苍生的性命，你的被动地位臣服于我，任你私下说什么闺房气话，也不可能动摇我的君主地位。

因此，皇帝一面承认郭子仪的功劳，一面强调了自己的君王地位，皇帝的话让郭子仪诚惶诚恐连声谢罪。作为一个君王，没有众人的辅助不可能坐稳帝王的位置，但是，如果因为一点细小的风吹草动就以为臣子欺君罔上，那帝王的位置恐怕更加不牢固。

刚正不阿——曾国藩

曾国藩（1811—1872 年），字伯涵，号涤生，原名子城，派名传豫，清湘乡县荷叶塘（今双峰荷叶乡）人。23 岁取秀才，入县学；24 岁入岳麓书院，中举人；道光十八年（1838），殿试中三甲第四十二名，赐同进士出身，入翰林院，从倭仁等习程朱理学，先后任翰林院庶吉士、侍讲学士、文渊阁直阁事，后擢内阁学士、兼礼部侍郎衔，升礼部右侍郎、署兵部左侍郎。

曾国藩曾两次上疏，为清廷出“教诲、甄别、保举、超擢”之策，为朝廷赏识。曾国藩虽位高权重，但对那些趋炎附势的人总是淡然处之，既不因被人拍马而喜，也不因拍马过火而恼。

曾的一个手下对那些趋炎附势溜须拍马的人非常反感，总想找机会教训他们一下，于是就在一次批阅文件时，将其中一位拍马的官员狠狠讽刺一番。曾看过该批阅后对手下说，那些人本来就是靠这些来生存的，你这做法无疑是夺了他们的生存之道，那么他们必然也将想尽办法置你于死地。

事物的作用力都是相互的，你若给予对方的作用力大，对方反馈给你的反作用力也会同样大！这个道理在人与人的交往中也适用。不去惹事，是非就会少了很多。经常处在主动的状态去指责人，一定备受关注，并因此而成为众人指责与鞭挞的焦点。曾国藩的一番话让手下恍然大悟！

【原文】

子贡曰：“如有博施于民而能济众[①]，何如？可谓仁乎？”子曰：“何事于仁？必也圣乎！尧舜[②]其犹病[③]诸。夫仁者，己欲立而立人，己欲达而达人。能近取譬[④]，可谓仁之方也已。”

【译文】

子贡说："假若有一个人，他能给老百姓很多好处又能周济大众，怎么样？可以说是做到仁了吗？"

孔子说："岂止做到了仁，简直是圣人了！就连尧、舜尚且难以做到呢。一个有仁德的人，存心善良胸襟广阔，常思推己及人，只要自己想自立，就会想到帮助别人自立，只要自己想通达，就会想到要帮助别人也通达。凡事能就近以自己作比，而推己及人，可以说就是实行仁的方法了。"

【注释】

①众：指众人。

②尧舜：传说中上古时代的两位帝王，也是孔子心目中的榜样，儒家认为是"圣人"。

③病：不足。

④能近取譬：能够就自身打比方，即推己及人的意思。

【评解】

"己欲立而立人，己欲达而达人"是实行"仁"的重要原则。想自己利益的时候，也替别人的利益着想；扩而充之，想到天下人的利益。也就是不但要"己所不欲，勿施于人"，更要做到"己之所欲，施之于人"，这就是所说的兼善天下。

仁的境界，只要努力就能达到，因为那不过是设身处地为他人着想罢了，自己想做什么的时候也想到别人想做什么。将心比心，推己及人就做到了"仁"。

【国学小百科】

古代的圣人

圣人旧指品德智慧极高的人。封建社会的一个尊称，没有统一的评定机构。被称为圣人者常常被民众神化。

1. 文圣孔子

孔子名丘，字仲尼。春秋后期伟大的思想家、教育家，儒家的创始人。鲁国人。是儒家学派的创始人，提出了“仁”的思想，是中国古代著名的思想家和教育家。他开创了私人讲学的风气，广收门徒，收的学生不管贫富贵贱，弟子三千，其中优秀的有七十二人。他成为文化传播的使者。他曾周游列国，晚年专心从事古代文献整理与传播工作，致力于教育，整理《诗》、《书》等古代典籍，删修《春秋》。由于孔子的卓越贡献和思想影响深远，他被中国人尊为至圣先师、万世师表。

2. 酒圣杜康

杜康，字仲宇。相传杜康取水造酒。三国时，曹操吟咏出了“何以解忧，唯有杜康”的千古绝唱；晚唐诗人皮日休亦有“滴滴连有声，空凝杜康语”的佳句传颂。

3. 史圣司马迁

司马迁，西汉史学家，文学家。字子长，左冯翊夏阳（今陕西韩城西南）人。司马迁继承其父司马谈之职，任太史令，掌管天文历法及皇家图籍，因而得读史官所藏图书。太初元年（前104），与唐都、落下闳等共订《太初历》，以代替由秦沿袭下来的《颛顼历》，新历适应了当时社会的需要。此后，司马迁开始撰写《史记》。后因替投降匈奴的李陵辩护，获罪下狱，受腐刑。他出狱后任中书令，继续发愤著书，终于完成了《史记》的撰写。人称其书为《太史公书》。是中国第一部纪传体通史，对后世史学影响深远，为中国人民、世界人民留下了一笔宝贵的文化遗产。

4. 医圣张仲景

张仲景是东汉名医，姓张名机，字仲景，南阳郡涅阳（今河南省邓县穰东镇）人。他根据自己丰富的医疗实践经验，著《伤寒杂病论》合十六卷，唐宋以后将《伤寒杂病论》分为《伤寒论》和《金匮要略》两部书。他第一次系统完整地阐述了流行病和各种内科杂症的病因、病理以及治疗原则和治疗方法，并为后世临床各科的发展奠定了坚实的理论基础。后世医学者称张仲景为“医圣”。

5. 武圣关羽

关羽，字云长，东汉末期蜀国大将，他以忠贞、守义、勇猛和武艺高强称著于世，被后人称其为“关圣”、“关帝”。从南北朝开始，直到清朝末年，关羽受历代封建帝王的崇封有增无减，成为历史上最受崇拜的神圣偶像之一，以致与孔夫子齐名，并称“文武二圣”。

6. 书圣王羲之

王羲之，字逸少，琅邪临沂（今属山东）人。他把散见于前代、当代的书法作品中的一些用笔、结字优点，融合统一在一种崭新的书法作品中。七楷书如《乐毅论》、《黄庭经》、《东方朔画赞》等“在南朝即脍炙人口”，对后世影响很大，他的正体世称“书之圣”。王羲之在书法上是个革新家，他的主要成就表现在行书和草书上。他的行草书又被世人尊为“草之圣”。

关羽

7. 诗圣杜甫

杜甫，字子美，生于河南巩县（今河南省巩县），是杜审言的孙子。因曾居长安城南少陵，故自称少陵野老，世称杜少陵。由于他生活在唐朝由盛转衰的历史时期，其诗多涉笔社会动荡、政治黑暗、人民疾苦，被誉为“诗史”。其人忧国忧民，人格高尚，诗艺精湛，被奉为“诗圣”。

8. 草圣张旭

张旭（生卒年不详），字伯高，苏州人，曾任常熟县尉。唐代大书法家，以草书而闻名。唐朝文宗皇帝曾向全国发出了一道罕见的诏书：李白的诗歌、张旭的草书、斐旻的剑舞可成为天下“三绝”。

9. 画圣吴道子

吴道子，唐代画家，又名道玄，画史尊称吴生，阳翟（今河南禹县）人。擅佛道、神鬼、人物、山水、鸟兽、草木、楼阁等，尤精于佛道、人物，长于壁画创作。他的绘画对后世影响极大，他被人们尊为“画圣”，被民间画工尊为祖师。

10. 茶圣陆羽

陆羽，字鸿渐；一名疾，字季疵。自号桑翁，又号竟陵子。生于唐玄宗开元年间，复州竟陵郡（今湖北省天门县）人。在中国茶文化史上，陆羽所创造的一套茶学、茶艺、茶道思想以及他所著的《茶经》，是一个划时代的标志。

【相关链接】

至圣先师孔子

孔子名丘，字仲尼，兄弟排行第二，所以也有人称之为“孔老二”。春秋后期鲁国人。

他的祖先是宋国贵族，大约在孔子前几世就没落了。孔子年轻时做过几任小官，他一生大部分时间都是从事教育，相传所收弟子多达三千人，贤人七十二，教出不少有知识有才能的学生，“桃李满天下”就出自此处。孔子为春秋末期伟大的思想家、政治家、教育家，儒家思想的创始人，任鲁国司寇；后携弟子周游列国，最终返鲁，专心执教。在中国五千年的历史上，对华夏民族的性格、气质产生最大影响的人，当属孔子。

因父母曾为生子而祷于尼丘山，故名丘，曾修《诗》、《书》，定《礼》《乐》，序《周易》，作《春秋》。孔子其思想以“仁”核心，以为“仁”即“爱人”。治理国家，孔子重视民生疾苦，呼唤仁政，希望统治者以仁义之心待民。

孔子的思想及学说对后世产生了极其深远的影响。孔子自谓“述而不作”，实际是以“述”为“作”，通过对历史传统作当代诠释，来实现价值的叠加和转换。他正直、乐观向上、积极进取，一生都在追求真、善、美，一生都在追求理想的社会。他的成功与失败，无不与他的品格相关。他品格中的优点与缺点，几千年来影响着中国人。

孔子在世时已被誉为“天纵之圣”、“天之木铎”“千古圣人”，是当时社会上最博学者之一，并且被后世尊为至圣（圣人之中的圣人）、万世师表。

述而篇第七

【原文】

子曰："默而识①之，学而不厌，诲②人不倦，何有③于我哉？"

【译文】

孔子说："默默地牢记知识，学习不觉得厌烦，教诲别人不厌倦，这三件事对我能有什么困难呢？"

【注释】

①识：音 zhì，记，记住。

②诲：教诲。

③何有：有什么，意思是没有什么了。

【评解】

做学问要宁静，不可心存旁骛，更不可力求表现，要默默然领会在心，这是最要紧的。

"学而不厌，诲人不倦"反映了孔子教育方法的一个侧面。这对中国教育思想的形成与发展产生了很大的影响，以至于在今天，我们仍在宣传他的这一教育学说。

【国学小百科】

古代私塾

私塾是我国古代私人所设立的教学场所。它在我国两千多年的历史进程中，对于传播祖国文化，促进教育事业的发展，培养启蒙儿童，使学童在读书识理方面，起过重要的作用。

私塾的学生多六岁启蒙。学生入学不必经过入学考试，一般只需征得先生同意，并在孔老夫子的牌位或圣像前恭立，向孔老夫子和先生各磕一个头或作一个揖后，即可取得入学的资格。私塾规模一般不大，收学生多者二十余人，少者数人。私塾对学生的入学年龄、学习内容及教学水平等，均无统一的要求和规定。

私塾的教学时，一般因人因时而灵活掌握，可分为两类：“短学”与“长学”。教学时间短的称为“短学”，一般是一至三个月不等，家长对这种私塾要求不高，只求学生日后能识些字、能记账、能写对联即可。而“长学”每年农历正月半开馆，到冬月才散馆，其“长”的含义，一是指私塾的先生有名望，其教龄也长，二是指学生学习的时间长，学习的内容也多。

私塾的教材，有我国古代通行的蒙养教本“三、百、千、千”，即《三字经》、《百家姓》、《千家诗》、《千字文》，以及《女儿经》、《教儿经》、《童蒙须知》等等，学生进一步则读四书五经、《古文观止》等。其教学内容以识字习字为主，还十分重视学诗作对。

清代私塾一般都在地方或私人所办的学塾里，因此清代学塾发达，遍布城乡。以经费来源区分，一为富贵之家聘师在家教读子弟，称坐馆或家塾；二为地方（村）、宗族捐助钱财、学田，聘师设塾以教贫寒子弟，称村塾、族塾（宗塾）；三为塾师私人设馆收费教授生徒的，称门馆、教馆、学馆、书屋或私塾。塾师多为落第秀才或老童生。学生入学年龄不限。自五六岁至二十岁左右的都有，其中以十二三岁以下的居多。

至于私塾的教学原则和方法，在蒙养教育阶段，十分注重蒙童的教养教育，强调蒙童养成良好的道德品质和生活习惯。对蒙童的行为礼节，像着衣、叉手、作揖、行路、视听等都有严格的具体规定，为我国教育的传统。在教学方法上，先生完全采用注入式。讲课时，先生正襟危坐，学生依次把书放在先生的桌上，然后侍立一旁，恭听先生圈点口哼，讲毕，命学生复述。其后学生回到自己座位上去朗读。凡先生规定朗读之书，学生须一律背诵。另外，私塾中体罚盛行，遇上粗心或调皮的学生，先生经常揪学生的脸皮和耳朵、打手心等。

【相关链接】

笨鸟先飞

章学诚，字实斋，清代著名的史学家、思想家、方志学家。

他小时候很笨，常挨老师的板子。同学们都笑话他，可他说："记性差不要紧，我要笨鸟先飞。"一篇文章别人读几遍就读熟了，他要读几十遍甚至上百遍。凡是弄不明白的地方，他就抄下来问老师，或去查工具书。

章学诚

当他读到了《中庸》中的"人一能之，己百之，人十能之，己千之。果能此道矣，虽愚必明，虽柔必强"。章学诚突然豁然开通，他说："我终于明白了，我的学问为什么不好？就是我功夫没用到。"这段话意为：当别人的聪明智慧比我们好很多的时候，可能他一次就学会了，但是我们如果用一百次的功夫来反复训练，自己也可以达到，也可以像他人一样；如果人家用十次功夫就学会了，就能达到，我们如果差一点，没有关系，就不要怕困难，我们用一千次，说不定就可以完成。

功夫不负有心人，章学诚的学问大有长进，乾隆 43 年中进士。曾援授国子监典籍，主讲定州定武、保定莲池、归德文正等书院。后入湖广总督毕沅幕府，协助编纂《续资治通鉴》等书。他的《文史通义》等著作，流传后世，影响至今。

勤能补拙

曾国藩，初名子城，字伯函，号涤生，谥文正，湖南长沙府湘乡（今湖南省双峰县）人。清朝军事家、理学家、政治家，"中兴名臣"之一，也是文学家，晚清散文"湘乡派"创立人。官至两江总督、直隶总督、武英殿大学士，封一等毅勇侯。

曾国藩小时候天赋并不高。有一天他在家读书，对一篇文章重复不知道多少遍了，还在朗读，因为还没背下来。这时候他家来了一个贼，潜伏在他的屋檐下，希望等读书人睡觉之后捞点好处。可是等啊等，就是不见他睡觉，还是反复读那篇文章。贼人大怒，跳出来说："这种水平读什么书?"然后将那文章背诵一遍，扬长而去!

贼人是很聪明，至少比曾先生要聪明，但是他只能成为贼，而曾先生却成为毛泽东主席都钦佩的人。

"勤能补拙是良训，一分辛苦一分才。"伟大的成功和辛勤的劳动是成正比的，有一分劳动就有一分收获，日积月累，从少到多，奇迹就可以创造出来。

【原文】

子曰："不愤[①]不启，不悱[②]不发。举一隅[③]不以三隅反[④]，则不复也[⑤]。"

【译文】

孔子说："教导学生，不到他想弄明白而不得的时候，不去开导他；不到他想出来却说不出来的时候，不去启发他。教给他一个方面的东西，他却不能由此而推知其他三个方面的东西，那就不再教他了。"

【注释】

①愤：苦思冥想而仍然领会不了的样子。

②悱：音 fěi，想说又不能明确说出来的样子。

③隅：音 yǔ，角落。

④反：反过来证明，也就是类推的意思。

⑤复：重复，反复。

【评解】

孔子在这里提出了"启发式"教学的思想。他主张在把握住火候的前提下，用激励，诱导、启发的方式教育学生，要求学生能够"举一反三"，由此收到事半功倍的效果。这是符合教学基本规律的，对于今天仍有重要的借鉴意义。

【国学小百科】

中国古代的私学教育

在古代中国社会，私学是与官学相对而存在的，在中国教育史上占有重要的地位。

1. 私学的产生

春秋战国是奴隶制向封建制过渡的历史转折时期，教育也随着经济政治的变更而发生了剧烈的变化，即由“学在官府”变为“学在四夷”。私学就在这种历史条件下应运而生。

由于士这一阶层中的人为谁服务就代表哪个阶级的利益，且他们的学说传承体系也各不相同，所以产生了各种学派林立与诸子争鸣的局面。其中影响最大的是儒、墨、道、法四大学派。在学术上各家互有长短，相辅相成。

其中以孔子的私学规模最大、影响最深远。孔子虽在政治上持守旧态度，但在整理文化遗产和创办私学方面却是功垂千秋的。孔子是中国古代著名的教育家，拥有三千弟子、七十二贤人门生，培养了大批掌握文化知识的人才。

孔子为代表的儒家重视教育，以六经为教科书：诗——文学课，书——政治课，易——数学课，礼——道德伦理课，乐——音乐艺术美学课，春秋——历史课。孔子不愿讲怪力神乱，很少谈宗教内容。以孔丘为首的儒家私家学不重视生产知识和科学技术的研究和传授，实为儒家教育不足之处，对中国古代文化产生了长期的消极影响。

孔丘教学态度认真，一生“学而不厌，诲人不倦”，并创造了一套以培养自觉性为中心的因材施教的教学方法，所以，从办私学教育时间之长久，从事私学活动精力之集中、私学教育经验之丰富、对后世影响之深远来说，是其他任何学派的私学所不及的。

与他同时还有墨家，代表农业手工业者的利益，注重科学技术教育。墨儒并称，成为春秋时代的显学。

2. 私学的发展

秦朝采纳丞相李斯的建议颁“禁私学令”，否定教育的作用，违背历史发展规律，实为秦二世速亡的原因之一。汉武帝罢黜百家、独尊儒术，以今文经学为官学，但是并不禁止私学。

于是古文经学变为由私人传授的私学，到东汉末年已取得了压倒官学的地位，如马融、郑玄等古文经学大师的私学学生多达千人以上。汉代尤其重视师传家法，皆由孔丘以来的私学培养而成。古文经学讲究名物训诂，注重考证，后世名之为“汉学”。

汉代私学在组织形式上可分为“蒙学和精舍”（精庐）两种。前者是小学程度的书馆、学馆，属启蒙教育；后者为专攻经学的经馆精舍、精庐等，属提高教育。魏晋南北朝时期，官学衰颓，私学却呈现繁荣局面，名儒聚徒讲学仍占重要地位，学生人数上百人或计千人屡见不鲜。这个时期的私学教学内容突破了传统的儒学，还包括玄学、佛学、道学以及科学技术等。萧梁周兴嗣编辑了影响深远的蒙学读物《千字文》、颜推之的《颜氏家训》成为家庭教育的代表作。《五经》、《论语》、《千字文》等教材还传入日本。唐代私学遍布城乡，制度不一，程度悬殊，既有名士大儒，如颜师古、孔颖达在任官之前，均是私学教师，“以教授为业”，“以教授为务”，一代名儒刘焯、国子学博士尹知章，不仕归田后均在家乡教授生徒；另一方面也有村野启蒙识字的私立小学。

3. 私学的进一步发展

唐代以后，宋元明清私学教育，一方面是书院制度的产生和发展，形成私学的重要形式；另一方面蒙学教育主要是私人设立的学塾、村学和蒙学，启蒙教材宋代有《百家姓》、《三字经》，以及以后编的《千家诗》、《杂字》等。明清，学塾有坐馆（或教馆）、家塾（或私塾）义学（或义塾）三种形式。

【相关链接】

伊尹美食治国

伊尹在平民时就以才能和厨艺高超而名闻四方。商汤听说后，向他询问天下大事。伊尹从烹调的技术要领和烹调理论，引出治国平天下的道理。

商汤听后心悦诚服。后来，汤尊伊尹为宰相，并在他的辅佐下，讨伐夏桀，建立了商朝。

伊尹以美味来讨论治国的道理，老子也曾说过：治大国如烹小鲜。凡事物的至理，大都暗合于道。虽然饮食只是小道，一旦达到极致，也包含天下的至理。“虽小道亦有其可观之处，此之谓欤。”

【原文】

子谓颜渊曰：“用之则行，舍①之则藏②，惟我与尔有是夫!”

子路曰：“子行三军③，则谁与④?”子曰：“暴虎⑤冯河⑥，死而无悔者，吾不与也。必也临事而惧⑦。好谋而成者也。”

【译文】

孔子告诉颜渊说：“有能任用我的，我就把治国平天下的大道推行于世，不能任用我时，就将这些治国平天下的大道，藏之于身。只有我与你能做到这样啊!”

子路说：“老师您如果统帅三军，那么您和谁在一起共事呢?”孔子说：“空手与虎搏斗，不顾危险；不借用工具，徒身渡河，到死都不知道悔悟的人，只是凭着血气之勇，我是不会同他在一起共事的。我要找的，一定要是遇到事情能小心谨慎，善于谋划而能完成任务的人。”

【注释】

①舍：舍弃，不用。

②藏：隐藏。

③三军：是当时大国所有的军队。

④与：在一起。

⑤暴虎：空拳赤手与老虎进行搏斗。

⑥冯河：无船而徒步过河。

⑦惧：谨慎，警惕。

【评解】

孔子提出不与“暴虎冯河，死而无悔”的人在一起去统帅军队。

因为在他看来，这种人虽然视死如归，但有勇无谋，是不能成就大事的。“勇”是孔子道德范畴中的一个德目，但“勇”不是蛮干，而是“临事而惧，好谋而成”的人，这种人智勇兼有，才符合“勇”的标准。

孔子还在这里展示了两种人生态度，两种处世哲学：前一种是独善其身的人；后一种是“穷则独善其身，达则兼善天下”的人，或者用孔子自己的话来说叫做“用之则行，舍之则藏”。

“用之则行，舍之则藏”，精炼地表达了儒者对于出仕与退隐、入世与出世、进与退的政治选择与人生态度。但“人在江湖，身不由己”，虽然懂得用行舍藏的道理，但真正面对现实，落实到每个人身上，却又无法真正实现。

【国学小百科】

智　勇

智指的是智慧。孔子所言的智慧，还是指在于处理人与人之间的关系上。

樊迟问什么是智。孔子说：“善于识别人。”樊迟还不大明白，孔子又说：“把正直的人提拔起来，置于不正直的人之上，能够使不正直的人正直。”樊迟退了出来，见到子夏说：“刚才我问老师什么是智，他说‘把正直的人提拔起来，置于邪恶的人之上’，这是什么意思?”子夏说：“这话的内容多么丰富啊！舜有了天下，在众人中选择人才，把皋陶提拔起来，那些不仁的人就远离了。汤有了天下，在众人中选择人才，把伊尹提拔起来，不仁的人就远离了。”

樊迟

孔子说：“可以同他谈的话而不谈，这是错过人；不可以同他谈的话，而同他谈，这是说错了话。聪明人既不错过人，也不说错话。”

勇和智很多时候放在一起讲。

孔子说："君子道者三，我无能焉；仁者不忧，知者不惑，勇者不惧。"孔子说："君子之道表现有三，我都没有做到：仁德的人不忧愁，智慧的人不迷惑，勇敢的人不畏惧。"子贡说："这正是老师的自述。"孔子把人的境界定的太高了，连孔子都做不到，何况一般人。老百姓还好，影响不大；如果用于政治，为政者做不到虽也无可厚非，但影响比较恶劣。

孔子又说："有德者必有言，有言者不必有德。仁者必有勇，勇者不必有仁。"这段意思是：有道德的人一定能说出有道理的话，而能说出有道理的话的人不一定有道德。仁人一定勇敢，但勇敢的人不一定是仁人。"

孔子所说的"勇"，是必须有义、有仁，才算是一种真正的勇之德。如果不义、不仁，在孔子眼里，不是德。"见义不为，无勇也。"

子贡说："君子也有所厌恶吗?"孔子说："有厌恶。厌恶宣扬别人坏处的人，厌恶在下位诽谤上位的人，厌恶勇敢而不以礼节制的人，厌恶武断而顽固不化的人。"孔子的许多言论，很明显就是他对为人处事的态度。

孔子说："喜好勇敢而厌恶贫困，这种人容易作乱。对不仁的人，痛恨得太过分，也会逼使他们作乱。"

很明显，孔子是很讨厌那种不加约束的"勇"。在孔子眼里，这种"勇"，好像是一种动物本能的冲动，很容易犯错误。孔子的态度是对的。但是如同孔子讲义利一样，后世儒家只看到孔子抑制不加限制的勇，没有重视孔子还说过真正的勇者"无惧"。

这样也影响了大多数中国人的性格。因为都说中国人的性格比较柔弱、谦和。但是，近来，由于西方文化（主要是欧美）的影响，西方人那种勇往直前的野兽般的勇猛，加上社会竞争日益激烈，使普通中国人的看法有了很大的变化，许多父母希望自己的孩子"勇"，许多人也开始学习"勇"。但是有不少人进而走入了另一个极端，开始崇尚暴力和霸道，以为这就是勇敢。结果就是和孔子所说的一样，"勇而不义"，"勇而不仁"，成了暴力罪犯。

【相关链接】

智勇双全张献忠

张献忠在明末农民战争中发挥了巨大的作用，是我国古代史上智勇双全的农民英雄。

张献忠是陕西肤施县（今延安）柳树洞人，公元 1606 年出生在一个农民家庭里。幼年时家境贫困，读书不多，曾随父亲贩枣到四川内江。他父亲把驴拴在一个地主家的石坊上，驴粪玷污了石坊的柱子，地主的家丁就把他父亲毒打了一顿，还强迫他们用手擦净驴粪。这事在张献忠幼小的心灵里，埋下了对地主豪绅的深仇大恨。

长大以后，张献忠当了边兵，练就了一身好武艺，结交了一些志同道合的朋友。但他仍旧受官长欺凌，还曾被判死刑。后来由于主将陈洪范见他多次立过战功，免他一死，让他挨了一百军棍，关入狱中。

张献忠出狱后穷困无出路，当时正值陕北农民揭竿起义，他就毅然集合陕北米脂县十八寨的农民起义，加入陕北王嘉胤领导的农民军，他手下的人马逐步成为一支能征善战的劲旅。他自己号称西营八大王。

张献忠作战非常勇敢，每次战斗都是亲临前线指挥。1639 年冬天，张献忠作战接连受到挫折，被明军围困在白土关，形势危急。张献忠对将士们说："现在是敌众我寡，敌锐我疲。我们只有破釜沉舟决一死战，否则都要成为俘虏了。与其死在官吏手里，不如死在战场上。"他的一席话鼓舞了大家的斗志。张献忠迎着敌人的箭雨，亲自率领将士与明军浴血奋战。农民军勇气百倍，很快就把几万明军消灭了。由于他作战勇敢，武艺高强，身材魁梧，声如巨雷，面色微黄，起义军还给他起了个诨名叫"黄虎"。

张献忠不但有勇，而且有谋。封建统治阶级旧史书里，异口同声地说张献忠"用兵最狡"，这正反映了他在对敌作战中的足智多谋。据史书记载，张献忠在谷城驻扎期间，谋士徐以显曾教他孙吴兵法，他认真学习钻研，还率将士操演，大大提高了农民军的作战能力。在许多战斗里，张献忠都是以智取胜。

例如，他在1635年和高迎祥一起攻打占领了明朝中都凤阳城，就是智取。凤阳是明朝开国皇帝朱元璋的老家，有重兵把守。那时候正是元宵佳节，守城的官吏没想到农民军敢来攻打，都在纵情淫乐。张献忠和高迎祥就秘密派遣三百名军士，化装成商人、车夫、和尚、道士和乞丐等，混入凤阳城，作为内应，然后再出动重兵攻城。混入城内的农民军战士在四处放起火来，城外农民军乘机攻入城内。明军来不及抵抗，就溃逃了。凤阳城迅速被农民军攻取占领。

1642年，张献忠攻取庐州（今安徽合肥），也是以智取胜。庐州是明朝东南的战略重镇，城高池深，设有重兵防守，历来被称为“铁庐州”。各路农民军多次进攻，都未攻克。张献忠先通过投降的明朝官吏了解庐州的地势，又派人化装潜入庐州埋伏起来。后来，他探听到朝廷的学使将要去庐州，就派人化装成商人埋伏在城内。等到学使的信牌到来，这些商人就截取了信牌。张献忠又派人化装成书役迎接学使，在中途将学使刺杀。而后，张献忠扮成学使，自乘高车，令精兵身着青衣，头戴儒冠，化装成迎接学使的诸生模样，跟随在后。他们大模大样地向庐州城进发。庐州守官听说学使入境，急忙打开城门出迎。张献忠和手下的将士顺利地进了庐州城。进城以后，欢迎的号炮连响三声，张献忠和“诸生”掀开罩衫露出甲衣，抽出短刀砍杀了迎接的官吏。庐州的明朝守官惊惶失措，立即四散逃跑。原先埋伏的将士也纵火响应，大批农民军疾驰入城。“铁庐州”，竟在一夕之间被张献忠攻克了。

【原文】

子曰：“加[①]我数年，五十以学易[②]，可以无大过矣。”

【译文】

孔子说：“再给我几年时间，到五十岁时去学习《周易》，我便可以没有大的过错了。”

【注释】

①加：通“假”，给予。

②易：指《周易》，古代占卜用的一部书。

【评解】

孔子自己说，“五十而知天命”，可见他把学《易》和“知天命”联系在一起。他主张认真研究《易》，是为了使自己的言行符合“天命”。

《史记·孔子世家》中说，孔子“读《易》，韦编三绝”。他非常喜欢读《周易》，曾把穿竹简的皮条翻断了很多次。这表明孔子活到老、学到老的刻苦钻研精神，值得后人学习。

【国学小百科】

《周易》

《周易》是中国古代的典籍，被尊为“群经之首，诸子百家之源”，是中华文化发展的根本与源头，对中国后来历代的政治、经济、文化等诸多方面都产生巨大而深远的影响，中国的建筑、医学、音乐、绘画、日常生活等无不与《周易》有着千丝万缕的联系，至今能影响到中国人的民族性格与民族精神。孔子读易、韦编三绝，就连《论语》中也多处引用《周易》的词语。

《周易》是关于人类思想和宇宙本质规律的学问，其原理在得到正确认识后，对未来世界的发展必将产生巨大的影响。

《周易》的作者周文王姬昌在商纣时期为西伯，因崇侯虎向纣王进谗言而被囚，后得释归。益行仁政，天下诸侯多归从。周武王取天下后，追尊为周文王。《史记》记载“文王拘而演周易”，被商王囚禁期间在狱中写了《周易》一书，在位50年。

由于成书很早，随着时代演变，文字含义已多不为世人所理解，《易》的内容在春秋战国时便已不易读懂。为此古人专门撰写了《易传》以解读《易经》。今天我们所说的“周易”通常指《易经》和

《易传》二者的结合。

《周易》经部本是筮占书，其文字部分是对相应易卦象征意义的解说和人事吉筒吉凶的判定，而传部是对“易”的理解和对《周易》文辞的发挥等内容。

占筮及《周易》一书起源于甲骨卜的实践，或许到了殷商末年，周文王写下了六十四卦系的卦辞。后来在春秋时期，孔子的弟子继承了孔子对周易的发现，著了《易传》。秦始皇焚书坑儒的时候，李斯将其列为医术占卜书而幸免于难。

按照古书记载，易有“三易”，即《连山》、《归藏》、《周易》。春秋时代，《周易》作为占筮书流行，不断有人对它进行解释和研究，其中包括孔子，到战国时期，便出现了《易传》七种，包括《文言》、《彖传》上下、《象传》上下、《系辞传》、《序卦传》、《杂卦传》合共十篇，称为“十翼”。后来《易传》被编入《易经》，就成了我们今天所见到的《周易》。

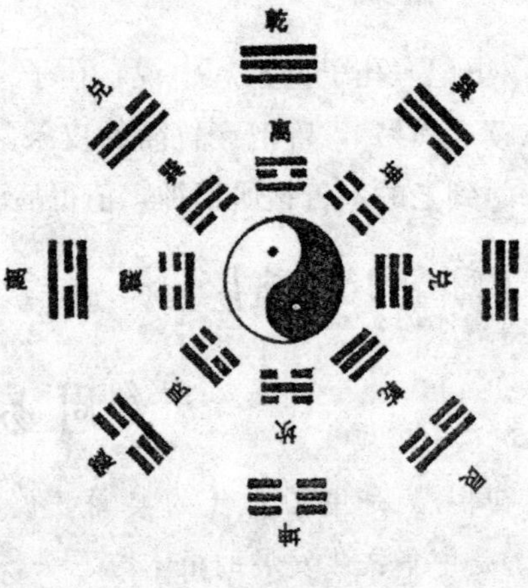

周易

《周易》历经数千年之沧桑，已成为中华文化之根。易道讲究阴阳互应、刚柔相济，提倡自强不息、厚德载物，是我国人民具有唯物主义世界观的真实写照，是古老灿烂的文化瑰宝。

【相关链接】

文王演《周易》

周文王姓姬，名昌，原是商末周族首领，占领西岐，封为西伯侯，亦称西伯昌。

西周国力增强壮大，引起商王朝的不安。崇侯虎向纣王进谗言，殷纣王将他囚禁在羑（yǒu）里城（今河南汤阴县城北）七年。姬昌被囚后，殷纣王以种种野蛮手段对其进行侮辱和折磨。其中最残忍的是把姬昌的长子伯邑考杀害，剁成肉酱，烙成肉饼，强令姬昌吃。八十二岁高龄的姬昌，为了除奸安民，含悲忍痛吃子肉，才免遭“虿盆”、“炮烙”酷刑。

周文王在囚禁中，将伏羲的先天八卦改造成后天八卦。八卦虽成，它们代表世间万物的八种基本性质，万物万事的性质可以抽象为八种，但具体的事物则是无穷无尽的，不可能有八种，故而“八卦小成”，不能反映复杂的变化。“引而伸之，触类而长之”，“因而重之，爻在其中矣”，就是八卦每一卦都可以为太极，以本气相推，与八卦相叠，遂成八八六十四卦，反映宇宙间不同的复杂变化。进而推演成六十四卦并系以卦爻辞，并提出“刚柔相对，变在其中”的富有朴素辩证法的观点，完成了《周易》这部千古不朽的著作。《周易》成为我国古代儒家重要经典《五经》之一，流传至今。

《周易》以占筮的形式推测自然和社会的变化，内容几乎涵盖了人类社会的全部内容，被誉为“群经之首”。

【原文】

子曰：“三人行，必有我师焉。择其善者而从之，其不善者而改之。”

【译文】

孔子说：“三人同行，必定有我可以学习效法的地方！选择其中好的，来跟他学习，对于不好的地方就作为借鉴，改掉自己的缺点。”

【评解】

真正好学的人是不拘于专门固定的老师的，每个人都有自己的长处，都有可学习的地方，随处都可以不耻下问。

孔子虚心向别人学习的精神十分可贵，但更可贵的是，他不仅以善者为师，而且以不善者为师。老师的优点固然值得学习，老师的缺点也可以成为我们的借鉴，关键是不要盲目崇拜。

【国学小百科】

古代教师的称谓

由于学校名称的繁杂，受教育的对象不同，在我国古代各个不同历史时期，对教师的称谓不尽相同。

师：教师的通称，自先秦至清末，未能例外。

师傅：先秦时代教师的统称。

师资：先秦时代对教师的敬辞。

师保：古代担任教导贵族子弟的学官，有师有保，统称师保。

师父：又称“师当”和“师家”，宋元时代对教师的尊称。

博士：先秦以来的国学教师，源于战国。

祭酒：祭酒本指古代飨宴时酹酒祭神的长者，汉代始作官学中教师之称谓。汉代有博士祭酒，为博士之首，属太学中教官，相当于现今国立重点大学正校长。

司业：司业原来是古代主管音乐的官，因兼教国子，故有教师之称。在太学中所设国子监司业，相当于现在的大学副校长，协助祭酒掌儒学训导之政。

助教：国子监教师。西晋咸宁二年（公元 276 年）立国子学，开始设置助教，协助国子博士传授儒家经学。

先生：先秦时代的国学教师。

门馆先生：宋元时代对家塾教师的称谓。

门客：宋元时代对家塾教师的另一称谓。

教授：原为宋代学官，后用以对教书先生的尊称。

老师：古时称年辈最尊的学者为老师。宋元时代，对地方小学教师的称谓；明清两代，生员和举子对主试的座主和学官也称老师。

教师：宋元时代称教授歌曲、戏剧、武书的技艺人为教师。

教谕：教谕是宋代京师设立的小学教师。元明清县学都设教谕。

教习：明代掌课试之事的教师，明代选进士入翰林院学习，称庶吉士，由学士一人（后改为礼、吏两部侍郎二人）任教，称为教习。

教职：原是周礼小宰六职之一，掌教导事宜，清代时沿用为教师之称。

学官：汉代太学教师，也成校官。

学政：宋代太学的教师。

学正：宋元明清时国子监教师，协助博士教学，并负训导之责。

监学：清中等学堂以上设监学，掌稽查学生出入，考查学生功课惰之事。

监丞：明清时期，对太学中国子监教师的称谓。

学正：宋元明清国子监教师。

监学：清中学堂以上设监学，管学生功课及考勤之事。

【相关链接】

孔子师项橐

兖州城西北旧关村，原为古城西关外，称“达巷党”，当年孔子任中都宰，往来憩息于此。《论语·子罕》有：“达巷堂人曰：‘大哉孔子！博学而无所成名。’”这儿便是《三字经》中“昔仲尼，师项橐”的地方。

相传，孔子有一次与弟子们游说讲学。待车马行至齐地纪障城的时候，大道边上有几个戏耍的儿童，有一童子立于路中不动。子路见状，停车呵斥道：“小孩子怎么不让车呢？碰到你怎么办？”

童子说：“城池在此，车马安能通过？”孔子探身道：“城在何处？”童子说：“筑于足下。”孔子下车观看，果见小儿立于石子、瓦片摆成的“城”中。童子问：“是城让车马，还是车马让城？”孔子笑道：“好伶俐的童子！请问你叫什么名字，多大年龄？”

小儿答道：“我叫项橐，年方七岁。请教您是哪一位？”孔子答道：“我是鲁国孔丘”。

项橐道：“您就是鼎鼎大名的孔夫子！那么我请教您三个问题，答出来我就让城让路，答不出来就请绕城而过”。

孔子觉得项橐小孩很有意思，于是笑道：“一言为定”！

项橐说：“天地人为三才，夫子可知天有多少星辰，地有多少五谷，人有多少根眉毛?”

孔子摇头说：“我还真的不知道。”项橐得意道：“我来告诉你，天有一夜星辰，地有一茬五谷，人有黑白两根眉毛。”

项橐再问：“请教什么水没有鱼？什么火没有烟？什么树没有叶？什么花没有枝？”孔子答道：“江河湖海，水中都有鱼；柴草灯烛，是火就有烟；没有叶不成树，没有枝又哪里有花呢？”项橐听后晃着脑袋说：“不对，是井水没鱼，萤火没烟，枯树没叶，雪花没枝。”

项橐又问：“什么山上无石？什么车子无轮？什么牛无犊？什么马无驹？什么男人没有妻子？什么女人没有丈夫？孔子逗他道：“啊呀，我还是不知道。”项橐又道：“土山无石，轿车无轮，泥牛无犊儿，木马无驹儿，神仙无妻，仙女无夫”。

孔子心中实在敬佩这个七岁的孩子，于是向项橐行礼，绕城而过。

【原文】

子曰：“君子坦荡荡①，小人长戚戚②。”

【译文】

孔子说：“君子心胸宽广，光明正大，因此坦然自在；小人自私自利，患得患失所以经常忧愁。”

【注释】

①坦荡荡：心胸宽广、开阔、容忍。

②长戚戚：经常忧愁、烦恼的样子。

【评解】

孔子认为，作为君子，应当有宽广的胸怀，可以容忍别人，容纳各种事件，不计个人利害得失。心胸狭窄，与人为难，与己为难，时常忧愁，局促不安，就不可能成为君子。

君子或有淡淡清愁，但君子之淡淡清愁是为天下百姓，非为自己，此是君子仁爱之心的显露，坦荡而无私；而小人之忧戚是为自己，所以患得患失，心不安宁。

面对权、利、欲，真正地放下，才能够达到君子逍遥快乐的境界。小人之所以长戚戚，也正是因为放不下这些。

【国学小百科】

古人理想的修身人格——君子

“仁”是儒家思想伦理道德的最高境界，但是，落实到个人的具体修养上，“君子”则是其理想的人格典范。孔子的弟子曾参强调“君子以文会友，以友辅仁”（《论语·颜渊》）。试图以君子的成立来辅助仁的修养的实现或者是将仁的高标准落实到具体的实践——君子人格上。

孔子曾言：“君子有九思：视思明、听思聪、色思温、貌思恭、言思忠、事思敬、疑思问、忿思难、见得思义。”

曾参说：“君子有三费，饮食不在其中。君子有三乐，钟磬琴瑟不在其中……有亲可畏，有君可事，有子可遗，此一乐也；有亲可畏，有君可去，有子可怒，此二乐也；有君可喻，有友可助，此三乐也……少而学，长而忘之，此一费也；事君有功，而轻负之，此二费也；久交友而中绝之，此三费也。”

《曾子立事》篇还有大量的对君子的严格要求：“君子不绝人之欢，不尽人之礼，来者不豫，往者不慎也。去者不谤，就之不赂，亦可谓之忠矣。君子恭而不难，安而不舒，逊而不谄，宽而不纵，惠而不俭，直而不往，亦可谓知矣。”

由于曾参学派对“君子”的要求过分严厉，所以有时又不免流露出一些道家者流的味道。《曾子立事》篇还说：“君子不绝小不殄微也，行自微也不微人，人知之则愿也，人不知苟吾自知也，君子终身守此勿勿也。”“君子见利思辱，见恶思诟，嗜欲思耻，忿怒思患，君子终身守此战战也。”

这种做人的小心翼翼的态度，虽其要求基本上还是在儒家的范围之中，但用道家的逻辑来要求君子，其消极避让的倾向已很明显。这种倾向，也许是曾参当初要避免的，但思想的发展，形同其他许多人能参与其中的事情一样，进行到一定程度之后，便会出现自身难以把握的变形。

【相关链接】

君子季札

周代的季札，是吴国的公子。有一次，季札出使鲁国时经过了徐国，于是就去拜会徐君。徐君一见到季札，就被他的气质涵养所打动，内心感到非常亲切。徐君默视着季札端庄得体的仪容与着装，突然，被他腰间的一把祥光闪动的佩剑深深地吸引住了。在古时候，剑是一种装饰，也代表着一种礼仪。无论是士臣还是将相，身上通常都会佩戴着一把宝剑。

季札的这柄剑铸造得很有气魄，它的构思精审，造型温厚，几颗宝石镶嵌其中，典丽而又不失庄重。只有像延陵季子这般气质的人，才配得上这把剑。徐君虽然喜欢在心里，却不好意思表达出来，只是目光奕奕，不住地朝它观望。季札看在眼里，内心暗暗想道：等我办完事情之后，一定要回来将这把佩剑送给徐君。为了完成出使的使命，季札暂时还无法送他。

怎料世事无常，等到季札出使返回的时候，徐君却已经过世了。季子来到徐君的墓旁，内心有说不出的悲戚与感伤。他望着苍凉的天空，把那把长长的剑，挂在了树上，心中默默地祝祷：“您虽然已经走了，我内心那曾有的许诺却常在。希望您的在天之灵，在向着这棵树遥遥而望之时，还会记得我佩着这把长长的剑，向你道别的那个时候。”他默默地对着墓碑躬身而拜，然后返身离去。

季札的随从非常疑惑地问：“徐君已经过世了，您将这把剑悬在这里，又有什么用呢？”季子说：“虽然他已经走了，但我的内心对他曾经有过承诺。徐君非常喜欢这把剑，我心里想，回来之后，一定要将剑送给他。君子讲求的是诚信与道义，怎么能够因为他的过世，而背弃为人应有的信与义，违弃原本的初衷呢？”

李珏卖粮

李珏为人，正直勤谨，严守本分。他的父亲开了个米店，以贩卖粮食为业。在他十五岁时，父亲因事暂时外出，让李珏掌管米店的生意。有农村的人来卖粮，或城市的人来买粮，李珏都是把升、斗交给顾客，让他们自己量米，他也从不计较当时粮价的贵贱。每次卖粮只求两文钱的利润，以养活家人。岁月积久，衣食丰足。父亲感到奇怪，他以实相答。父亲说："一般米店，都是大斗买进，小斗卖出。我是进出同用一斗，已算不错了，你却把升斗交人自量，你比我强。可是我家丰衣足食，可见苍天有眼，暗有神护。"

后来朝廷中的李珏丞相，出朝兼任淮南节度使。李珏听说新来的节度使也名李珏，为避名讳，便改名李宽。丞相兼节度使李珏，有一夜做梦，来到"华阳洞天"，那里鲜花烂漫，楼阁连绵。李珏丞相漫步楼阁之下，见有石壁光滑莹洁，上刻金色大字，名为仙籍榜。所列人名中，竟有李珏的名字。李珏丞相心想：我任显要官职，功德及天，如今真的名列仙班了！他高兴不已。此时有二位仙童，从石壁两侧出来，说："这个李珏不是你丞相本人，他是你管辖下的一位江阳百姓。"

第二天，李珏醒来，就设法去求访另一个李珏。一连好几天，都未访到。后来终于找到了现名李宽、原名李珏之人。

李丞相把李珏用车辇迎到家里，安置于静室之中，然后自己斋戒沐浴，礼拜谒见，称他为道兄。并令全家人恭敬侍奉，朝夕参礼。李珏已是七旬老人，他神情雅淡，容颜秀异，须长尺余，皓然可爱。但他现在受到李丞相如此礼遇，就有些议论。有人讲："他是个开米店的，有什么了不起？"也有人说："开米店是没什么了不起，但李珏的为人就是了不起。"

过了一个多月，李丞相才开口问李珏："请问道兄，平日修炼何门道术？服用什么仙药？我曾梦游仙境，见到道兄名列仙籍，所以我迎请道兄，以师礼相待。万望您把道术传授给我。"李珏说："愚民不知道有什么道术，也从来未服用任何仙药。"李丞相再三恳求，李珏无奈之下，只好把自己怎样卖粮食的事，说了出来。

李丞相终于弄明白了原因，感慨万千，嗟叹不止，说：“你任人自行量米，多年如一日，看是小事，实是难为。这不是一般人能做得到的。所积阴德，不可及也！我从这件事悟得：人世间一动一静，一食一息，天尽知之。只要积累功德，虽身处微贱，也会有神灵保佑，名列仙籍，这是神以此警诫世人！”

泰伯篇第八

【原文】

曾子曰：“士不可以不弘毅①，任重而道远。仁以为己任，不亦重乎？死而后已，不亦远乎？”

【注释】

①弘毅：弘，广大。毅，强毅。

【译文】

曾子说：“士不可以不弘大刚强而有毅力，因为他责任重大，道路遥远。把实现仁作为自己的责任，难道还不重大吗？奋斗终生，死而后已，难道路程还不遥远吗？”

【国学小百科】

中国古代的士

士是中国古代社会中具有一定身份地位的特定社会阶层，是周以来的一个贵族等级，是贵族的最下层，后演变为对知识分子的泛称。

周代分封制规定贵族有四个等级：天子、诸侯、大夫和士。天子、诸侯和大夫有一定的田产，全国土地归天子所有，天子封诸侯国给诸侯，诸侯再封邑给大夫，而士不能占有土地，也就是孟子所说的“无恒产”。

春秋时代，各国之间征战不休，步卒作用增加，车战及武士的作用减小，士的地位也出现了上升或下降的变化。有些卿大夫为扩大影响，巩固地位，设法招徕士众以张声势，很多士便投靠到他们那里。还有部分士为解决经济困难去为人办丧事，当赞礼，或经营工商业；也有人从事私人讲学，传授文化知识，从此中国历史上又出现了一批专门从事文化活动的士。他们游学各国，思想活跃，为中国古代学术领域百家争鸣局面的出现，促进文化科学的发展做出了很大贡献。

战国时代，争霸和兼并战争更为剧烈，于是朝秦暮楚的游说之士应运而生。他们穿梭于各国间，充当说客，纵横家便是其代表。这时各国封君权贵的养士之风也很盛行。

秦汉时期，士的内涵发生了进一步的变化。士，称为士大夫时，可以指军队中的将士，也常常是在中央政权和州郡县供职的官吏的泛称；称为士人时，则一般特指具有较高封建文化素养、从事精神文化活动的知识分子。汉代，士人特重士名（即人格名望、风骨气节及学识才能），一旦成为名士，功利官位会接踵而至，故士人或着意正心、修身、齐家、治国、平天下，恪守封建纲常名教；或浮华交游，广结朋党，相互吹嘘，以沽名钓誉。东汉后期，在士人中间清议品题人物之风极盛，这种人物品题属于民间范围。

魏晋时期，九品中正制确立，品评士人之权收归政府。凡由中正品评者，皆据其德行才能、家族阀阅而给予不同品第（乡品），然后授予各种官职。未经中正品评者，不得仕为品官。于是，士人遂具有了某种特定阶层的含义。士庶对立，渐露端倪。凡九品以上官吏及得到中正品第者，皆为士，否则为庶。士人中，又出现凭借父祖官爵得以入仕清显并累世居官的家族，是为士族。士族在东晋时达到极盛，至南北朝始衰。

隋唐以后，士族逐渐退出历史舞台，但士作为一特定阶层的观念仍然保留。宋以后，士或士人一词逐渐成为一般读书人的泛称，不再特指品官。

为了区分不同的士，根据士的特点、社会地位等情况，可以把士分成三大部分：

1. 武士

其中又分不同类别。第一类是国家的武装力量，由于技能、职掌、兵种以及国别等不同情况，又有各式各样的称谓："选士"、"练士"、"锐士"、"精士"、"良士"、"持戟之士"、"射御之士"等。第二类是侠士，典籍中称之为"侠"、"节侠士"、"游侠"，这些人的特点是见义勇为，为知己者死。第三类是"力士"，指力气大而勇悍之士。

2. 文士

把操笔杆的称为文士。其实文化人，包括辩士，皆可称为文士。战国史籍中有关文士的各种称谓不下三四十种。这几十种称谓，大体可归入如下几类。

第一类可称为道德型。这一类的士把道德修养作为奋斗目标。因此当时有不少人从道德品质意义上给士下定义或概括士的特点和本质。道德之士的称呼计有："通士"、"公士"、"直士"、"志士"、"修士"、"善士"、"信士"、"廉士"、"劲士"、"正士"。

第二类可谓之为智能型。这些人重在知识和学以致用，有如下称谓："文学之士"、"游学者"、"法术之士"、"智术之士"、"有方之士"、"法律之士"、"弘辩之士"、"游说之士"、"游宦之士"等。隐士可以说是以上两类的附类或兼类，这类士因种种原因不为官。不出仕并不是都不关心国计民生、社会政治大事；相反，有些隐士发表了许多评论时政得失的言论，甚至提出系统的理论，成为一家之言。有些隐士在社会上具有很高的声望，君主贵人派使臣再三延聘，却拒不受命。也有些隐士是一时的，隐居只不过是静观待机之术。与"隐士"相同或相近的，还有如下称呼："居士"、"处士"、"山谷之士"、"江海之士"、"岩穴之士"、"贵生之士"、"高士"、"闲居之士"等。

第三类可谓之技能型。这部分人又可分技艺之士、商贾之士、方术之士三部分。技艺之士指有一技之长和专门技能的人。商贾之士指经营工商业之士。方术之士指卜、巫、相面、看风水、求仙药之类的士人。

3. 低级官吏

有些低级官吏称之为"士"。具体有以下几种情况：一种是司法官的属吏称"士"；第二种是指基层临民的官吏；第三种泛称各种属吏。

还有一些难于归类的。如“勇士”、“国士”、“秀士”、“俊士”、“烈士”、“豪士”、“车士”、“都士”等。通过以上的分类，可以看到士成分之复杂和在社会上分布面之广，这说明士是社会中最活跃的一个阶层。

【相关链接】

士别三日，刮目相看

吕蒙，字子明，汝南郡富陂县（今安徽阜南东南）人，三国时东吴大将。吕蒙十五六岁即随军出征，非常勇猛，深受孙权重用，但由于没念过什么书，被看作一介武夫。

后来，孙权开导他说：“你如今身居要职，掌管国事，应当多读书，使自己不断进步。”吕蒙推托说：“在军营中常常苦于事务繁多，恐怕不容许再读书了。”孙权耐心指出：“我难道要你们去钻研经书做博士吗？只不过叫你们多浏览些书，了解历史往事，增加见识罢了。你们说谁的事务能有我这样多呢？我年轻时就读过《诗经》、《尚书》、《礼记》、《左传》、《国语》，只是不读《周易》。自我执政以来，又仔细研究了‘三史’（《史记》、《汉书》、《东观汉记》）及各家的兵法，自己觉得大有收益。你们思想气质颖悟，学习一定会有收益，怎么可以不读书呢？应该先读《孙子》、《六韬》、《左传》、《国语》以及‘三史’。孙子曾经说过：‘整天不吃、整夜不睡地空想，没有好处，还不如去学习。’东汉光武帝担任着指挥战争的重担，仍是手不释卷。曹操也说自己老而好学。你们为什么偏偏不能勉励自己呢？”吕蒙从此

孙权　吕蒙

开始学习，专心勤奋，他所看过的书籍，连那些老儒生也赶不上。

鲁肃继周瑜掌管吴军后，上任途中路过吕蒙驻地，吕蒙摆酒款待他。鲁肃还以老眼光看人，觉得吕蒙有勇无谋，但在酒宴上两人纵论天下事时，吕蒙不乏真知灼见，使鲁肃很受震惊。酒宴过后，鲁肃感叹道："我一向认为老弟只有武略，时至今日，老弟学识出众，确非吴下阿蒙了。"吕蒙道："士别三日，但更刮目相看。老兄今日既继任统帅，才识不如周公瑾（周瑜），又与关羽为邻，确实很难。关羽其人虽已年老却好学不倦，读《左传》朗朗上口，性格耿直有英雄之气，但却颇为自负，老兄既与之相邻，应当有好的计策对付他。"他为鲁肃筹划了三个方案，鲁肃非常感激地接受了。

【原文】

子曰："如有周公之才之美，使骄且吝，其余不足观也已。"

【译文】

孔子说："（一个在上位的君主）即使有周公那样美好的才能，如果骄傲自大而又吝啬小气，那其他方面也就不值得一看了。"

【国学小百科】

元圣周公

周代的爵位，得爵者辅佐周王治理天下。历史上的第一代周公姓姬名旦，亦称叔旦，周文王姬昌第四子。因封地在周（今陕西岐山北），故称周公或周公旦。是西周初期杰出的政治家、军事家和思想家，被尊为"元圣"、儒学奠基人，孔子一生最崇敬的古代圣人之一。

周公旦是周武王的同母弟，因采邑在周，称为周公。武王死后，其子成王年幼，由周公摄政当国。武王的另外两个弟弟管叔和蔡叔心中不服。他们散布流言蜚语，说周公有野心，有可能谋害成王，篡夺王位。周公闻言，便对太公望和召公奭（shì）说："我所以不顾个人得失而承担摄政重任，是怕天下不稳。如果江山变乱，生灵涂炭，我怎么能对得起列祖列宗和武王对我的重托呢?”

周公旦又对将要袭其爵到鲁国封地居住的儿子伯禽说:“我是文王之子、武王之弟、成王之叔父，论身份地位，在国中是很高的了。但是我时刻注意勤奋俭朴，谦诚待士，惟恐失去天下的贤人。你到鲁国去，千万不要骄狂无忌。”

他大行封建，营建东都，制礼作乐，还政成王，在巩固和发展周王朝的统治上起了关键性的作用，对中国历史的发展产生了深远影响。周公在当时不仅是卓越的政治家、军事家，而且还是个多才多艺的诗人、学者。其兄弟管叔、蔡叔和霍叔等人勾结商纣子武庚和徐、奄等东方夷族反叛。他奉命出师，三年后平叛，并将势力扩展至大海。后建成周洛邑，作为东都。相传他制礼作乐，建立典章制度。其言论见于《尚书》等篇。

【相关链接】

周公吐哺，天下归心

周公姓姬名旦，是周文王第四子，武王的弟弟，因其采邑在周，爵为上公，故称周公。

周文王在世时，他就很孝顺、仁爱，辅佐武王伐纣，封于鲁。周公没有到封国去而是留在王朝，辅佐武王，为周安定社会，建立制度。武王驾崩，又佐成王摄政。新建立的周王朝面临着严重的困难，商朝旧贵族们准备复辟，而周公辅政，又有违于王位世袭制中父死子继的原则，引起周室集团内部的矛盾。结果残余势力即与周室内部的反叛势力勾结起来，他们的代表是纣王子武庚与“三监”管叔、蔡叔等人。结果周公东征平定三叔之乱，灭五十国，奠定东南，归而制礼作乐。

周公惟恐失去天下贤人，洗一次头时，曾多回握着尚未梳理的头发;吃一顿饭时，亦数次吐出口中食物，迫不及待地去接待贤士。周公无微不至地关怀年幼的成王，有一次，成王病得厉害，周公很焦急，就剪了自己的指甲沉到大河里，对河神祈祷说:“今成王还不懂事，有什么错都是我的。如果要死，就让我死吧。”成王果然病好了。周公摄政七年后，成王已经长大成人，于是周公归政于成王，自己回到大臣的位子。

后来，有人在成王面前进谗言，周公害怕了，就逃到楚地躲避。不久，成王翻阅库府中收藏的文书，发现在自己生病时周公的祷辞，为周公忠心为国的品质感动得流下眼泪，立即派人将周公迎回来。

周公回周以后，仍忠心为王朝操劳。周公辅佐武王、成王，为周王朝的建立和巩固做出了重大贡献。特别是他在受成王冤屈以后，仍忠心耿耿，为周王朝的发展呕心沥血，直至逝世，终天下大治。周公临终时要求把他葬在成周，以明不离开成王的意思。成王心怀谦让，把他葬在毕邑，在文王墓的旁边，以示对周公的无比尊重。

【原文】

子曰："笃信好学，守死善道①，危邦不入，乱邦不居。天下有道则见②，无道则隐。邦有道，贫且贱焉，耻也；邦无道，富且贵焉，耻也。"

【注释】

①善道：正确的学说，引申为真理。

②见：同"现"。

【译文】

孔子说："坚定信念并努力学习，誓死守卫并完善治国与为人的大道。不进入政局不稳的国家，不居住在动乱的国家。天下政治清明就出来实现抱负，天下政治黑暗就隐退。国家政治清明而自己却贫贱，这是耻辱；国家政治黑暗而自己却富贵，也是耻辱。"

【评解】

这是孔子给弟子们传授的为官之道。"天下有道则见，无道则隐"；"用之则行，舍之则藏"，这是孔子为官处世的一条重要原则。

此外，他还提出应当把个人的贫贱荣辱与国家的兴衰存亡联系在一起，即"大丈夫应与天下黎民共荣辱，真君子当与社稷百姓同进退"，这才是为官的基点。

【国学小百科】

合纵连横

合纵连横是战国时期纵横家所宣扬并推行的外交和军事政策。苏秦曾经联合“天下之士合纵相聚于赵而欲攻秦”，他游说六国诸侯，要六国联合起来西向抗秦。秦在西方，六国土地南北相连，故称合纵。与合纵政策针锋相对的是连横。张仪曾经游说六国，让六国共同侍奉秦国。秦在西方，六国在东方，东西相连，故称连横。

合纵连横的实质是战国时期的各大国为拉拢他国而进行的外交、军事斗争。合纵的目的在于联合许多弱国抵抗一个强国，以防止强国的兼并。连横的目的在于侍奉一个强国以为靠山从而进攻另外一些弱国，以达到兼并和扩展土地的目的。当时最著名的纵横家除了苏秦、张仪之外，还有公孙衍。公孙衍曾于公元前318年联合魏、赵、韩、燕、楚五国攻秦。时人说：“公孙衍、张仪岂不诚大丈夫哉！一怒而诸侯惧，安居而天下熄。”后来苏秦和赵的奉阳君李兑也曾于公元前287年联合五国攻秦，使秦被迫废除帝号，产生了很大影响。然而，张仪在秦推行的连横策略取得了更大的成功，使秦惠王“拔三川之地，西并巴蜀，北收上郡，南取汉中”，“散六国之从（纵），使之西面事秦”，真正达到了通过连横政策的推行而兼并土地的目的。合纵连横的斗争适应了战国形势发展的需要，对各国政治产生了很大影响，其历史作用应当引起人们重视。

【相关链接】

头悬梁，锥刺骨

孙敬，字文宝，汉朝信都（今冀州市）人。他年少好学，视书如命，晚上看书学习常常通宵达旦。邻里们都称他为“闭户先生”。

孙敬读书时，随时记笔记，常常一直看到后半夜，时间长了，有时不免打起瞌睡来。一觉醒来，又懊悔不已。有一天，他抬头苦思的时候，目光停在房梁上，顿时眼睛一亮。随即找来一根绳子，绳子的一头拴在房梁上，下边这头就跟自己的头发拴在一起。

这样，每当他累了困了想打瞌睡时，只要头一低，绳子就会猛地拽一下他的头发，一疼就会惊醒而赶走睡意。从这以后，他每天晚上读书，都用这种办法，发愤苦读。年复一年地刻苦学习，使孙敬饱读诗书，博学多才，成为一名通晓古今的大学问家。

苏秦是战国时期东周洛阳乘轩里人，字季子。苏秦虽然出身寒门，却怀有一番大志。他跟随鬼谷子学习游说术多年后，看到自己的同窗庞涓、孙膑等都相继下山求取功名，于是也和张仪一起告别老师下山。张仪去了魏国，而苏秦在列国游历了好几年，一事无成，只得狼狈地回到家里。

苏秦回到家中，他的哥哥、嫂子、弟弟、妹妹、妻子都讥笑他不务正业，只知道搬弄口舌。苏秦听了这些嘲笑他的话，心里感到十分惭愧，知道自己这么多年来很对不起家人，既惭愧，又伤心，不觉泪如雨下。但苏秦扬名天下的雄心壮志仍然不改，于是闭门不出，取出师父临下山时赠送给他的礼物——姜子牙的《阴符》，昼夜伏案攻读。

苏秦经常自勉说："读书人已经决定走读书求取功名这条路，如果不能凭所学知识获取高贵荣耀的地位，读得再多又有什么用呢！"想到这些，苏秦更加忘我地学习。

为了抓紧时间学习，苏秦天天读书到深夜。有时候读书读到半夜，又累又困，他就用锥子扎自己的大腿，虽然很疼，有时候都刺出血了，但是这样精神却来了，然后接着读下去。就这样用了一年多的功夫，他的知识比以前丰富多了。

公元前 334 年开始，他到六国去游说，宣传"合纵"的主张，结果他成功了。第二年（公元前 333 年），六国诸侯订立了合纵的联盟。苏秦挂了六国的相印，成了显赫的人物。

【原文】

舜有臣五人①而天下治。武王曰："予有乱臣十人②。"孔子曰："才难，不其然乎？唐虞③之际，于斯④为盛，有妇人焉⑤，九人而已。三分天下有其二⑥，以服事殷。周之德，其可谓至德也已矣。"

【译文】

舜有五位贤臣，就能治理好天下。周武王说："我有十位治理天下的贤臣。"孔子说："人才难得，难道不是这样吗？唐尧和虞舜之间及周武王这个时期，人才最盛了。但十个大臣当中有一个是妇女，实际上只有九个人而已。周朝得了天下的三分之二仍向殷朝称臣。周朝的德行可以说是最高的了。"

【注释】

①五人：指禹、稷、契（xiè）、皋陶（yáo）、伯益。

②乱臣：乱，即治。乱臣即治国之臣。

③唐虞：传说尧在位的时代叫唐，舜在位的时代叫虞。

④斯：这，指周武王的时代。

⑤有妇人焉：指武王的乱臣十人中有武王之妻邑姜。

⑥三分天下有其二：据说当时天下分为九州，归周的已有荆、梁、雍、豫、徐、扬六州，只剩下青、兖、冀三州属殷纣王了。

【评解】

治理天下，必须有人才，而人才是十分难得的。孔子所说的人才，是有德有能的圣贤，所以难得。人才难得，古往今来都是如此。另一方面，人才也不在多，而在精。有了精炼的人才，国家就可以得到治理，天下就可以太平。

【国学小百科】

唐尧和虞舜

尧，名放勋，号陶唐，所以又称唐尧，是帝喾以后的著名部落联盟首领。唐尧当政初期，天文历法还很不完善，百姓经常耽误农时，因此尧就组织专门人员总结前人的经验，令羲、和两族掌天文，根据日月星辰运行等天象和自然物候来推定时日，测定了四季，又以月亮一周期为一月，太阳一周期为一年，一年定为三百六十六天。这是有记载的我国最早的历法，奠定了我国农历的基础。

尧当政后生活依然非常俭朴，住茅草屋，喝野菜汤，穿用葛藤织就的粗布衣，时刻注意倾听百姓们的意见，在简陋的官门前设了一张“欲谏之鼓”，谁要是对他或国家提什么意见或建议，随时可以击打这面鼓。尧听到鼓声，立刻接见，认真听取来人的意见。为方便民众找到朝廷，他还让人在交通要道设立“诽谤之木”，即埋上一根木柱，木柱旁有人看守，民众有意见，可以向看守人陈述，如来人愿去朝廷，看守人会给予指引。由于能及时听到民众的意见，尧对百姓的疾苦非常了解。

唐尧

尧的时期，自然灾害严重，社会也不安定，发生过严重的水灾，洪水把山陵都吞没了，四处泛滥，他让禹治水，疏导九河，战胜了洪水。

尧执政初期，还没有基本的国家制度，国家只是部落联合体，不利于国家的统一管理，所以在尧积累了一定的施政经验后，开始建立国家政治制度，其中很重要的一条就是按各种政务任命官员，在我国历史上第一次建立较为系统的政治制度，为奴隶制国家的产生奠定了基础。

尧的时期开始实行禅让制度。他在位的时候，洪水泛滥成灾，“四岳”推荐鲧负责治水，尧认为鲧品德不好而无法担此重任，可是在“四岳”的坚持下鲧还是被任命前往。尧在年老的时候，让“四岳”推荐继承人，大家一致推荐舜。尧便采取各种办法对舜进行考验和培养，证明舜确实合格以后才把权力让给他。此后，又过了二十多年尧才去世。舜正式继位以前，曾把权力让给尧的儿子丹朱，自己避居于南河之南。然而天下诸侯和民众却不信任丹朱，而拥戴舜。在这种情况下，舜才正式继位。

继尧而起的舜，名重华，号有虞氏，所以又称虞舜。舜是冀州之人，出身微贱，曾在历山种过地，在雷泽打过鱼，在黄河之滨做过陶器，在寿丘做过家具，在负夏做过买卖。舜所在的应当是一个既善于农耕渔猎、又善于制陶手工的氏族。舜继位以后，部落联盟更加发展，高辛氏和高阳氏的许多首领都被舜所任命。舜还命禹为“司空”，主持治理洪水、平定水土；命弃为“后稷”，主持谷物播种；命契为“司徒”，主持教化；命皋陶为“士”，主持刑罚。这些官职的任命虽然未必实有其事，但却反映了舜与各部落的广泛联系和受到尊崇的情况。

虞舜

作为部落联盟首领，舜已经拥有了很大权力。当时有浑敦、穷奇、梼机、饕餮四个凶族，尧拿他们没有办法，舜在位的时候把这四个凶族流放到边远地区，对其他一些不听命令的氏族和部落，如共工、欢兜、三苗等，舜也都加以处理，还将治水无功的鲧放逐到羽山。舜年老的时候，将权位让给禹，又过了17年才去世。

【相关链接】

荒淫的夏桀

夏朝当发在位时，各方诸侯已经不来朝贺了，夏王室内政不修，外患不断，阶级矛盾日趋尖锐。至桀时，延续了400多年的夏朝，更是德政衰败，民不聊生，危机四伏。但夏桀不思改革，骄奢自恣。

在夏桀即位后的第三十三年，发兵征伐有施氏，有施氏抵挡不住，进贡给他一个美女，名叫妹喜。桀十分宠爱妹喜，特地为她造了富丽堂皇的琼室、象廊、瑶台和玉床。桀重用佞臣，排斥忠良，有个名叫赵梁的小人，专门投桀所好，教桀如何享乐，如何勒索，残害百姓，得到了桀的宠信。

夏桀还从各地搜寻美女，藏于后宫，日夜与妹喜及宫女饮酒作乐。据说酒池修造得很大，可以行船，醉而溺死的事情时常发生，荒唐无稽之事，常使妺喜欢笑不已。民众的生活则十分困苦，他们每年的收成难得温饱，更无兼年之食，每遇天灾则妻离子散。夏代臣民指着太阳咒骂夏桀说："时日曷丧，予及汝偕亡。"意思是说，你几时灭亡，我情愿与你一起灭亡。同时，四方的诸侯也多背叛，夏王朝面临内外交困的局面。

桀即位后的第三十七年，东方商部落的首领汤将一个德才兼备的贤人伊尹引见给桀。伊尹以尧、舜的仁政来劝说桀，希望桀体谅百姓的疾苦，用心治理天下。桀听不进去，伊尹只得离去。

到了晚年，桀更加荒淫无度，竟命人造了一个大池，称为夜宫，他带着一大群男女杂处在池内，一个月不上朝。太史令终古哭着进谏，桀很不耐烦，斥责终古多管闲事，终古知夏桀已不可救药，就投奔了商汤。

夏桀手下有个叫关龙逄的臣子，听到老百姓的愤怒声音，便对桀进谏说："天子谦恭而讲究信义，节俭又爱护贤才，天下才能安定，王朝才能稳固。如今陛下奢侈无度，嗜杀成性，弄得百姓都盼望你早些灭亡。陛下已经失去了民心，只有赶快改正过错，才能挽回人心。"桀听了又怒骂关龙逄，下令将他杀死。

夏桀认为他的统治永远不会灭亡。他说："天上有太阳，正像我有百姓一样，太阳会灭亡吗？太阳灭亡，我才会灭亡。"他还召集所属各部首领开会，准备发动讨伐其他部落的战争。桀日益失去人心，弄得众叛亲离。

这时候，商部落在汤的领导下日益兴旺了起来。桀担心商汤会危及自己，就借故将他囚禁在夏台（今河南省禹县境内）。不久，汤设计使桀释放了自己。

后来，商汤在名相伊尹的谋划下，起兵伐桀，汤先攻灭了桀的党羽韦国、顾国，击败了昆吾国，然后直逼夏的重镇鸣条（今山西省安邑县西）。

桀得到消息，带兵赶到鸣条。两军交战，夏军将士原来就不愿为桀卖命，乘机纷纷逃散。夏桀制止不住，只得仓皇逃入城内。商军在后紧追，桀匆忙携带妺喜和珍宝，渡江逃到南巢（今安徽省巢县）。后又被汤追上俘获，放逐于此。

【原文】

子曰：“禹，吾无间[1]然矣。菲[2]饮食而致[3]孝乎鬼神，恶衣服而致美乎黻冕[4]；卑[5]宫室而尽力乎沟洫[6]。禹，吾无间然矣。”

【注释】

①间：空隙。此处用作动词。

②菲：菲薄，不丰厚。

③致：致力，努力。

④黻冕：音 fǔ miǎn，祭祀时穿的礼服叫黻，祭祀时戴的帽子叫冕。

⑤卑：低矮。

⑥洫：音 xù，沟渠。

【译文】

孔子说：“对于禹，我没有什么可以挑剔的了；他的饮食很简单而尽力去孝敬鬼神；他平时穿的衣服很简朴，而祭祀时尽量穿得华美；他自己住的宫室很低矮，而致力于修治水利事宜。对于禹，我确实没有什么挑剔的了。”

【评解】

孔子对于禹给予高度评价，认为在他的时代，一切都很完善，为己，生活俭朴，饮食简单，穿着简朴，宫室低矮；为公，致力孝敬鬼神，尽量穿得华美。而当今不少人拼命追逐权力、地位和财富，而把人民的生活和国家的富强放在了次要的位置，孔子以古喻今，让人警醒。

【国学小百科】

中国古代服饰的变迁

在纺织技术尚未发明之前，动物的毛皮是人们服装的主要材料。商周时期，染料工业的出现，标志着人类历史进入了文明阶段。

在母系氏族繁荣时期，人们已掌握了用麻和葛纤维来纺织的方法。商代社会由麻织物进而发展至养蚕取丝造衣，使服饰的原料进一步丰富起来。手工业和纺织工业的不断进步使服饰愈加多样、精美。

东周男子服饰。周代服饰大致沿袭商代的服制，只是略有变化。衣服的样式比商代略宽松。衣袖有大小两式，领子通用矩领。这个时期的服装还没有纽扣，一般在腰间系带，有的在带上还挂有玉制的饰物。当时的腰带主要有两种：一种以丝织物制成，叫“大带”或“绅带”，另一种以皮革制成，叫“革带”。

到了周代，分封制确立后，等级制度也成形，中国的冠服制度也在这一时期出现。从此，贵贱有别，衣冠等级在服饰中有了严格的区别。

春秋战国之交，封建制度逐步取代了奴隶制度。“百家争鸣”的社会环境对服饰也有不同程度的影响。这时出现了一种上衣下裳相连的服装——深衣。

隋唐是中国封建社会政治、经济、文化高度发展的时期。丝织、漂染技术有了极大提高。加上对外开放以及丝绸之路的开通，中西结合，相容并蓄，使唐代的服饰华丽清新，充满大唐风范。唐承隋制，天子用黄袍及衫，黄袍被视作封建帝王的御用服饰。这种规定一直延续到清朝。唐高祖以赭黄袍巾代作常服，以后因天子用赤黄袍衫，于是逐渐禁止臣民服赤黄之色，并以品级定袍衫的颜色，即所谓“品色服”。

宋朝的建立，出现了一段经济文化稳步发展的时期，尤其都市商业经济更为发达。当时的服饰不过分追求华丽，保持洁净自然，崇尚简朴的审美观。

元朝并没有完整的冠服制度。蒙古人入主中原后仍保持其生活习俗，但同时又受汉族的影响，服饰日趋华丽。元代服装以长袍为主，官员和士庶的日常服装多为窄袖长袍。另外，在元代大宴活动中，天子百官要穿统一颜色的服装，称为“质孙服”。

明太祖朱元璋称帝后，为了恢复汉族的礼仪，便制定了以周汉、唐宋为准则的新服饰制度。以袍衫为主要服饰，官员则以“补服”为常服，头戴乌纱帽，身穿圆领衫。所谓“补服”，是指在袍衫前有一块方形刺绣图案的官服，文官图为飞禽，武官图为猛兽。用袍衫颜色和图案的分别来区分官阶品位。

清代的服装制度是中国历代最为繁杂的。服饰既保留了满族的习俗，同时兼收并蓄汉族的服饰特点，最有代表性的是，沿用明代“补服”的特征。清代男子服装主要有袍服、褂、袄、衫、裤等。袍褂是最主要的礼服。其中有一种行褂，长不过腰，袖仅掩肘，短衣短袖便于骑马，所以叫“马褂”。马褂的形制为对襟、大襟和缺襟（琵琶襟）之别。对襟马褂多当礼服。大襟马褂多当作常服，一般穿袍服外面。缺襟（琵琶襟）马褂多作为行装。马褂多为短袖，袖子宽大平直。颜色除黄色外，一般多以天青色或元青色作为礼服。其他深红、浅绿、酱紫、深蓝、深灰等都可作常服。

【相关链接】

大禹治水

禹为鲧之子，又名文命，字高密。他父亲鲧的时候起，就开始治水。

尧在位的时候，生产能力很低下，生活条件很艰苦，有些大河每隔一年半载就要闹一次水灾。有一次，黄河流域发生了特大的水灾，洪水横流，滔滔不息，房屋倒塌，田地被淹，五谷不收，人民死亡，活着的人们只得逃到山上去躲避。

部落联盟首领尧，为了解除水患，召开了部落联盟会议，请各部落首领共商治水大事。尧对鲧不大信任。首领们说：“现在没有比鲧更强的人才啦，你试一下吧！”尧才勉强同意。鲧花了九年时间治水，没有把洪水制服。因为他只懂得水来土掩，造堤筑坝，结果洪水冲塌了堤坝，水灾反而闹得更凶了。

舜接替尧当部落联盟首领以后，亲自到治水的地方去考察。他发现鲧办事不力，就把鲧撤了，又让鲧的儿子禹去治水。

大禹领命之后，首先寻找了以前治水失败的教训，改变了他父亲的做法，用开渠排水、疏通河道的办法，经过十三年的努力，终于把洪水引到大海里去，地面上又可以供人种庄稼了。他和老百姓一起劳动，戴着箬帽，拿着锹子，带头挖土、挑土，起早贪黑，兢兢业业，露宿野餐，粗衣淡饭，风里来雨里去，腰累疼了，腿累肿了，累得磨光了小腿上的毛。

禹

禹新婚不久，为了治水，到处奔波，三次经过自己的家门，都没有进去。有一次，他妻子涂山氏生下了儿子启，婴儿正在哇哇地哭，禹在门外经过，听见哭声，他怕影响治水，没有进去。他把整个身心都用在开山挖河的事业中了。

治水成功之后，大禹来到茅山（今浙江绍兴城郊），召集诸侯，计功行赏，还组织人们利用水土去发展农业生产。他叫伯益把稻种发给群众，让他们在低温的地方种植水稻；又叫后稷（jì）教大家种植不同品种的作物；还在湖泊中养殖鱼类、鹅鸭，种植蒲草，水害变成了水利。伯益又改进了凿井技术，使农业生产有了较大的发展，到处出现了五谷丰登、六畜兴旺的景象。

大禹因治水有功，被大家推举为舜的助手。过了十七年，舜传位于禹。后来，大禹的儿子启创建了我国第一个奴隶制国家——夏朝，因此，后人也称他为夏禹。

子罕篇第九

【原文】

子疾病，子路使门人为臣①。病间②，曰："久矣哉，由之行诈也。无臣而为有臣。吾谁欺？欺天乎？且予与其死于臣之手也，无宁③死于二三子之手乎？且予纵不得大葬④，予死于道路乎？"

【译文】

孔子患了重病，子路派了门徒去做孔子的家臣（负责料理后事），后来，孔子的病好了一些，他说："仲由干这种弄虚作假的事情太久了呀！我明明没有家臣，却偏偏要装作有家臣，我欺骗谁呢？我欺骗上天吗？与其在家臣的侍候下死去，我宁可在你们这些学生的侍候下死去，这样不是更好吗？而且即使我不能以大夫之礼来安葬，难道就会被丢在路边没人埋吗？"

【注释】

①为臣：臣，指家臣，总管。孔子当时不是大夫，没有家臣，但子路叫门人充当孔子的家臣，准备由此人负责总管安葬孔子之事。

②病间：病情减轻。

③无宁：宁可。"无"是发语词，没有意义。

④大葬：指大夫的葬礼。

【评解】

儒家对于葬礼十分重视，尤其重视葬礼的等级规定。对于死去的人，要严格地按照周礼的有关规定加以埋葬。

不同等级的人有不同的安葬仪式，违反了这种规定，就是大逆不道。孔子反对学生们按大夫之礼为他办理丧事，是为了恪守周礼的规定。

礼的核心是仁，礼的精神是真，这样礼才不会异化为一种矫饰。如果为了虚假的名分，为了摆排场、装门面，那么这样的礼已经变质，还不如简单自然为好。

【国学小百科】

古代族坟墓制度和家族墓地

大约从旧石器时代中期开始，人们不忍心亲人的尸体遭受野兽昆虫的噬食，便已经对死者进行有意地埋葬了。氏族公社中所有成员生前居住在同一村落，死后埋葬在同一墓地。这种公共墓地制度进入阶级社会后有了新的发展。

到了西周春秋时期，与实行严密的宗法制度的社会形态相适应，死者按宗法关系，在由国家政权指定的公共墓地中同族而葬，典籍中称之为族坟墓。《周礼》中规定大司徒的职责有“以本俗六，安万民”，所谓的本俗就包括“族坟墓”这一项。郑玄指出，这是因为“同宗者生相近，死相迫”。

族坟墓又分为公墓和邦墓两类。

公墓是国君和王室贵族及其子孙的墓地，规划严整，早就画成图样，按照宗法关系区分尊卑次序，排定墓地。中间是历代国君的墓，以最早葬入的先王为准，把以下各代的国君依一昭一穆、左昭右穆的次序轮流排列，依次葬入。

在国君墓位的左右，则是其他大小贵族的墓位，身份高的居前，身份低的居后。由于这些贵族同出一系，只是以与国君血缘关系的亲疏而层层区分大小宗，从而具有不同等级的身份，所以实际上如郑玄注所言，是“子孙各就其所出王，以尊卑处其前后”。这种事先固定墓次的公墓制度，反映了统治集团成员在世时的宗法关系。

邦墓是“凡邦中之墓地，万民所葬地”，普通平民葬入其中，也由专门官员掌管，划分地域，分族同葬，葬次也昭穆有序（正其位），而且依生前的地位而规格不同（掌其度数）。

典籍中描述的典型的族坟墓制度在战国时期仍然存在，但随着封建王权的膨胀，原先的公墓实际已成为王陵区，只埋葬王及其配偶和少数关系最亲近的王室血亲，一般的贵族封君、各级官僚则同平民一起葬于邦墓。

这种相当于公墓的王陵区显示了地域不断扩大的趋势，如秦以今西安以东、灞河以西的芷阳之地为王陵区，秦始皇又为自己在骊山建陵，整个王陵区自西至东，绵延达 20 多公里。范围如此之广，反映了最高统治者贪欲的扩大。

各处发掘的相当于邦墓的战国墓地，墓序排列有一定的次序，显然依照宗法规范，而且往往有身份差别很大的人交错而葬的现象，这说明世卿世禄制度已经破坏，血统亲近的宗亲生前可能地位不同，贫富悬殊，但死后仍由宗法关系维系而族葬一处。

【相关链接】

孔子懂礼

孔子是我国古代著名的思想家、教育家、儒家学派创始人。相传孔子从小就懂得礼节仪式。他除了特别喜欢读书，讲究文明礼貌之外，更喜欢有关于礼节的事宜。只要和小朋友在一起玩游戏的时候，总是玩“俎豆”祭祀的游戏。在日常生活中就很注意大人们的礼节仪式，特别是在大人们在祭祀时所做的每一件事，不懂便一一问清楚，直到明白了为止。

一天，孔子和往常一样，从家中拿盒子做放三牲的“俎”，拿碗当盛肉酱的“豆”。然后，让小伙伴们用泥巴捏成牛、羊、狗三牲的模样，又舀水当成肉酱，把这些东西摆放在案上，孔子就教他们怎样行礼、作揖，模仿着大人们祭祀时的样子。

后来，孔子用所学到的东西，在担任鲁国的中都宰期间管理政事。仅一年间便使得社会治安达到“夜不闭户，路不拾遗”的良好风气。当时在民间传颂这一现象是因孔子礼乐教化的结果。

后人称孔子为至圣先师，他的思想及学说对后世产生了极其深远的影响。

【原文】

子在川上曰：“逝者如斯夫，不舍昼夜。”

【译文】

孔子在河边说：“消逝的时光就像这河水一样啊，不分昼夜地向前流去。”

【评解】

“一寸光阴一寸金，寸金难买寸光阴。”长江后浪推前浪，岁月不待人，人生短暂，应该做点有意义的事情！

【国学小百科】

古代的时辰

时辰：十二地支纪一昼24小时为十二时辰：前半夜11时至1时为“子时”，午夜1时至3时为“丑时”，后半夜3时至5时为“寅时”，早上5时至7时为“卯时”，上午7时至9时为“辰时”，9时至11时为“巳时”，11时至下午1时为“午时”，中午1时至3时为“未时”，晚上7时至9时为“戌时”，9时至11时为“亥时”。每个时辰各占两个钟头。可见“从巳时直杀到未时”相当于现在的“从上午9时直杀到下午3时”。

更点：古代把晚上戌时作为一更，亥时作为二更，子时作为三更，丑时为四更，寅时为五更。把一夜分为五更，按更击鼓报时，又把每更分为五点。每更就是一个时辰，相当于现在的两个小时，即120分钟，所以每更里的每点只占24分钟。由此可见“四更造饭，五更开船”相当于现在的“后半夜1时至3时做饭，3时至5时开船”。“五更三点”相当于现在的早晨5时又72分钟，即6时12分，“三更四点”相当于现在的午夜1时又96分钟，即2时36分。

刻：古代用漏壶计时。漏壶分播水壶和受水壶两部。播水壶分二至四层，均有小孔，可滴水，最后流入受水壶，受水壶里有立箭，箭上刻分100刻，箭随蓄水逐渐上升，露出刻数，以显示时间。而一昼夜24小时为100刻，即相当于现在的1440分钟。可见每刻相当于现在的14.4分钟。所以“午时三刻”相当于现在的中午1时43.2分。

【相关链接】

闻鸡起舞

晋代的祖逖（tì）是个胸怀坦荡、具有远大抱负的人，可他小时候却是个不爱读书的淘气孩子。进入青年时代，他意识到自己知识的贫乏，深感不读书无以报效国家，于是就发奋读书。

他广泛阅读书籍，认真学习历史，从中汲取了丰富的知识，学问大有长进。他曾几次进出京都洛阳，接触过他的人都说，祖逖是个能辅佐帝王治理国家的人才。祖逖24岁的时候，曾有人推荐他去做官，他没有答应，仍然不懈地努力读书。

后来，祖逖和幼时的好友刘琨一起担任司州主簿。他与刘琨感情深厚，不仅常常同床而卧，同被而眠，而且还有着共同的远大理想：建功立业，复兴晋国，成为国家的栋梁之才。

一次，半夜里祖逖在睡梦中听到公鸡的鸣叫声，他一脚把刘琨踢醒，对他说："别人都认为半夜听见鸡叫不吉利，我偏不这样想，咱们干脆以后听见鸡叫就起床练剑如何？"刘琨欣然同意。于是他们每天鸡叫后就起床练剑，剑光飞舞，剑声铿锵。

春去冬来，寒来暑往，从不间断。功夫不负有心人，经过长期的刻苦学习和训练，他们终于成为能文能武的全才，既能写得一手好文章，又能带兵打仗。祖逖被封为镇西将军，实现了他报效国家的愿望；刘琨做了征北中郎将，兼管并、冀、幽三州的军事，也充分发挥了他的文才武略。

"三余"读书

东汉末年，汉献帝的侍讲官（负责教皇帝读书的官员）董遇是个很有学问的人，他对《左传》、《老子》等经典很有研究，因此被当时的读书人称为"儒宗"。

董遇小时候家境并不富裕，但他很喜欢学习。汉献帝兴平年间，关中李榷等人作乱，董遇和他哥哥便投奔朋友段煨处。董遇和他哥哥入山打柴，背回来卖几个钱（维持生活），每次去打柴董遇总是带着书本，一有空闲，就拿出来诵读，他哥哥讥笑他，但他还是照样读他的书。

董遇后来做了官，他仍博览群书，不断丰富自己的学识。

当时有不少人想拜董遇为师，董遇就是不肯收徒，他说："书本是最好的老师，你们只要书读百遍就可以了，为什么一定要拜我做老师呢？"

"为什么要书读百遍呢？"有人问。

"书读百遍，其义自见。你读了一百遍书，难道还不能理解书中的意义吗？”董遇回答说。

“我们哪里会有这么多时间呢？”又有人问。

董遇笑着说：“可以利用三余来读呀！”

“三余？什么是三余？”几个儒生纷纷问道。

“冬天，是一年中最空余的时间；夜间，是一天中最空余的时间；阴雨天，是平时最空余的时间。你们只要好好利用这三余，怎么会没有时间读书呢？”

【原文】

子曰：“譬如为山，未成一篑①，止，吾止也；譬如平地，虽覆一篑，进，吾往也。”

【译文】

孔子说：“譬如堆土造山，只差一箩筐土就可以完成，这时停下来，那是我自己停滞不前的啊！又譬如在平地上堆山，虽然只倒下一筐，这时继续前进，那是我自己要前进的。”

【注释】

①篑：音 kuì，土筐。

【评解】

孔子在这里用堆土成山这一比喻，说明功亏一篑和持之以恒的深刻道理，为学与行道，其停止或前进，皆在己不由人，若半途而废则前功尽弃。

孔子鼓励自己和学生们无论在学问和道德上，都应该坚持不懈，自觉自愿。这对于立志有所作为的人来说，是十分重要的，也是对人的道德品质的塑造。

【国学小百科】

古代农业生产工具

农业生产工具自春秋战国以来称为“田器”、“农器”和“农具”。制造农具的原料，最早是石、骨、蚌、角等。商、周时代出现了青铜农具，种类有锛、臿、斧、斨、镈、铲、耨、镰、犁形器等。这是中国农具史上的一个重大进步。中国铁的冶铸技术发明至迟始于春秋。铁农具的使用是农业生产上的一个转折点，使农业生产关系、土地耕作制度和作物栽培技术等也发生一系列的变化。中国古代的农具按功用可分为下列几类：

1. 高效的取水设备和机具

引水灌溉，最重要的是设法把低处的水引向高处。在这方面，中国古代有过不少灵巧的发明。人们熟悉的水车，也叫“翻车”、“龙骨车”、“水蜈蚣”，出现于东汉、三国之际，最初只用来浇灌园地，后来被水田区的农民广泛采用，将近两千年来，在生产上一直起着较大的作用。筒车，这是把一个大的转轮，周围系上许多竹筒或木筒，安置在水边，转轮一部分没在水中，水流激动转轮，轮上的筒就川流不息地依次汲水注到岸上的田地里。高转筒车可以把水引到十丈以上高的地方。为了把水引向远处，则有连筒和架槽的发明。连筒是把粗大的竹竿去掉里面的节，一根根连接起来，下面随地势高下，用木石架起，可以跨越涧谷，把水引到很远的地方。架槽的设计基本上同连筒一样，只是用以引水的是木槽而已。

2. 耕翻平整土地的农具

耒耜是犁普遍使用前的主要耕具。它类似现代还使用的铁铲、铁锹，也有叫臿的。使用耕畜牵引的耕犁，中国从春秋战国才开始逐渐在一些地区普及使用。犁壁（又叫犁镜或犁碗）在汉代已广泛使用。汉代的犁是直辕长辕犁，耕地时回头转弯不够灵活，起土费力，效率不是很高。经过不断改进，到唐代创制了新的曲辕犁，又叫“江东犁”。

中国犁又被称作框形犁，是因为犁体由床、柱、柄、辕等部分构成，呈框形的缘故。它的优点是操作时犁身可以摆动，富有机动性，便于调整耕深、耕幅，且轻巧柔便，利于回转周旋，适于在小面积地块上耕作。另外，使用曲面犁，不仅可以更好地碎土，还可起垡作垄，进行条播，利于田间操作和管理。宋代发明了踏犁和犁刀，明代又发明了几种人力犁，但都应用范围不广。除犁以外的翻土工具还有镬和铁搭等。农田耕翻后，须经过碎土和平整。平整的农具最早有耰（椎），以后有挞、劳（耱）、耙、碌碡等。

3. 播种农具

最重要的创造发明是耧车，为汉武帝时搜粟都尉赵过大力推广的新农具之一。据东汉崔寔《政论》说："其法三犁共一牛，一人将之，下种挽耧，皆取备焉。日种一顷，至今三辅犹赖其利。""三犁"即三个耧脚。山西平陆枣园西汉晚期墓室壁画上有一人在挽耧下种，其耧车正是三脚耧。用耧车播种，一牛牵引耧，一人扶耧，种子盛在耧斗中，耧斗与空心的耧脚相通，且行且摇，种乃自下。它能同时完成开沟、下种、复土三道工序。一次播种三行，行距一致，下种均匀，大大提高了播种效率和质量。

4. 中耕除草农具

一类是钱、铲和铫，构造大同小异，实质是同一种农具。古代文献往往用来相互注释，这类农具需运用手腕力量贴地平铲以除草松土，也可用来翻土。另一类是槈、镈和锄，就构造说也大同小异，都是向后用力以间苗、除草和松土的农具，比钱、铲、铫要进步些，至今仍被大量使用着。春秋战国时已有了铁锄；汉代以后的铁锄和近代使用的基本上没有什么差异。耘是水田用的除草、松土农具。

5. 收获农具

新石器时代已有石制或蚌壳制的割取谷物穗子及藁秆的铚与镰。金属出现后，则有青铜和铁制的铚和镰。几千年来，铚和镰的形制基本上没有多大变化。宋以前，还出现了拨镰、艾、麬镰、推镰、钩镰等收获农具。谷物收割脱粒后，利用比重和风力把秕壳与籽粒分开的办法很早就使用了。

【相关链接】

愚公移山

古代有一位叫愚公的老人，快九十岁了。他的家门南面有两座大山挡住他家的出路，一座叫做太行山，一座叫做王屋山。山高万丈，方圆七百里。出门办事得绕着走，很不方便。愚公下定决心要把这两座大山挖掉。

有一天，他召集了全家老小，对他们说："这两座大山，挡住了我们的出路，咱们大家一起努力，把它挖掉，开出一条直通豫州的大道，你们看好不好？"

大家都很赞同，只有他的妻子提出了疑问。她说："像太行、王屋这么高大的山，挖出来的那些石头、泥土往哪里送呢？"

大家说："这好办，把泥土、石块扔到渤海边上就行了！再多也不愁没地方堆。"

第二天天刚亮，愚公就带领全家老小开始挖山。

他的邻居是个寡妇，有一个七八岁的小儿子，刚刚换完奶牙，也蹦蹦跳跳地前来帮忙。

大家干得很起劲，一年四季很少回家休息。

黄河边上住着一个老汉，这人很精明，人们管他叫智叟。他看到愚公他们一年到头，辛辛苦苦地挖山运土不止，觉得很可笑，就去劝告愚公："你这个人可真傻，这么大岁数了，还能活几天？用尽你的力气，也拔不了山上的几根草，怎么能搬动这么大的山呢？"

愚公深深地叹口气说："我看你这人自以为聪明，其实是顽固不化，还不如寡妇和小孩呢！不错，我是老了，活不几年了。可是，我死了还有儿子，儿子又生孙子，孙子又生儿子；子子孙孙，世世代代，一直传下去，是无穷无尽的。可是这两座山却不会再长高了，我们为什么不能把它们挖平呢！"

听了这些话，那个自以为聪明的智叟，也无话可说了。

山神知道了这件事，害怕愚公一直挖下去，就去向天帝报告。老愚公的精神把天帝感动了，他就派两个大力神下凡，把两座大山背

走，一座放到朔方东边，一座放到雍州南边。从此以后，冀州的南面，汉水的北面，就没有高山阻挡了。

【原文】

子曰："三军①可夺帅也，匹夫②不可夺志也。"

【译文】

孔子说："一国军队，可以夺去它的主帅；但一个男子汉，志向是不能强迫改变的。"

【注释】

①三军：12 500 人为一军，三军包括大国所有的军队，此处言其多。

②匹夫：平民百姓，主要指男子。

【评解】

一个人失去志气和志向，无疑如行尸走肉。因此孔子对于"志"高度重视，甚至将它与三军之帅相比。

对于一个人来讲，他有自己的独立人格，任何人都无权侵犯。作为个人，他应维护自己的尊严，不受威胁利诱，始终保持自己的"志向"。这就是中国人"人格"观念的形成及确定。

【国学小百科】

明清时期的军队编制

1. 明代的军队编制

朱元璋在占有江南地区后开始整编军队，规定每 10 个士兵组成 1 个"小旗"，5 个小旗组成 1 个"总旗"，两个总旗组成 1 个百户，10 个百户组成千户，5 个千户设 1 个指挥。

建立明朝后根据刘基的"军卫法"建议，各省设都指挥使统辖驻军，以下分设卫、所。每卫编制 5600 人，设置指挥；卫下辖 5 个千户所，每所 1120 人，设千户；千户下辖 10 个百户所，每所 112 人，设百户；百户下辖 2 总旗；总旗下辖 5 小旗。

明代这套卫所制的军队编制也没有贯彻始终，到了明中期后，明军的编制又随着募兵制的盛行而发生变化。而且这种新的编制因为募兵常常是由各地将领在本镇（相当于军区）组织的，全国并不统一。朝廷直接指挥的“三大营”开始采用“营”为基本编制，回到宋代的编制。营设参将，以下仍然沿用小旗、总旗、百户的基本编制。

在福建、浙江编制的抗击倭寇的军队，则以 5 进位制，5 人为伍，5 伍为甲，5 甲为队，若干个队组成营，若干个营组成镇。戚继光的“戚家军”则又不同，5 人为伍，2 伍为队，4 队为宗，5 宗为哨，4 哨为营。

戚继光在蓟镇组编的军队，又采用 3 进位制的编制：12 人组成“队”（分为杀手队和鸟铳队，前者以近距格斗为主，2 名圆牌手、2 名狼筅手、2 名长枪手兼弓箭手、2 名钯手兼火箭手、2 名大棒手兼弓箭手、1 名火兵和 1 名队长混编；后者 10 名鸟铳手和 1 名火兵、1 名队长），3 队组成 1 旗（设 1 名旗总，共 37 人），3 旗组成 1 局（设 1 名百总，共 112 人），3 局组成 1 司（设 1 名把总，共 449 人），2 司组成 1 部（设 1 名千总，共 899 人），3 部组成 1 营（设将官，共 2699 人）。

戚继光在组建军队时，也专门组织了用于战斗的车兵。这时候的车兵使用的是一种两轮车，两侧装有护板，号为正厢车（仅一侧有护板的称“偏箱车”，没有护板的为“轻车”），平时用两头骡子拉动，战时靠车兵人力推进至发射阵地。车上装有火炮（大将军 1 座或佛郎机 2 座）。每辆战车，车兵定额 24 人，有佛郎机手、鸟铳手、火箭手、藤牌手等。作战时以战车为依托施放火器，扎营时将战车围绕营盘一圈，首尾相连，护卫营盘。因此这种车兵实际上具有炮兵的性质。

明代的海军已有长足的发展，郑和下西洋、郑成功收复台湾等可见当时海军的强大。

2. 清代的军队编制

满族军事实力在关外逐渐壮大的同时，开始建立八旗制度。其兵民合一、平战一体的基本编制是10人为1队，若干队组成“塔坦”（村落，设章京），4个塔坦组成1个“牛录”（以300人为标准，设佐领），5个牛录组成1个“甲喇”（设参领），5个甲喇组成1个“固山”（即“旗”，设固山额真，即旗主）。牛录为基本战术单位，固山为战略单位。这套编制后来推广于蒙古八旗和汉军八旗，但实际往往并不足额。比如蒙古、汉军八旗不到300人就可以编为牛录。入关后八旗兵长期维持这一编制体系。

作为清朝入关后主要军事力量的绿营兵，是由入关时逐步收编投降的明军组成的，而明末军队已不复有全国统一的编制，绿营兵的编制开始就很混乱。以后又因为满清统治者视绿营兵为治安军，并不以提高战斗力为编制原则，因此绿营这种混乱的编制长期保留下来。

绿营兵编制总的来说是以“营”为基本单位，根据驻防地点的重要性，各设有参将（正三品）、游击（从三品）、都司（正四品）、守备（正五品）等军官；而各营又按照长官的等级以及驻防重要性规定有不同的兵员编制数目，在200～1200名之间。营以下也没有统一的编制，而是分“汛”驻防。各汛分设“千总”（从六品）和“把总”（正七品），其所辖兵员定额也各不一致。按照全国有60万绿营兵，除以1653个千总、3414个把总，每汛不过百人而已。汛下又有“塘”、“卡”、“哨”等编制，最小的不满10人。

营以上的编制也毫无统一性。一个战略地点的各营隶属于“镇”（设有总兵，正二品），该镇总兵直属的若干个营组成“协”，由副将（正三品）指挥。各省设提督（从一品）统领本省的绿营兵驻军（有的省不设提督，由巡抚统领），若干个省组成大军区性质的总督辖区，由总督指挥。这些提督、巡抚、总督也拥有直接隶属的若干个营组成的“标”。

而且以上所讲的绿营兵编制还是平时驻防编制，如果要征调出征，又不是成建制的调动，而是要从各省各镇各营各汛抽调官兵，来重新组编成战斗部队。这种战斗部队的编制居然没有一个固定的成法，一般的原则是以原来从属于某一镇的官兵重新组编为一个营，从一个省调出的部队再组编为一支军队。

由于清朝的这套编制实在难以应付大规模的战争，与其从各省缓慢抽调官兵组编战斗部队，还不如在当地征募士兵组建新部队方便。因此从清中期镇压白莲教起义以后越来越经常采用临时征“勇”代兵。勇和兵不一样，是打仗的“临时工”，为战事而征募，战后即遣散。

到太平天国战争时期，曾国藩等人建立的湘军、淮军等都是全新的编制。基本制度沿袭的是戚继光在《练兵实记》中所创设的编制再加以变通。采用10进位的基本编制，每10名战斗兵加1名什长、1名伙勇，组成“队”；8队组成1“哨”，有哨官、哨长；4哨（前、后、左、右）组成1营，还有营官亲自指挥的亲兵6队。全营总兵员数500人（正勇336名，伙勇42名，什长32名，护勇20名，亲兵60名，亲兵什长6名，哨官、哨长各4名）。另有180名长夫提供后勤运输。营为基本的战术以及经制管理单位。后期又组编若干个营（4、5个）为“军”，设立“分统”指挥，但只是军事指挥关系。若干个军上再设立“统领”，为战役方向单位。

清朝末期曾组建了强大的海军，但由于朝廷的腐败无能、海军的战术单一，虽有邓世昌等爱国将领的英勇奋战，但在“甲午海战”中损失殆尽。

【相关链接】

卧薪尝胆

春秋时期，吴越两国相邻，经常打仗，吴王阖闾派兵攻打越国，被越国击败，阖闾也伤重身亡。吴王死后，他的儿子夫差继位。三年以后，夫差带兵前去攻打越国，以报杀父之仇。

公元前497年，两国在夫椒交战，吴国大获全胜，越王勾践被迫退居会稽。吴王派兵追击，把勾践围困在会稽山上，情况非常危急。此时，勾践听从了大夫文种的计策，准备了一些金银财宝和几个美女，派人偷偷地送给吴国太宰，并通过太宰向吴王求情，吴王最后答应了越王勾践的求和。

但是吴国的伍子胥认为不能与越国讲和，否则无异于放虎归山，可是吴王不听。

越王勾践投降后，便和妻子一起前往吴国，他们夫妻俩住在夫差父亲墓旁的石屋里，做看守坟墓和养马的事情。夫差每次出游，勾践总是拿着马鞭，恭恭敬敬地跟在后面。后来吴王夫差有病，勾践为了表明他对夫差的忠心，竟亲自去尝夫差大便的味道，以便来判断夫差病愈的日期。

夫差病好的日期恰好与勾践预测的相合，夫差认为勾践对他敬爱忠诚，于是就把勾践夫妇放回越国。勾践回国以后，害怕自己会贪图眼前的安逸，消磨报仇雪耻的意志，为自己安排艰苦的生活环境。他晚上睡觉不用褥，只铺些柴草（古时叫薪），又在屋里挂了一只苦胆，他不时会尝尝苦胆的味道，表示不忘国耻，立志要报仇雪恨。

经过十年的积聚，越国终于由弱国变成强国，最后打败了吴国，吴王羞愧自杀。

【原文】

子曰："岁寒，然后知松柏之后凋也。"

【译文】

孔子说："要到天气寒冷的时候，才知道松柏是最后凋谢的。"

【评解】

孔子认为，人是要有骨气的。其他树木的叶子都凋谢了，而松柏依然叶绿如初。作为有远大志向的君子，其品格应如同松柏一样，不随波逐流，能够经受各种各样的严峻考验。

【国学小百科】

岁寒三友的由来

松、竹经冬不凋，梅则迎寒开放，因此称“岁寒三友”。

松树四季常青，姿态挺拔，叶密生而有层云簇拥之势，攲斜层叠，在万物萧疏的隆冬，松树依旧郁郁葱葱，精神抖擞，象征着青春常在和坚强不屈。

竹是高雅、纯洁、虚心、有节的象征，古今庭园几乎无园不竹，居而有竹，则幽篁拂窗，清气满院；竹影婆娑，姿态入画，碧叶经冬不凋，清秀而又潇洒。古往今来，“不可一日无此君”已成了众多文人雅士的偏好。

梅花为中国传统十大名花之一，姿、色、香、韵俱佳。宋人林和靖的诗句“疏影横斜水清浅，暗香浮动月黄昏”，将梅花的姿容、神韵描绘得淋漓尽致。

此“岁寒三友”的由来与苏轼有关。

北宋神宗元丰二年（1079 年），苏轼遭权臣迫害，被捕入狱。经王安石等人营救，始得从轻定罪，安置黄州管制。黄州即今湖北黄冈。作为“罪人”的苏轼初到此地时，心情很苦闷。稍后，家眷来此，朋友来访，苏轼的心绪慢慢好转，但生活上又发生了困难，便向黄州府讨来了数十亩荒地开垦种植，借以改善生活。这块地，当地人唤作“东坡”，苏轼便自取别号为“东坡居士”。

苏轼在东坡栽了稻、麦等农作物，又筑园围墙，造起房屋来。房子取名“雪堂”，并在四壁都画上雪花；园子里，则遍植松、柏、竹、梅等花木。一年春天，黄州知州徐君猷来雪堂看望他，打趣道：“你这房间起居睡卧，环顾侧看处处是雪。当真天寒飘雪时，人迹难至，不觉得太冷清吗?”苏轼手指院内花木，爽朗大笑：“风泉两部乐，松竹三益友。”意为风声和泉声就是可解寂寞的两部乐章，枝叶常青的松柏、经冬不凋的竹子和傲霜开放的梅花，就是可伴冬寒的三位益友。

徐君猷闻言，对苏轼以“三友”自励，保持凌寒留香的高尚情操，肃然起敬，从此更留意对他的照顾了。以后，松、竹、梅的“岁寒三友”图案，一般都用在器皿、衣料和建筑上。仁人志士对它的理解，是借此体现傲霜斗雪、铁骨冰心的高尚品格，老百姓则看重其长青不老、终冬不凋，引申为生命力的旺盛，所以也成为吉祥的象征。

【相关链接】

留取丹心照汗青

宋恭帝德佑元年（1275）正月，元军大举进攻，宋军的长江防线全线崩溃，朝廷下诏让各地组织兵马勤王。文天祥立即捐献家资充当军费，招募当地豪杰，组建了一支万余人的义军，开赴临安。但由于元军攻势猛烈，江西义军虽英勇作战，但最终也未能挡住元军攻势。同年冬，元军大举来攻，文天祥在率部向海丰撤退的途中遭到元将张弘范的攻击，兵败被俘。

文天祥服毒自杀未遂，被张弘范押往厓山，让他写信招降张世杰。文天祥说：“我不能保护父母，难道还能教别人背叛父母吗？”张弘范不听，一再强迫文天祥写信。文天祥于是将自己前些日子所写的《过零丁洋》一诗抄录给张弘范。张弘范读到“人生自古谁无死，留取丹心照汗青”两句时，不禁也受到感动，不再强逼文天祥了。

南宋在厓山灭亡后，元世祖派降元的原南宋左丞相留梦炎对文天祥现身说法，进行劝降。文天祥一见留梦炎便怒不可遏，留梦炎只好悻悻而去。元世祖又让降元的宋恭帝赵显来劝降。文天祥北跪于地，痛哭流涕，对赵显说：“圣驾请回！”赵显无话可说，怏怏而去。元世祖大怒，于是下令将文天祥的双手捆绑，戴上木枷，关进兵马司的牢房。文天祥入狱十几天，狱卒才给他松了手缚，又过了半月，才给他褪下木枷。

从此，文天祥在监狱中度过了三年。在狱中，他得知妻子和两个女儿都在宫中为奴，过着囚徒般的生活，尽管心如刀割，却不愿因妻子和女儿而丧失气节。狱中的生活很苦，可是文天祥强忍痛苦，写出了不少诗篇。《指南后录》第三卷、《正气歌》等气壮山河的不朽名作都是在狱中写出的。

元世祖至元十九年（1282）三月，元世祖打算授予文天祥高官显位。文天祥的一些降元旧友立即向文天祥通报了此事，并劝说文天祥投降，但遭到文天祥的拒绝。十二月八日，元世祖召见文天祥，亲自劝降。文天祥对元世祖仍然是长揖不跪。元世祖也没有强迫他下跪，只是说："你在这里的日子久了，如能改心易虑，用效忠宋朝的忠心对朕，那朕可以在中书省给你一个位置。"文天祥回答："我是大宋的宰相。国家灭亡了，我只求速死，不当久生。"元世祖又问："那你愿意怎么样？"文天祥回答："但愿一死足矣！"元世祖十分气恼，于是下令立即处死文天祥。

次日，文天祥被押解到柴市刑场。监斩官问："丞相还有什么话要说？回奏还能免死。"文天祥喝道："死就死，还有什么可说的？"他问监斩官："哪边是南方？"有人给他指了方向，文天祥向南方跪拜，说："我的事情完结了，心中无愧了！"于是引颈就刑，从容就义。死后在他的带中发现一首诗："孔曰成仁，孟曰取义，唯其义尽，所以仁至。读圣贤书，所学何事？而今而后，庶几无愧。"

文天祥

乡党篇第十

【原文】

食不厌精，脍[1]不厌细。

食饐[2]而餲[3]，鱼馁[4]而肉败[5]，不食。色恶，不食。臭恶，不食。失饪[6]，不食。不时[7]，不食，割不正[8]，不食。不得其酱，不食。

肉虽多，不使胜食气。

唯酒无量，不及乱⑨。

沽酒市脯⑩，不食。

不撤姜食，不多食。

【译文】

粮食不嫌舂得精，鱼和肉不嫌切得细。

粮食陈旧和变味了，鱼和肉腐烂了，都不吃。食物的颜色变了，不吃。味道变臭了，不吃。烹调不当，不吃。不是吃饭的正餐时间，不吃。肉切得不方正，不吃。佐料放得不适当，不吃。

席上的肉虽多，但吃的量不超过主食。

只有酒没有限制，但不喝醉。

从市上买来的肉干和酒，不吃。

每餐必须有姜，但也不多吃。

【注释】

①脍：音 kuài，切细的鱼、肉。

②饐：音 yì，陈旧，食物放置时间长了。

③餲：音 ài，变味了。

④馁：音 něi，鱼腐烂，这里指鱼不新鲜。

⑤败：肉腐烂，这里指肉不新鲜。

⑥饪：烹调制作饭菜。

⑦不时：应时，时鲜。

⑧气：同“饩”，音 xì，即粮食。

⑨割不正：切得不方正、不规则。

⑩脯：音 fǔ，熟肉干。

【评解】

这一节综记了孔子的饮食习惯。孔子对“礼”的遵循，不仅表现在与国君和大夫们见面时的言谈举止和仪式，而且表现在吃的方面，“食不厌精，脍不厌细”，而且对于食物，有八种他不吃。吃了，就有害于健康。

【国学小百科】

古代的肉食

肉食（包括水产）是古人副食的主体，古人肉食中以牛、羊、猪最重要，狗肉、野味也是肉食的重要来源。

古人以牛羊豕（猪）为三牲。祭祀或享宴时三牲齐备叫太牢，只有牛羊叫少牢，太牢是最隆重的礼。《礼记·王制》：“天子社稷皆太牢，诸侯社稷皆少牢。”《左传·桓公六年》：“子同（鲁庄公）生，以大（太）子生之礼举之，接以大（太）牢。”

牛是农业生产的重要工具，饲养也不及羊、猪迅速，所以《王制》上规定：“诸侯无故不杀牛，大夫无故不杀羊，士无故不杀犬、豕，庶人无故不食珍（指稀有珍贵之物）。”郑玄注：“‘故’谓祭享。”大夫以下既然平时不能杀羊、犬等，不得杀牛当然更不在话下了。但是这只是书面文章，实际上从来没有被历代统治者所遵守。汉代以后许多帝王也有过禁止屠牛的禁令，但这是个别现象，在一般情况下这种规定同样不能贯彻。“牛”、“酒”并称而被视为美食。

羊是较普通的肉食。羊肉中羔肉美于大羊。《诗经·七月》：“四之日其蚤（早），献羔祭韭。”“蚤”是对司寒之神的祭祀，用羔是较高贵的。

猪也较普遍。《孟子·梁惠王上》：“鸡豚狗彘之畜无失其时（繁殖的时机），七十者可以食肉矣。”豕又称彘，豚是小猪，又写作豘。孟子列数家畜时，一句话中两次说到猪，足见它在人们生活中的地位。跟羔、羊之间的关系一样，豚比较好吃，所以羔豚并称以代表美味。

古人喜欢吃狗肉，所以《孟子》中把狗跟鸡、猪并提。因为食狗者多，所以屠狗就成了一个专门的职业。在古书里提到“狗屠”的地方要比说屠羊等多得多。

对有些山珍水产，古人有特别的嗜好。例如《左传·宣公四年》载，楚国送给郑灵公鼋（即大鳖）：公子宋与子家将见“灵公”，子公（即公子宋）之食指动，以示子家，曰：‘他日我如此，必尝异味。’

及入，宰夫将解鼋，相视而笑。公问之，子家以告。及食大夫鼋，召子公而弗与也。子公怒，染指于鼎，尝之而出。公怒，欲杀子公。称鼋为“异味”，将食则喜，不与则怒，最终这件事竟成了子公杀掉灵公的导火线，足见当时贵族对珍奇食品的重视。

【相关链接】

不计较个人得失的宗悫

宗悫是南北朝时期人，年轻时很不得志，他有一个老乡叫庾业，家里拥有良田千顷，特别富有，生活极端奢侈。每次请客吃饭的时候，总是几十道菜，山珍海味是应有尽有，酒菜摆得有一丈见方。

宗悫不出名的时候，庾业有一次请他吃饭，只准备了小米饭和萝卜白菜。庾业还故意对别的客人说：“宗悫是个武人，吃惯了粗茶淡饭，所以我不敢用别的饭食招待他。”庾业的目的是取笑一下出身贫寒的宗悫。宗悫并不在乎这些，照样吃得饱饱的，向庾业道了谢才走，不因为饭菜差而发脾气。

他胸有大志，把主要精力都用在了学习上。后来，宗悫做了豫州刺史，庾业当了宗悫的手下，可宗悫并不计较当初庾业对自己的取笑，仍对他很客气。庾业对自己当初的不礼貌多次表示歉意时，宗悫说：“过去的事就不要再提了，那次不是吃得很香，也没噎着嘛！”

先进篇第十一

【原文】

季路问事鬼神。子曰：“未能事人，焉能事鬼？”

曰：“敢①问死。”曰：“未知生，焉知死？”

【译文】

子路问如何侍奉鬼神。孔子说：“没能侍奉好人，怎么能侍奉鬼呢？”

季路说：“请问死是怎么回事？”（孔子回答）说：“我们对于生的道理都不清楚明白，哪里谈得上死了以后的事呢？”

【注释】

①敢：表敬副词，无实际意义。

【评解】

本章表明了孔子在鬼神、生死问题上的基本态度。孔子以为，事人优于事鬼，知生重于知死。孔子这里讲的“事人”，指侍奉君父。在君父活着的时候，如果不能尽忠尽孝，君父死后也就谈不上孝敬鬼神，他希望人们能够忠君孝父。

【国学小百科】

儒家的生死观

产生鬼神观念的来源是原始的多神崇拜，即万物有灵论。上古称死人为“鬼”，“鬼者，归也”，就是回家的人。中国文化是视死如归的文化。

春秋战国时期，形成了独特的具有丰富内涵的儒家生死观。尊重生命、珍惜生命是先秦儒家学派对待生命的基本态度。儒家肯定死亡的价值，而且还进一步认为死亡的价值在一定条件下会超过生命的价值。

孔子曾明确地指出：“志士仁人，无求生以害义，有杀身以成仁。”就是说，人不能为了苟活性命而去损害仁义，做不仁不义的事；相反，要为了仁义的事而宁可牺牲自己的生命。“杀身以成仁”一直是儒家对待死亡的基本观点。

除孔子外，孟子也曾指出：“生，我所欲也；义，亦我所欲也。二者不可得兼，舍生而取义也。”也对有价值的死亡给予了肯定。

荀子则在《礼论》也提出：“生，人之始也；死，人之终也。始终俱善，人道毕矣。”这无疑也是对死亡价值的一种认同。

儒家是很重视死亡的。儒家提倡祭礼，主张“祭如在，祭神如神在”，就能说明这一点。

所谓“慎终追远”，就是把死亡看作生命延续过程中的重要事情来对待的。死亡既是生命的结束，也是生命的开始，对生者而言，具有重大意义。

正因为有死亡，所以要重视生，死亡的意义，就在于如何对待生，生命的意义由死而显示出来。要知道死亡是怎么一回事，就要在生命中去寻找，不知道生命的意义，怎么能知道死亡的意义？这就是孔子的“未知生，焉知死”这句话的真正涵义。

曾子真正体会到这一点，所以才能说出那一番话。“而今而后，吾知免夫”，已经是面对死亡了，还有什么勉励的问题？岂不是太晚了吗？而且死后明明不能进到另一个世界，有什么可勉励之处？

原来这话不是对死后而言的，正是对生前而言的。有生才有死，有死才能知其生之所以为生，只有在一生中时时刻刻不忘记生命所具有的意义，而能以敬畏之心对待生命，使生命的意义得到实现，也就是完成生命所承担的责任，直到生命结束，而无终身遗憾，只有这时，才能说“而今而后，吾知免夫”。

在生命未结束之时，任何时候都不能说这句话，因为生命的全部意义正是靠死亡来证明的。人固然不能知道死亡，不能体验死亡，但是他能够知道死亡的边界，因而也能够知道死亡的意义，这意义就在全部生命之中。

【相关链接】

蒲松龄写《聊斋志异》

《聊斋志异》是清代著名文学家蒲松龄的一部文言短篇小说集。“志”是记的意思。“异”是指奇异之事。

蒲松龄长期乡居，深受清朝黑暗社会重压，了解黎民苦难，由于清朝是中国历史上文字狱最严重的一个时代，满清统治者不允许有骨气的士人说话。蒲松龄只好通过精灵神鬼、花妖狐魅的神话传说，曲折地反映生活，揭露封建社会的黑暗，表达自己对现实的不满和对理想的追求。

郭沫若给蒲松龄故居写过一副著名对联：写鬼写妖高人一等，刺贪刺虐入骨三分。《聊斋志异》写的鬼妖远远高于其他作家，因为聊斋鬼狐有深刻的现实内容和深邃的思想意蕴。所谓“刺贪刺虐”，是揭露清朝封建社会黑暗，讽刺鞭挞屠杀人民的刽子手，贪官污吏贪赃枉法等一切虐害人民的罪行，“入骨三分”是说反映现实的深度，而“写鬼写妖”则是他的手段。

蒲松龄为了写作搜集创作材料，还有一段故事。

传说有一年夏天，蒲松龄坐在屋里写书，写着写着写不下去了。他干脆扔下笔，踱步到门口。这时，他发现大路上人来人往，络绎不绝，就想：“一人肚里一条计，三人肚里一本戏。我为什么不去向别人求教呢?”于是他翻箱倒柜，找出几件旧衣服拿去当了，又换回来五斗绿豆，在门口的树阴下铺了一张席子，放了一口缸，把煮好的绿豆汤倒在缸里，居然摆起摊来。

过路的人走累了，谁都可以到他的席上坐坐，舀碗绿豆汤解渴。不过有一条，临走之前，每个人都得给他讲一段新奇的故事。别人说时，他就仔细倾听，直到他觉得差不多了，这才回到屋里写作。

蒲松龄

有人笑他这是无聊举动，他仍“我行我素”，把自己破旧的书斋命名为“聊斋”，表示著书的决心。在这“聊斋”里，他经历了“二十余寒暑”，终于完成了《聊斋志异》这部著名的“孤愤之书”。

蒲松龄在书中所寄托的“孤愤”并不只是他个人的怀才不遇，穷困潦倒，而是代表了广大贫苦人民反压迫、反剥削的要求，对黑暗现实的强烈愤恨和对美好生活的热切向往。

颜渊篇第十二

【原文】

子曰："君子成人之美，不成人之恶。小人反是。"

【译文】

孔子说："君子成全他人的好事，不成全他人的坏事；小人刚好相反。"

【评解】

"成人之美，不成人之恶"贯穿了儒家一贯的思想主张，即"已欲立而立人，已欲达而达人"，"已所不欲，勿施于人"的精神。

成人之美的确是一种高尚的品德，它需要有宽广的心胸，助人为乐的精神。君子量大，故成人之美。小人气量狭窄，患得患失，嫉妒心作祟，见不得人好，是很难做到成人之美的。

【国学小百科】

君子与小人

"君子和而不同，小人同而不和"，"君子坦荡荡，小人长戚戚"、"君子喻于义，小人喻于利"。君子用自己的意见去纠正别人错误的意见，一切恰到好处，却不盲目附和；小人总是盲目附和，不肯表达自己的意见。

君子心地平坦宽广，小人却经常局促忧愁。君子懂得的是义，小人懂得的是利。君子与小人，由于情怀不同，所以看上去举止仪表也就自然不同。君子心地坦然，所以举止从容、宽舒；小人触事犯咎，心胸狭窄，所以举止局促，愁容满面。

两千多年前，孔子及其门徒就重点研究了君子与小人。小人问题是个古今难破之题。"明君"周围挤满小人，巾帼枕边睡着懦夫，英雄前头无数竖子，好汉头上蹲着鼠辈，石榴裙下跪着无赖，香花幽草插上牛粪，小人得志，竖子成名，君子不遇，英雄遭难。

知人重在知性。小人与君子是相对的，也是复杂的，但有一些基本的共同的特性。小人属于双重人格，阴一手，阳一手，人前一套，人后一套，对有利的人和事与没利的人和事完全是两种态度。小人善于惹事，喜欢制造麻烦，不擅长做事。小人是内战的内行，外战的外行。君子清如水，腐败分子不喜欢君子；小人润如油，小人很对腐败分子的胃口。小人属于依附型的人，缺乏独立人格。君子爱虚名，认死理，“不长眼色”，经常以犯上的方式表达自己的意见，甚至采取“自杀性冲锋”的方式展示自己的“名士风格”。小人重实惠，以攀附权贵为第一要务，因此，从来不犯上，对有权的人无条件服从，无原则支持，人不落井不下石，人一落井就下石。小人都是机会主义分子，善于走捷径，不愿意按游戏规则出牌，原则性和法律性极差，善于破坏规则，玩弄规则。

君子忍让，见义勇为，为仁义舍弃利益。小人忍耐，为利益舍弃道义，六亲不认，甘愿做些为人所不齿的事情。小人适应能力强，态度模棱两可，能伸能屈，能尊能卑，能方能圆，委曲求全，随机应变，见风使舵，做事绝不干吃亏的事，做人只考虑利弊得失，不顾是非曲直。君子容易原谅别人，忘记伤害，不计前嫌。小人对人斤斤计较，不依不饶，怀恨在心，伺机报复。一般小人伤人的利器是造谣中伤、诽谤、谩骂；险恶小人经常会利用职务之便害人，采取合法手段整人。有权有势的小人会用尽一切间接手段整人害人，借刀杀人。

小人远则生怨，近则不逊。不要进小人圈子，也不让小人深入自己的领域和心灵。

【相关链接】

成人之美

唐朝有一个叫谢原的人，精通词赋，所作的歌词在民间流传甚广。

有一年春天，谢原到张穆王家做客，张穆王亲自接待他。饮酒畅谈之余，张穆王便让自己的小妾谈氏在帘子后面动情地弹唱。谢原仔细一听，谈氏唱的正是自己所作的一首《竹枝词》。张穆王见谢原听得十分出神，干脆叫谈氏出来拜见。谈氏长得非常漂亮，她接着又把谢原所作的歌词都唱了一遍。谢原十分高兴，犹如遇到了知音，对谈氏产生了爱慕之情。他站起来说："承蒙夫人的厚爱，在下感激不尽，只不过夫人所唱的是在下的粗浅之作。我应该重作几首好词，以备府上之需。"

次日，谢原即奉上新词八首，由谈氏一一谱曲弹唱，两人配合得十分默契。这样一来，谢原和谈氏你来我往，日久生情，终于有一天，谢原向谈氏表白了。谈氏虽然心里欢喜，但自知是张穆王的小妾，身不由己。

于是，谢原亲自去拜见张穆王，请求张穆王成全。照理说，世上哪有一个王爷遇到这样的事情不大发雷霆的，但张穆王却哈哈大笑起来："其实我早有此意了。虽然我也喜欢她，但你们两个是天生的一对啊。一个作词，一个谱曲，一个吹拉，一个弹唱，你说，这不是天造地设的一对吗?"谢原没有想到张穆王竟如此大度。

后来为报答张穆王，谢原把此事作成词，谈氏把它谱成曲，四处传唱。张穆王成人之美的美名马上传播开来，很多有识之士都来投靠他。

子路篇第十三

【原文】

子夏为莒父[1]宰，问政。子曰："无欲速，无见小利。欲速则不达，见小利则大事不成。"

【译文】

子夏做莒父的总管，问孔子怎样办理政事。孔子说："不要求快，不要贪求小利。求快反而达不到目的，贪求小利就做不成大事。"

【注释】

①莒父：莒，音 jǔ。鲁国的一个城邑，在今山东省莒县境内。

【评解】

孔子反对急功近利。“欲速则不达”，贯穿着辩证法思想，即对立的事物可以互相转化。国家大事如此，个人事务也一样。

【国学小百科】

古代行政区域的划分

在我国漫长的两千多年的封建史上，每个朝代的地方行政区域的划分制度一直处在不断变化之中。我国最早实行的是“九州”制和“十二州”制。《汉书·地理志》说，在原始社会的黄帝时代已经开始“画野分州”，每一万平方里为一州；尧时分天下为十二州，大禹治水后又分天下为九州。在《尚书·禹贡》中详细记载着九州的名称，它们是冀、衮、青、徐、扬、荆、豫、梁、雍。其他古籍所记载的九州名称与《禹贡》稍有出入。十二州的说法，最早见于《尚书·尧典》，有列出州名。因为“九州”一说要比“十二州”影响大，后来九州也就成了中国的别称。

和九州、十二州同时并行的还有“畿服”之制。这是以一个国家的都城为中心，每向外方圆五百里逐次划分成甸、侯、绥、要、荒五服，也有划分成九服的。但以上只是后代学者在追忆历史时表达的一种理想主义的说法，并非是真正实行的地方行政区域的划分制度。战国晚期，邹衍提出“大九州”地理学说，认为中国境内的九州合起来只能算一州，叫“赤县神州”。因此，后来泛指中国境内时，又有神州大地的说法。像这样的九个小州合起来成为一个大州，共有九个大州，州与州之间都有海水环绕，再往外是大地的边际，中国不过居天下八十一分之一。这同样只是一种大胆的想像而已。

秦始皇统一天下，我国开始有了较为正规的地方行政区域划分制度。秦代普遍推行郡县制，分天下为三十六郡，郡下设若干县，由中央政府委派官吏管理地方各项事务。

汉代实行郡、国并行制，郡由朝廷直接管辖，国分封给有功劳的大臣，每国各领数郡土地，郡、国数目比秦代有很大的增加。到汉平帝元始二年（公元 2 年），郡国已达 103 个，郡和王国之下有县、邑、道、侯国。县、邑有 1314 个，道 32 个，侯国 241 个。

汉代在实行郡国并行制的同时还采用了州制。封国势力过于强大，往往会形成割据的局面。为了加强中央集权，在经过一系列对内削藩，对外开拓疆土的基础上，汉武帝元封五年（公元前 106 年），将全国分成十三州刺史部，简称“十三部”或“十三州”。各置刺史代表中央管理地方事务。从东汉至南北朝，不断沿用州制。虽然各个时期都有改动，州的划分、数目与名称不尽相同，但基本格局未变，均以州为最高一级地方行政机构，下辖郡、县等。

隋炀帝时，废除州制，恢复推行郡、县二级地方行政制度。至此，中国历史在八百多年后又回到秦初的统治方式。

唐、宋、辽、金几代朝廷改用道、府、路的地方行政区域的划分制度。唐太宗分全国为十道，每道各辖几十个州。中唐又析置十五道，并与节度使制度逐渐融合。在道制之外，又有府制。分别设在国内要地和边境地区。北宋开始，改用路为最高地方行政机构，分全国为二十三路，下辖府与州。两宋和辽、金时期，路的设置、分合及所辖的府、州常有变动。

至元代，我国行省制度确立起来。元代疆域辽阔，战争频繁，为了便于管理，把胜利成果巩固下来，除设置中央一级的中书省外，又将全国划分成十个大的地方行政区域，它们是岭北行省、辽阳行省、陕西行省、甘肃行省、河南江北行省、江浙行省、江西行省，湖广行省、四川行省和云南行省。每个行省下辖路、府、州、县四级地方行政机构。

元朝创设的行省制度，是秦朝以来郡县制度的发展，也是我国历史上政治制度和地方行政区域划分制度的一次重大改革。行省制度的建立，不仅加强了元朝的中央集权统治，巩固了我国多民族国家的统一，而且对明、清以及后来的政治制度和地方行政区域划分制度也产生了积极的影响。元代后，“行省”这个名称一直沿用下来。明代虽然改行省为布政司，但在口语中仍如此称呼。元代的行省划分，也初步奠定了今天中国的行省规模和政区划分。

【相关链接】

欲速则不达

从前有一个人，带着一个小书童准备从小港进入镇海县城，小书童用木板夹着捆扎的一大叠书跟随着他。

到了一个渡口边，偏西的太阳已经落山，傍晚的烟雾缠绕在树头上，望望县城还有约摸两里路。这个人便问那摆渡的人："还来得及赶上南门开着吗？"摆渡的人仔细打量了小书童，回答说："慢慢地走，城门还会开着，急忙赶路城门就要关上了。"这个人听了很生气，认为摆渡的人在戏弄他。

于是这个人催促小书童加快脚步往城里赶，到半路上，小书童摔了一跤，捆扎的绳子断了，书也散乱了，小书童哭着，没有马上站起来。等到把书理齐捆好，前方的城门已经下了锁。这个人想到那摆渡人说的话，方才醒悟。

天底下那些因为急躁鲁莽给自己招来失败、弄得昏天黑地到不了目的地的人，大概就像这样的吧。

假途灭虢

春秋初期，晋国传至献公，积极扩军，拓展疆土。晋献公为了夺取崤函要地，决定吞并南面的两个小国——虢国和虞国。

晋国要顺利实现这一目的也不是那么容易的。虢、虞两国虽然地狭人稀，国力弱小，但却是同姓毗邻，结有同盟。晋国同其中任何一国开启战端，都意味着要同时和两国之师相抗衡。如何拆散虢、虞两国的同盟关系，使自己避免陷于两线作战，这是晋国在吞并两国军事行动前首先必须解决的问题。

为防备两国联兵抗晋，献公采纳大夫荀息的建议，用厚礼重宝贿赂收买虞公，拆散虢、虞之间的同盟，向虞国假道攻打虢国，尔后各个击破的策略对付两国。

荀息携带着良马、美玉等奇珍异宝出使虞国。到了那里后，即晋见虞公，献上珍宝，并向虞公正式提出借道攻虢的要求。虞公贪利收下了良马、美玉，不顾大夫宫之奇的竭力劝阻，同意晋军越境攻虢，并主动提出发兵做攻虢先锋。

之后，晋大夫里克、荀息率军会合虞军攻占虢都下阳，迫虢渡黄河南迁其都至上阳。晋就此控制了虢、虞之间的要地。

时隔 3 年，晋献公又一次向虞国提出了借道伐虢的要求。

这时虞国大夫宫之奇更透彻地看清了“假道”背后所包藏的险恶用心。宫之奇以“辅车相依，唇亡齿寒”作比喻，向虞公晓以虢、虞两国存亡相依之重要性，力主拒绝晋的请求。但虞公认为晋、虞同宗，不会相欺，再度同意晋的请求。宫之奇见虞国灭亡近在旦夕，为避祸，便率领族人逃离了虞国。

这次晋献公亲自统军借道虞国攻打虢国，声势远较前一次为大，可见其志在必得。晋军进展迅速，很快兵临虢都上阳（今河南陕县境）城下，加以团团围困。虢国弱小无援，数个月后即为晋军所灭，虢公仓皇逃奔京师（今洛阳）。晋军随即凯旋回师，行经虞地驻扎时，乘其不备发动突然袭击，生俘虞公，轻而易举地灭了虞国，使晋南部疆域延伸至黄河南岸地区，为晋图霸中原创造了有利条件。

宪问篇第十四

【原文】

子曰：“不在其位，不谋其政。”

曾子曰：“君子思不出其位。”

【译文】

孔子说：“不在那个职位，就不要考虑那个职位上的事情。”

曾子说：“君子考虑问题，从来不超出自己的职位范围。”

【评解】

不在其位而谋其政是瞎操心，思而出其位则是想入非非。因此，为官者要各负其责，各司其职，脚踏实地，做好本职分内的事情。这是孔子对于学生们今后为官从政的忠告。他要求“君子思不出位”也同样是这个意思。这是孔子的一贯思想，与“正名分”的主张是完全一致的。

【国学小百科】

清朝官职等级的划分

1. 正一品

文职京官：太师、太傅、太保、殿阁大学士

武职京官：领侍卫内大臣、掌銮仪卫事大臣

2. 从一品

文职京官：少师、少傅、少保、太子太师、太子太傅、太子太保、协办大学士、各部院尚书、督察院左右督御史

武职京官：提督九门步军巡捕五营统领、内大臣

武职外官：将军、都统、提督

3. 正二品

文职京官：太子少师、太子少傅、太子少保、各部院左右侍郎、内务府总管

文职外官：各省总督

武职京官：左右翼前锋营统领、八旗护军统领、銮仪使

武职外官：副都统、总兵

4. 从二品

文职京官：内阁学士、翰林院掌院学士

文职外官：巡抚、布政使司布政使

武职京官：散秩大臣

武职外官：副将

5. 正三品

文职京官：督察院左右督御史、宗人府丞、通政使司通政使、大理寺卿、詹事府詹事、太常寺卿

文职外官：顺天府府尹、奉天府府尹、按察使司按察使

武职京官：一等侍卫、火器营翼长、健锐营翼长、前锋参领、护军参领、骁骑参领、王府长史

武职外官：城守尉、参将、指挥使

6. 从三品

文职京官：光禄寺卿、太仆寺卿

文职外官：都转盐运使司运使

武职京官：包衣护军参领、包衣骁骑参领、王府一等护卫

武职外官：游击、五旗参领、协领、宣慰使、指挥同知

7. 正四品

文职京官：通政使司副使、大理寺少卿、詹事府少詹事、太常寺少卿、太仆寺少卿、鸿胪寺卿、督察院六科掌院给事中

京职外官：顺天府丞、奉天府丞、各省守巡道员

武职京官：二等侍卫、云麾使、副护军参领、副前锋参领、副骁骑参领、太仆寺马厂驼厂总管、贝勒府司仪长、侍卫领班

武职外官：防守尉、佐领、都司、指挥佥事、宣慰使司同知

8. 从四品

文职京官：内阁侍读学士、翰林院侍读学士、翰林院侍讲学士、国子监祭酒

文职外官：知府、土知府、盐运使司运同

武职京官：城门领、包衣副护军参领、包衣副骁骑参领、包衣佐领、四品典仪、二等护卫

武职外官：宣抚使、宣慰使司副使

9. 正五品

文职京官：左右春坊庶子、通政司参议、光禄寺少卿、给事中、宗人府理事官、各部郎中、太医院院使

文职外官：同知、土同知、直隶州知州

武职京官：三等侍卫、治仪正、步军副尉、步军校、监守信礮官、分管佐领

武职外官：关口守御、防御、守备、宣慰使司佥事、宣抚使司同知、千户

10. 从五品

文职京官：翰林院侍读、翰林院侍讲、鸿胪寺少卿、司经局洗马、宗人府副理事、御使、各部员外郎

文职外官：各州知州、土知州、盐运司副使、盐课提举司提举

武职京官：四等侍卫、委署前锋参领、委署护军参领、委署鸟枪护军参领、委署前锋侍卫、下五旗包衣参领、五品典仪、印物章京、三等护卫

武职外官：守御所千总、河营协办守备、安抚使、招讨使、宣抚使司副使、副千户

11. 正六品

文职京官：内阁侍读、左右春坊中允、国子监司业、堂主事、主事、都察院都事、经历、大理寺左右寺丞、宗人府经历、太常寺满汉寺丞、钦天监监判、钦天监汉春夏中秋冬五官正、神乐署署正、僧录司左右善事、道录司左右正一

文职外官：京府通判、京县知县、通判、土通判

武职京官：兰翎侍卫、整仪尉、亲军校、前锋校、护军校、鸟枪护军校、骁骑校、委署步军校

武职外官：门千总、营千总、宣抚使司佥事、安抚使司同知、副招讨使、长官使、长官、百户

12. 从六品

文职京官：左右春坊赞善、翰林院修撰、光禄寺署正、钦天监满洲蒙古五官正、汉军秋官正、和声署正、僧录司左右阐教、道录司左右演法

文职外官：布政司经历、理问、允判、直隶州州同、州同、土州同

武职京官：内务府六品兰翎长、六品典仪

武职外官：卫千总、安抚使司副使

13. 正七品

文职京官：翰林院编修、大理寺左右评事、太常寺博士、国子监

监丞、内阁典籍、通政司经历、知事、太常寺典籍、太仆寺主簿、部寺司库、兵马司副指挥、太常寺满洲读祝官、赞礼郎、鸿胪寺满洲鸣赞

文职外官：京县县丞、顺天府满洲教授、训导、知县、按察司经历、教授

武职京官：城门史、太仆寺马厂协领

武职外官：把总、安抚使司佥事、长官司副长官

14. 从七品

文职京官：翰林院检讨、銮仪卫经历、中书科中书、内阁中书、詹事府主簿、光禄寺署丞、典薄、国子监博士、助教、钦天监灵台郎、祀祭署奉祀、和声署署丞

京职外官：京府经历、布政司都事、盐运司经历、直隶州州判、州判、土州判

武职京官：七品典仪

武职外官：盛京游牧副尉

15. 正八品

文职京官：司务、五经博士、国子监学正、学录、钦天监主簿、太医院御医、太常寺协律郎、僧录司左右讲经、道录寺左右至灵

文职外官：布政司库大使、盐运司库大使、盐道库大使、盐课司大使、盐引批验所大使、按察司知事、府经历、县丞、士县丞、四氏学录、州学正、教谕

武职外官：外委千总

16. 从八品

文职京官：翰林院典薄、国子监典薄、鸿胪寺主簿、钦天监挚壶正、祀祭署祀丞、神乐署署丞、僧录司左右觉义、道录司左右至义

文职外官：布政司照磨、盐运司知事、训导

武职京官：八品典仪、委署亲军校、委署前锋校、委署护军校、委署骁骑校

17. 正九品

文职京官：礼部四译会同馆大使、钦天监监侯、司书、太常寺汉赞礼郎

文职外官：按察司照磨、府知事、同知知事、通判知事、县主簿

武职京官：各营兰翎长

武职外官：外委把总

18. 从九品

文职京官：翰林院待诏、满洲孔目、礼部四译会同官序班、国子监典籍、鸿胪寺汉鸣赞、序班、刑部司狱、钦天监司晨、博士、太医院吏目、太常寺司乐、工部司匠

文职外官：府厅照磨、州吏目、道库大使、宣课司大使、府税课司大使、司府厅司狱、司府厅仓大使、巡检、土巡检

武职京官：太仆寺马厂委署协领

武职外官：额外外委

19. 未入流

文职京官：翰林院孔目、都察院库使、礼部铸印局大使、兵马司吏目、崇文门副使

文职外官：典史、土典史、关大使、府检校、长官司吏目、茶引批验所大使、盐茶大使、驿丞、土驿丞、河泊所所官、牐官、道县仓大使

武职外官：百长、土舍、土目

【相关链接】

屠羊说不受赏

吴王和左膀右臂的孙武、伍子胥率领大军五战而攻入楚国的郢都，楚昭王只好率领大臣一起逃难，一个靠杀羊为生的隐君子屠羊说也跟从昭王流亡。

楚臣申包胥搬了秦国救兵，而且吴王之弟夫概又在吴作乱，吴王只得下令班师。昭王返国后，大赏跟从他一起逃难的人员。

当赏赐到屠羊说时，屠羊说却不受赏，他推辞说：“大王失国，我也失去了杀羊；大王返国，我也恢复了杀羊的老本行。杀羊就是我的爵禄，我的爵禄已恢复了，又有什么值得奖赏呢？”

昭王一定要赏，屠羊说又推辞道：“大王失国，不是我的罪过，

所以我不该受惩罚；大王复国，不是我的功劳，因此也不敢当奖赏。”

昭王又要召见屠羊说，屠羊说不赴，并说：“按楚国的法规，必有重赏大功的人才被召见。如今，我的智慧不足以保国，勇气不足以灭敌，吴军入郢，我因为害怕而逃避敌人，并不是故意跟随大王流亡。大王要废法毁约而召见我，这不是我愿传闻天下的事情。”

昭王又对司马子綦说：“屠羊说地位卑微而深明大义，你替我请他担任三公的职务吧。”

屠羊说不就职，说：“三公之位高居朝廷之上，比屠羊的职业尊贵；万钟的俸禄，比屠羊的利钱丰厚。但我怎么可以贪图爵禄而使昭王有随意封官的恶名呢？我不敢担当，还是回到我杀羊的铺子里吧。”

屠羊说的德行可与介之推相媲美。介子推跟从晋文公重耳流亡十九年，在吃不上饭时把自己大腿上的肉割下来给重耳吃。重耳登上了晋国国君的位置后，介子推便逃回老家，背着老母爬上绵山隐居了。屠羊说深明治国的道理，无功不受禄，甘愿守着他的杀羊铺而不就三公之位。屠羊说可谓是“介之推第二”的人物了。

季氏篇第十六

【原文】

孔子曰：“益者三友，损者三友。友直，友谅①，友多闻，益矣。友便辟②，友善柔③，友便佞④，损矣。”

【译文】

孔子说：“有益的交友有三种，有害的交友也有三种。同正直的人交友，同诚信的人交友，同见闻广博的人交友，这是有益的；同惯于走邪道的人交朋友，同两面三刀的人交朋友，同惯于夸夸其谈的人交朋友，这是有害的。”

【注释】

①谅：诚信。

②便辟：惯于走邪道。“便”音 pián。

③善柔：善于和颜悦色骗人。

④便佞：惯于花言巧语。

【评解】

“在家靠父母，出门靠朋友。”世界上恐怕找不出一个完全没有朋友的人。但是，朋友有好有坏，有真正知心，遇事愿为你两肋插刀的朋友；也有虚情假意，遇事在你背后插刀子的朋友。人生难得一知己，说明交一个真心朋友有多难。拿孔子所讲的益者三友，损者三友作标准，完全可以判断，哪些人可交，哪些人不可交。

君子坦荡荡，因此君子之交淡如水；小人长戚戚，所以，小人“群居终日，言不及义，好行小惠，难已矣”。淡如水者，“可托六尺之孤，可寄百里之命”。长戚戚者，酒肉朋友，树倒猢狲散。

【国学小百科】

古人交友

古人在日常生活中特别注意交友。春秋时期的孔子曾提出结交益友和损友的原则，孔子说：“益者三友，损者三友。友直，友谅，友多闻，益矣。友便辟，友善柔，友便佞，损矣。”

所谓友直，就是这个朋友为人要正直，坦荡，刚正不阿，顶天立地，这是一种值得交的朋友。因为他的人格也在影响你的人格，让你向他一样，做个正直、坦荡，刚正不阿的人。

所谓友谅，也就是宽容朋友的过错。多一点对别人的宽容，其实，我们生命中就多了一点空间。当一个人不小心犯了过错，或者对他人造成某种伤害的时候，过分的指责、责怪，不如用博大的胸怀来宽容他。宽容别人，其实就是宽容我们自己。所以，有一个好的朋友，他会给自己内心增加自省的力量。宽容的朋友，不会使自己堕落，更不会放纵自己，反而会让自己从他人的内心包容上，找到自己的弊病，找到自己的缺失。

友多闻就是多交有才学的、知识面广、社会阅历多的朋友，当自己感到犹豫彷徨，有所踌躇的时候，到朋友那里去，他的广见博识会为你做一个参考，帮你做出选择。所以，交一个多闻的朋友，就像打开一本辞典，总能从他人的经验中得到借鉴系统。

便辟指喜欢谄媚逢迎，溜须拍马的人。这种人特别会察言观色，见风使舵，细心体会你的心情，以免违逆了你的心意。和这种人交朋友，你会感到特别舒服，愉快。但是，好话听多了，马屁拍得舒心了，头脑就该发昏了，自我就会恶性膨胀，盲目自大，目中无人，失去了基本的自省能力，那离招致灾难也就不远了。

善柔是典型的“两面派”。他们当着你的面往往会扮出一副善良面孔，永远和颜悦色，满面春风，恭维你，奉承你，比那些没有企图的人可能要高好几十倍，但是，背后却会传播谣言，恶意诽谤，说你的坏话，败坏你的人格。你若当面质问他，他又会矢口否认，装出一副老好人受委屈的样子。

便佞指的是言过其实、夸夸其谈的人，光会说，其他什么都不会的人。这种人生就一副伶牙俐齿，没有他不知道的事，没有他不懂得的道理，说起话来，夸夸其谈，滔滔不绝，气势逼人，不由得人不相信。可实际上呢，除了一张好嘴，别的什么都不会。

【相关链接】

管鲍之交

在齐国有一对很要好的朋友，一个叫管仲，一个叫鲍叔牙。

年轻的时候，管仲家里很穷，又要奉养母亲，鲍叔牙知道了，就找管仲一起投资做生意。做生意的时候，因为管仲没有钱，所以本钱几乎都是鲍叔牙拿出来投资的。可是，当赚了钱以后，管仲却拿得比鲍叔牙还多。

鲍叔牙的仆人看了就说：“这个管仲真奇怪，本钱拿得比我们主人少，分钱的时候却拿得比我们主人还多！”鲍叔牙却对仆人说：“不

管仲与鲍叔牙

可以这么说！管仲家里穷又要奉养母亲，多拿一点没有关系的。”

有一次，管仲和鲍叔牙一起去打仗，每次进攻的时候，管仲都躲在最后面，大家就骂管仲说：“管仲是一个贪生怕死的人！”鲍叔牙马上替管仲说话：“你们误会管仲了，他不是怕死，他得留着他的命去照顾老母亲呀！”管仲听到之后说：“生我的是父母，了解我的人可是鲍叔牙呀！”

后来，齐国的国王死了，公子诸当上了国王，诸每天吃喝玩乐不做事，鲍叔牙预感齐国一定会发生内乱，就带着公子小白逃到莒国，管仲则带着公子纠逃到鲁国。

不久之后，公子诸被人杀死，齐国发生了内乱，管仲想杀掉小白，让纠能顺利当上国王，可惜管仲在暗算小白的时候，把箭射偏了，小白没死。后来，鲍叔牙和小白比管仲和纠早回到齐国，小白就当上了齐国国王。

小白当上国王以后，决定封鲍叔牙为宰相，鲍叔牙却对小白说：“管仲各方面都比我强，应该请他来当宰相才对呀！”小白一说：“管仲要杀我，是我的仇人，你居然叫我请他来当宰相！”鲍叔牙却说：“这不能怪他，他是为了帮他的主人纠才这么做的呀！”小白听了鲍叔牙的话，请管仲回来当宰相，而管仲也真的帮小白把齐国治理得井井有条。

阳货篇第十七

【原文】

子曰："性相近也，习①相远也。"

【译文】

孔子说："人的本性是相近的，由于习染不同便相差很远了。"

【注释】

①习：习惯

【评解】

真正关于人性的话题，孔子谈得并不多，要到孟子的时代才有深入的性善性恶探讨，并由此形成中国古代哲学中的一个重要范畴。

"性相近，习相远"说明孔子更看重后天教养，所以他苦口婆心地叮咛我们"学而时习之"，并现身说法："我非生而知之者，好古，敏以求之者也。"

【国学小百科】

中国古代的人性论

中国古代提出了许多关于人性论的观点，如孟子的性善说、荀子的性恶说、告子的无善无恶说、世硕的性有善恶说。

我国最先主张"性善论"的是孟子，他是孔子学说的继承人和发展人，创造了儒家哲学的唯心主义理论体系。

他认为人生来就具有天赋的"善端"，具有一种先验的道德观念的萌芽，这是人异于禽兽、高于禽兽的本质特征。因为人心天赋是善的，所以人性也是善的。孟子的性善论作为儒家的正统思想，传播广泛，影响深远。

我国最先主张“性恶论”的是荀子（荀况），他认为，人生来性恶，后天教育可以由恶变善。他认为由于人人都有欲望追求，这是性中自有，这种对物质利益的追求就决定了人的性恶。

荀子的两个著名的门徒李斯、韩非子是性恶说的坚定支持者。尤其韩非子，更是坚定地认为人性本恶，并由此毫不余力地主张用严刑峻法来安民定国。

最先主张“有善恶论”的是战国初期人世硕，他主张人生来就具有“善”和“恶”这两种不同的自然属性，这两种属性是先天具有的，与生俱来的。他认为人生来就有善与恶的不同本性，而要保持和发扬这种先天的本性，则在于养。后天养之善性，则使善性不断增长；养之恶性，则使恶性不断增长。后世赞成这个观点的代表人物有汉代的董仲舒、扬雄、王充，唐代的韩愈等。

最先主张“无善无恶论”的是战国中期人告子（告不害）。他认为人性无善恶，人们生性既不是善，也不是恶，善与恶是社会环境造成的。所以他说：“性无善与无不善也……性犹湍水也，决诸东方则东流，决诸西方则西流。人性之无分于善不善，犹水之无分于东西也。”

【相关链接】

孟母三迁

孟子是战国时期的大思想家。孟子名轲，从小丧父，全靠母亲倪氏一人日夜纺纱织布，挑起生活重担。倪氏是个勤劳而有见识的女子，她希望自己的儿子读书上进，早日成才。但小时候的孟轲天性顽皮好动，不想刻苦学习。他整天跟着左邻右舍的孩子爬树捉鸟，下河摸鱼，田里偷瓜。孟母开始又骂又打，什么办法都用尽了，还是不见效果。她后来一想：儿子不好好读书，与附近的环境不好有关，于是，就找了一处邻居家没有贪玩小孩的房子，第一次搬了家。

但搬家以后，孟轲还是坐不住。一天，孟母到河边洗衣服，回来一看，孟轲又脚底板揩了油。孟母心想，这周围又没有小孩，他又会到哪里去呢？找到邻居院子里，见那儿支着个大炉子，几个满身油污

的铁匠师傅在“叮叮当当”地打铁。孟轲呢，正在院子的角落里，用砖块做铁砧，用木棍做铁锤，模仿着铁匠师傅的动作，玩得正起劲呢！孟母一想，这里环境还是不好，于是又搬了家。

这次她把家搬到了荒郊野外，周围没有邻居，门外是一片坟地。孟母想，这里再也没有什么东西吸引儿子了，他总会用心念书了吧！但转眼间，清明节来了，坟地里热闹起来，孟轲又溜了出去。他看到一溜穿着孝服的送葬队伍，哭哭啼啼地抬着棺材来到坟地，几个精壮小伙子用锄头挖出墓穴，把棺材埋了。他觉得挺好玩，就模仿着他们的动作，也用树枝挖开地面，认认真真地把一根小树枝当作死人埋了下去。直到孟母找来，才把他拉回了家。

孟母第三次搬家了。这次的家隔壁是一所学堂，有个胡子花白的老师教着一群大大小小的学生。老师每天摇头晃脑地领着学生念书，那拖腔拖调的声气就像唱歌，调皮的孟轲也跟着摇头晃脑地念了起来。孟母以为儿子喜欢念书了，高兴得很，干脆拿了两条干肉做学费，把孟轲送去上学。

【原文】

子曰：“道听而途说，德之弃也。”

【译文】

孔子说：“在路上听到传言就到处去传播，这是有道德的人应该抛弃的作风。”

【评解】

道听途说是一种背离道德准则的行为，而这种行为自古以来就存在。在现实生活中，有些人不仅是道听途说，而且四处打听别人的隐私，然后到处传说，以此作为生活的乐趣，实乃卑鄙小人。

【国学小百科】

三人成虎

战国时代，互相攻伐，为了使大家真正能遵守信约，国与国之间通常都将太子交给对方作为人质。

《战国策·魏策》有这样一段记载：魏国大臣庞葱，将要陪魏太子到赵国去做人质，临行前对魏王说：“现在有一个人来说街市上出现了老虎，大王可相信吗？”

魏王道：“我不相信。”庞葱说：“如果有第二个人说街市上出现了老虎，大王可相信吗？”

魏王道：“我有些将信将疑了。”

庞葱又说：“如果有第三个人说街市上出现了老虎，大王相信吗？”

魏王道：“我当然会相信。”

庞葱就说：“街市上不会有老虎，这是很明显的事，可是经过三个人一说，好像真的有老虎了。现在赵国国都邯郸离魏国国都大梁，比这里的街市远了许多，议论我的人又不止三个。希望大王明察才好。”

魏王道：“一切我自己知道。”

这便是成语“三人成虎”的由来，比喻有时谣言可以掩盖真相。

【相关链接】

道听途说

战国时期，齐国有一人名曰艾子，有一次，他遇到了一个爱说空话的人。

这个爱说空话的人向艾子说：“有一户人家的一只鸭一次下了100个蛋。”

“这不可能！”艾子说。

爱说空话的人说：“是两只鸭子一次下了100个蛋。”

艾子说：“这也不可能。”

爱说空话的人又说：“大概是3只鸭子吧。”

艾子还是不信。

爱说空话的人便一次又一次地增加鸭子的数目，一直加到10只。

艾子便说：“你把鸭蛋的数目减少一些不行吗？”

爱说空话的人说：“那不行！宁增不减。”

这个爱说空话的人又向艾子说：“上个月，天上掉下一块肉，有10丈宽，10丈长。”

艾子听了说：“哪有这事，不可能的。”

爱说空话的人又说：“那大概有20丈长吧。”

艾子忍不住问道：“世上哪有10丈长、10丈宽的肉呢？还是从天上掉下来的。掉到什么地方？你见过吗？你说的鸭子又是哪一家的？”

这个爱说空话的人说：“我是从街上听来的。”

孔子评价说：“道听而途说，德之弃也。”意思是：从道途中听了没有根据的话而乱传，是很不道德的。

众口铄金，积毁销骨

古语“众口铄金，积毁销骨”，是说众人的话语可以熔化金属，众人的坏话可以消融一个人的一切。

大文豪苏东坡也曾因受小人恶语陷害而身陷囹圄。

在当时的文化界，有那么一股邪恶势力怀着忌妒心理恶毒地排拒他、践踏他、毁坏他。舒亶、何正臣、李定、王圭、李宜之、沈括（宋代科学家）等“文化群小”，说苏东坡在许多诗中流露对皇帝的不满和不敬，连苏东坡早年贫寒出身、崇高的文明也成罪过，说苏东坡“奇遇草野垢贱之徒”，“初无学术，懒得使名”，“所谓文辞，虽不中理，已足以鼓动流俗”。

苏东坡诗中有“道旁若李”被说成是发牢骚不被朝廷重用；诗中有“小人”字样，说是讥讽当朝大人；苏东坡看钱塘潮写的咏潮诗中有“吴儿生长狎涛渊”，那些人就对皇帝说这是苏东坡把您说成是“吴儿”，说您兴修水利是玩水。那还了得！皇帝怎能不生气？公元1079年7月正任职湖州太守的苏东坡被逮捕了，押到京城，被严刑拷打。

此时，苏东坡一心想着死，在写给弟弟苏辙的诗中写道："是处青山可埋骨，他时夜雨独伤神。与君事事为兄弟，又结来生未了因。"后来，社会的文化良知慢慢苏醒，下至狱卒，上至太皇太后，都替苏轼求情。

太皇太后有病，神宗皇帝要大赦天下为她求寿，她说："用不着去放天下的囚犯，只放苏东坡一个人就够了。"这样，苏东坡才被释放。

由此可见，流言蜚语、诬陷之词的力量是多么大。

微子篇第十八

【原文】

楚狂接舆[①]歌而过孔子曰："凤兮凤兮！何德之衰[②]？往者不可谏，来者犹可追[③]。已而已而！今之从政者殆而！"

孔子下，欲与之言。趋而辟[④]之，不得与之言。

【译文】

楚国的狂人接舆唱着歌从孔子的车旁经过，他唱道："凤凰啊，凤凰啊，为什么你的德行竟如此衰败？已往的事情不可挽回，未来的却还来得及。算了吧，算了吧，今天的执政者危乎其危！"

孔子下车，想和他谈谈，他却赶快避开，使孔于没能和他交谈。

【注释】

①楚狂接舆：楚国叫接舆的狂人，实际上是假装疯狂的隐士。

②凤兮，凤兮，何德之衰：古代人认为，天下有道时凤凰才出现，天下无道时就隐去。接舆以凤凰喻孔子，讽刺他在天下无道时却不隐去，是一种德行衰败的表现。

③犹可追：赶得上，来得及。

④辟：同"避"。

【评解】

“往者不可谏，来者犹可追”成为后世名言。过去的就让它过去吧，关键是要抓住未来。

在接舆看来，如果你要抓住未来去从政，那还是不可取的，还是糊涂。因为“今之从政者殆而!”现在从政的人都非常危险了，你又还“累累如丧家之犬”一样地汲汲于奔走各国干什么呢?

【国学小百科】

中国古代的隐士

“隐士”就是隐居不仕之士，是指脱出了当时社会一般的仕进系统，置身于现实功名追求以外的士人。所谓“士”，即知识分子，否则就无所谓隐居。不仕，不出名，终身在乡村为农民，或遁迹江湖经商，或居于岩穴砍柴。

历代都有无数隐居的人，皆不可称为隐士，而且一般的“士”隐居也不足称为“隐士”，须是有名的“士”，即“贤者”。有才能、有学问、能够做官而不去做官也不作此努力的人，才叫“隐士”。古时又称高士、处士、逸民、山林隐逸、避世之士，名目甚多。

中国古代隐士可以分为身心俱隐和身隐心不隐两大类型。

身心俱隐包括两种：

1. 完全归隐：归于此类的隐士是真正意义上的归隐，他们与为仕而隐完全没有干系，即使有时机有环境有条件，甚至朝廷派人来多次延请，他们也拒不出仕，如晋宋间的宗炳、元代的吴镇等。

2. 仕而后隐：这种类型的隐士在中国古代很多，当过官，因为对官场不满而解冠归去。这其中名气最大的是陶渊明，其隐逸的名气甚至超过诗名。但陈传席认为在陶渊明归隐之后就变成“真隐”了。

身隐心不隐包括以下八种：

1. 忽仕忽隐：如元明之交的王蒙、明末董其昌，均是先做官，然后又隐居，待朝廷征召或形势有利，又复出仕，之后再归去。陈传席先生评价这种人不果断，拖泥带水，并说王蒙创造了拖泥带水皴，董其昌的画用笔含糊不清，太暗而不明，就和他们的性格有关。

2. 半仕半隐：此类人先是做官，但后来不愿做了，但辞官又无保于生计，于是虽做官，却不问政事，过着实际的隐居生活，虽然不具有隐士的名分，但却有隐逸思想，如唐之王维。

3. 隐于庙堂：这类隐士，虽然做官，但不执着于政事，陈传席评价之为随波逐流，明哲保身，对国家危害最大。

4. 名隐实官：如南朝齐梁时陶弘景，人称陶隐士，虽然隐居山中，朝中大事还向他请教，被称为“山中宰相”。这种隐士实际上不具隐士思想，他不做官只是为了更自由而已。

5. 真隐而仕：此类隐士在隐居时基本上都是真隐，但当时机来临时就出山，没有时机就隐下去。如殷商时伊尹、元末的刘基，名气最大的是诸葛亮。

6. 以隐求仕：通过隐逸来博得名声引起朝廷的关注，然后出仕，如唐代的卢藏用在考中进士后，先去长安南的终南山隐居，等待朝廷征召，后来果然以高士被聘，授官左拾遗。

7. 无奈而隐：此类人实际上最热心于时局，如明末清初的顾炎武、黄宗羲等人，他们“隐居”只是为了表示不与清王朝合作，实际上从事最激烈的反清斗争。这一批人也非是真正意义上的隐士。

8. 似隐实假：如明代隐士陈继儒，虽不做官，但好和官家打交道。

从以上的分类我们可以看出，在古代，能够真正成功归隐的人并不是很多，多数人还是有目的或不得志而归隐，真正心隐身退的屈指可数。

【相关链接】

范蠡三迁

范蠡字少伯，生于楚平王十二年（公元前 517 年），春秋战国末期，楚国宛人，是历史上著名的政治家、军事家和经济学家。

他虽出身贫寒，但聪敏睿智，胸藏韬略，年轻时，就学富五车，上晓天文，下识地理，满腹经纶，文韬武略，无所不精。然纵有圣人之资，在当时贵胄专权、政治紊乱的楚国，范蠡却不为世人所识。

公元前 496 年，吴国和越国发生了槜李之战，吴王阖闾阵亡，因此两国结怨，连年战乱不休。阖闾之子夫差为报父仇与越国在夫椒决战，越王勾践大败，仅剩 5000 兵卒逃入会稽山。范蠡遂于勾践穷途末路之际投奔越国，他陪同勾践夫妇在吴国为奴三年。

三年后归国，他与文种拟定兴越灭吴九术，是越国“十年生聚，十年教训”的策划者和组织者。为了实施灭吴战略，也就是九术之一的“美人计”，范蠡亲自跋山涉水，终于在苎萝山浣纱溪边访到德才貌兼备的巾帼奇女——西施，在历史上谱写了西施深明大义献身吴王，里应外合兴越灭吴的传奇篇章。

范蠡

范蠡追随越王勾践二十余年，苦身戮力，卒于灭吴，成就越王霸业，被尊为上将军。在举国欢庆之时，范蠡急流勇退，与西施隐姓埋名，泛舟五湖。

后来，他辗转来到齐国，变姓名为鸱夷子皮，带领儿子和门徒在海边结庐而居。戮力垦荒耕作，兼营副业并经商，没有几年，就积累了数千万家产。他仗义疏财，施善乡梓。

范蠡的贤明能干被齐人赏识，齐王把他请进国都临淄，拜为主持政务的相国。他喟然感叹：“居官致于卿相，治家能致千金；对于一个白手起家的布衣来讲，已经到了极点。久受尊名，恐怕不是吉祥的征兆。”于是，三年后，他再次急流勇退，向齐王归还了相印，散尽家财给知交和老乡。

一身布衣，范蠡第三次迁徙至陶（今山东定陶西北），在这个居于“天下之中”的最佳经商之地，操计然之术以治产，没过几年，经商积资又成巨富，遂自号陶朱公，当地民众皆尊陶朱公为财神，乃我国儒商之鼻祖。

子张篇第十九

【原文】

子夏曰："仕而优[①]则学，学而优则仕。"

【译文】

子夏说："做官还有余力的人，就可以去学习；学习有余力的人，就可以去做官。"

【注释】

①优：有余力。

【评解】

"仕而优则学，学而优则仕"贯串着"学以致用"、"活到老，学到老"的思想。做官之余，还有精力和时间，那他就可以去学习，以增长理论修养，提高文化知识水平；读书人学有所成，就应该通过做官以实现自己的政治抱负和社会理想。这是儒家提倡的人生之路，它所体现的是积极入世的人生态度。

【国学小百科】

古代的科举制

科举是中国古代读书人所参加的人才选拔考试。隋统一全国后，为了加强中央集权，隋文帝开皇七年（587年）废九品中正制，设秀才科。隋炀帝时又建进士科，以"试第"取士，并创立了以公开考试，择优选才为特征的科举制度。

科举制创于隋代，形成于唐代，发展完备于宋代，强化于明代，衰落于清代，是中国封建社会中后期官吏铨选的主要制度。科举制实行之前，权贵子弟无论优劣，都可以做官。许多出身低微但有真才实学的人，却不能到中央和地方担任高官，科举制具有进步意义。

科举制的主要特点是：

1. 公开考试，一定程度上的平等竞争。除工商隶皂倡优等人士外，不论门第等级和贫富，只要具有一定文化知识，均可怀牒于州县公开报考。它冲破了魏晋以来的门阀统治，为中小地主阶级的士人入仕开辟了途径。

2. 考试制度日趋完备。科举即分科举士，按科目性质又可分文举、武举。文举又有制科和常科之分。制科是皇帝临时设置考取名士的科目，常科是定期分科取士的制度。常科科目繁多，有秀才、明经、进士、明法、明算、童子等科。各科考试方法和内容各异。考生来源也趋正规，属京师或州县学馆的士子叫“生徒”；经地方考试及格的称“乡贡”。考试程序，唐代有州试和省试，宋代增加殿试，明代以后又有院试、乡试、会试和殿试。殿试三年一考，由皇帝亲自裁定名次，定一甲一、二、三名，称状元、榜眼、探花。

3. 以文化知识为主要录取标准。科举考试科目不同，内容各异，但考诗赋、经义、策问、算学、法律等，都以文化知识为主。

科举制从隋朝大业元年（605 年）开始实行，到清朝光绪三十一年（1905 年）举行最后一科进士考试为止，经历了 1300 多年。

【相关链接】

宰相夜读

赵普，字则平，与赵匡胤是小时候的同学兼朋友，他出身比较贫苦，少年时期没有好好读过书，跟随赵匡胤打天下。宋朝开国后，赵普历任宋太祖赵匡胤和宋太宗赵匡义两朝宰相。

赵普晚年读书勤奋，每次退朝后回到自己的住宅，关上门打开书箱拿出书，就开始读，甚至通宵达旦。据说每当遇到重大问题，赵普总是说：“明天再做决策。”晚上回家以后，他从箱子里面拿出一本书仔细地读，第二天准能够提出一个很高明的见解。

时间久了大家都很奇怪，觉得赵普家里一定藏有什么秘籍宝典。

有一天晚上，宋太祖赵匡胤前去看他，一进门，见赵普正在挑灯夜读，赵匡胤见他读的是《论语》，十分奇怪，就问他：“《论语》是儿童们读的书，你怎么还在读?”赵普说：“齐家、治国、平天下的道理全在这本书中。我只用半部《论语》为你打天下，现在，还要用半部《论语》为你治天下，就能使天下太平。”

后来，赵普死后，家人便用一部《论语》为他陪葬。赵普读《论语》读了一辈子，可以说他对《论语》进行了专门的研究和实践，并成为他治国、平天下的资本。

附《论语》全文

学而第一

子曰：“学而时习之，不亦悦乎？有朋自远方来，不亦乐乎？人不知而不愠，不亦君子乎？”

有子曰：“其为人也孝悌而好犯上者，鲜矣。不好犯上而好作乱者，未之有也。君子务本，本立而道生。孝悌也者，其为仁之本与？”

子曰：“巧言令色，鲜矣仁。”

曾子曰：“吾日三省乎吾身。为人谋而不忠乎？与朋友交而不信乎？传不习乎？”

子曰：“道千乘之国，敬事而信，节用而爱人，使民以时。”

子曰：“弟子入则孝，出则悌，谨而信，泛爱众而亲仁，行有余力，则以学文。”

子夏曰：“贤贤易色，事父母，能竭其力。事君，能致其身。与朋友交，言而有信。虽曰未学，吾必谓之学矣。”

子曰：“君子不重则不威，学则不固。主忠信，无友不如己者，过则勿惮改。”

曾子曰：“慎终追远，民德归厚矣。”

子禽问于子贡曰：“夫子至于是邦也，必闻其政。求之与？抑与之与？”子贡曰：“夫子温良恭俭让以得之。夫子求之也，其诸异乎人之求之与？”

子曰：“父在，观其志。父没，观其行。三年无改于父之道，可谓孝矣。”

有子曰：“礼之用，和为贵。先王之道斯为美。小大由之，有所不行。知和而和，不以礼节之，亦不可行也。”

有子曰：“信近于义，言可复也。恭近于礼，远耻辱也。因不失其亲，亦可宗也。”

子曰：“君子食无求饱，居无求安。敏于事而慎于言，就有道而正焉。可谓好学也已。”

子贡曰：“贫而无谄，富而无骄。何如？”子曰：“可也。未若贫而乐，富而好礼者也。”子贡曰：“诗云：如切如磋，如琢如磨。其斯之谓与？”子曰：“赐也，始可与言诗已矣。告诸往而知来者。”

子曰：“不患人之不己知，患不知人也。”

为政第二

子曰：“为政以德，譬如北辰，居其所，而众星共之。”

子曰：“诗三百篇，一言以蔽之，曰：‘思无邪’。”

子曰：“导之以政，齐之以德，民免而无耻。导之以德，齐之以礼，有耻且格。”

子曰：“吾十有五而志于学，三十而立，四十而不惑，五十而知天命，六十而耳顺，七十而从心所欲不逾矩。”

孟懿子问孝。子曰：“无违。”樊迟御，子告之曰：“孟孙问孝于我，我对曰无违。”樊迟曰：“何谓也？”子曰：“生，事之以礼，死，葬之以礼，祭之以礼。”

孟武伯问孝。子曰：“父母，唯其疾之忧。”

子游问孝。子曰：“今之孝者，是谓能养，至于犬马，皆能有养，不敬，何以别乎？”

子夏问孝。子曰：“色难。有事，弟子服其劳，有酒食，先生馔，曾是以为孝乎？”

子曰：“吾与回言终日，不违如愚，退而省其私，亦足以发。回也不愚。”

子曰：“视其所以，观其所由，察其所安，人焉瘦哉！人焉瘦哉！”

子曰：“温故而知新，可以为师矣。”

子曰：“君子不器。”

子贡问君子。子曰：“先行其言而后从之。”

子曰：“君子周而不比，小人比而不周。”

子曰：“学而不思则罔，思而不学则殆。”

子曰：“攻乎异端，斯害也已。”

子曰：“由，诲汝知之乎！知之为知之，不知为不知，是知也。”

子张学干禄。子曰：“多闻阙疑，慎言其余，则寡尤。多见阙殆，慎行其余，则寡悔。言寡尤，行寡悔，禄在其中矣。”

哀公问曰：“何为则民服？”孔子对曰：“举直错诸枉，则民服；举枉错诸直，则民不服。”

季康子问：“使民敬忠以劝，如之何？”子曰：“临之以庄则敬，孝慈则忠，举善而教不能则劝。”

或谓孔子曰：“子奚不为政?”子曰：‘书云：孝乎！惟孝友于兄弟，施于有政。’是亦为政。奚其为为政!”

子曰：“人而无信，不知其可也。大车无輗，小车无軏，其何以行之哉!”

子张问：“十世可知也?”子曰：“殷因与夏礼，所损益，可知也。周因于殷礼，所损益，可知也。其或继周者，虽百世，可知也。”

子曰：“非其鬼而祭之，谄也。见义不为，无勇也。”

八佾第三

孔子谓季氏：“八佾舞于庭，是可忍也，孰不可忍也!”

三家者以雍彻。子曰：“‘相维辟公，天子穆穆。’奚取于三家之堂!”

子曰：“人而不仁，如礼何！人而不仁，如乐何!”

林放问礼之本。子曰：“大哉问！礼，与其奢也，宁俭，与其易也，宁戚。”

子曰：“夷狄之有君，不如诸夏之无也。”

季氏旅于泰山。子谓冉有曰：“汝弗能救与?”对曰：“不能。”子曰：“呜呼！曾谓泰山，不若林放乎!”

子曰：“君子无所争。必也射乎！揖让而升，下而饮，其争也君子。”

子夏问曰：“‘巧笑倩兮，美目盼兮。’何谓也?”子曰：“绘事后素。”曰：“礼后乎?”子曰：“起予者商也，始可以言诗已矣。”

子曰：“夏礼吾能言之，杞不足征也。殷礼吾能言之，宋不足征也。文献不足故也。足，则吾能征之矣。”

子曰：“禘，自既灌而往者，吾不欲观之矣。”

或问禘之说。子曰：“不知也。知其说者之于天下也，其如示诸斯乎?”指其掌。

祭如在，祭神如神在。子曰：“吾不与祭，如不祭。”

王孙贾问曰：“与其媚于奥，宁媚于灶也。何谓也?”子曰：“不然。获罪于天，无所祷也。”

子曰：“周监于二代。郁郁乎文哉，吾从周。”

子入太庙，每事问。或曰：“孰谓邹人之子知礼乎？入太庙，每事问。”子闻之曰：“是礼也。”

子曰：“射不主皮，为力不同科，古之道也。”

子贡欲去告朔之饩羊。子曰：“赐也，尔爱其羊，我爱其礼。”

子曰：“事君尽礼，人以为谄也。”

定公问："君使臣，臣事君，如之何？"孔子对曰："君使臣以礼，臣事君以忠。"

子曰："关雎，乐而不淫，哀而不伤。"

哀公问社于宰我。宰我对曰："夏后氏以松，殷人以柏，周人以栗。曰：使民战栗。"子闻之曰："成事不说，遂事不谏，既往不咎。"

子曰："管仲之器小哉！"或曰："管仲俭乎？"曰："管氏有三归，官事不摄。焉得俭？""然则管仲知礼乎？"曰："邦君树塞门，管氏亦树塞门。邦君为两君之好，有反坫，管氏亦有反坫。管氏而知礼，孰不知礼？"

子语鲁太师乐，曰："乐其可知也。始作，翕如也。从之，纯如也，徼如也，绎如也。以成。"

仪封人请见，曰："君子之至于斯也，吾未尝不得见也。"从者见之。出曰："二三子，何患于丧乎？天下无道也久矣，天将以夫子为木铎。"

子谓韶："尽美矣，又尽善也。"谓武："尽美矣，未尽善也。"

子曰："居上不宽，为礼不敬，临丧不哀。吾何以观之哉！"

里仁第四

子曰："里仁为美。择不处仁，焉得知！"

子曰："不仁者，不可以久处约，不可以长处乐。仁者安仁，知者利仁。"

子曰："唯仁者能好人，能恶人。"

子曰："苟志于仁矣，无恶也。"

子曰："富与贵，是人之所欲也，不以其道得之，不处也。贫与贱，是人这所恶也，不以其道得之，不去也。君子去仁，恶乎成名？君子无终食之间违仁，造次必于是，颠沛必于是。"

子曰："我未见好仁者，恶不仁者。好仁者无以尚之，恶不仁者其为仁矣，不使不仁者加乎其身。有能一日用力于仁矣乎，我未见力不足者。盖有之矣，我未之见也。"

子曰："人之过也，各于其党。观过，斯知仁矣！"

子曰："朝闻道，夕死可矣。"

子曰："士志于道，而耻恶衣恶食者，未足与议也。"

子曰："君子之于天下也，无适也，无莫也，义之与比。"

子曰："君子怀德，小人怀土。君子怀刑，小人怀惠。"

子曰："放于利而行，多怨。"

子曰："能以礼让为国乎，何有。不能以礼让为国，如礼何？"

子曰："不患无位，患所以立。不患莫己知，求为可知也。"

子曰："参乎，吾道一以贯之。"曾子曰："唯。"子出，门人问曰："何谓也？"曾子曰："夫子之道，忠恕而已矣。"

子曰："君子喻于义，小人喻于利。"

子曰："见贤思齐焉，见不贤而内自省也。"

子曰："事父母几谏，见志不从，又敬不违，劳而不怨。"

子曰："父母在，不远游，游必有方。"

子曰："三年无改于父之道，可谓孝矣。"

子曰："父母之年，不可不知也。一则以喜，一则以惧。"

子曰："古者言之不出，耻恭之不逮也。"

子曰："以约失之者鲜矣。"

子曰："君子欲讷于言而敏于行。"

子曰："德不孤，必有邻。"

子游曰："事君数，斯辱矣。朋友数，斯疏矣。"

公冶长第五

子谓公冶长："可妻也。虽在缧绁之中，非其罪也。"以其子妻之。子谓南容："邦有道，不废，邦无道，免于刑戮。"以其兄之子妻之。

子谓子贱："君子哉若人。鲁无君子者，斯焉取斯。"

子贡问曰："赐也何如？"子曰："汝器也。"曰："何器也？"曰："瑚琏也。"

或曰："雍也仁而不佞。"子曰："焉用佞。御人以口给，屡憎于人，不知其仁。焉用佞？"

子使漆雕开仕。对曰："吾斯之未能信。"子说。

子曰："道不行，乘桴浮于海，从我者其由与！"子路闻之喜。子曰："由也好勇过我，无所取材。"

孟武伯问："子路仁乎？"子曰："不知也。"又问。子曰："由也，千乘之国，可使治其赋也。不知其仁也。""求也何如？"子曰："求也，千室之邑，百乘之家，可使为之宰也。不知其仁也。""赤也何如？"子曰："赤也，束带立于朝，可使与宾客言也。不知其仁也。"

子谓子贡曰："汝与回也孰愈？"对曰："赐也何敢望回。回也闻一以知十，赐也闻一以知二。"子曰："弗如也。吾与汝弗如也。"

宰予旦寝，子曰："朽木，不可雕也，粪土之墙，不可圬也。于予与何诛？"

子曰："始吾于人也，听其言而信其行，今吾于人也，听其言而观其行。于予与改是。”

子曰：“吾未见刚者。”或对曰：“申枨。”子曰：“枨也欲。焉得刚！”

子贡曰：“我不欲人之加诸我也，吾亦欲无加诸人。”子曰：“赐也，非尔所及也。”

子贡曰：“夫子之文章，可得而闻也，夫子之言性与天道，不可得而闻也。”

子路有闻，未之能行，唯恐有闻。

子贡问曰：“孔文子何以谓之文也？”子曰：“敏而好学，不耻下问，是以谓之文也。”

子谓子产：“有君子之道四焉。其行己也恭，其事上也敬，其养民也惠，其使民也义。”

子曰：“晏平仲善与人交，久而敬之。”

子曰：“臧文仲居蔡，山节藻棁，何如其知也。”

子张问曰：“令尹子文三仕为令尹，无喜色。三已之，无愠色。旧令尹之政，必以告新令尹。何如？”子曰：“忠矣！”曰：“仁矣乎？”子曰：“未知。焉得仁？”“崔子弑齐君，陈文子有马十乘，弃而违之。至于他邦，则曰：‘犹吾大夫崔子也。’违之，至一邦，则又曰：‘犹吾大夫崔子也。’违之。何如？”子曰：“清矣。”曰：“仁矣乎？”曰：“未知。焉得仁？”

季文子三思而后行。子闻之，曰：“再，斯可矣！”

子曰：“宁武子，邦有道，则知，邦无道，则愚。其知可及也，其愚不可及也。”

子在陈曰：“归与，归与！吾党之小子狂简，斐然成章，不知所以裁之。”

子曰：“伯夷叔齐，不念旧恶，怨是用希。”

子曰：“孰谓微生高直？或乞醯焉，乞诸其邻而与之。”

子曰：“巧言令色，足恭，左丘明耻之，丘亦耻之。匿怨而友其人，左丘明耻之，丘亦耻之。”

颜渊季路侍，子曰：“盍各言尔志？”子路曰：“愿车马，衣轻裘，与朋友共，蔽之而无憾。”颜渊曰：“愿无伐善，无施劳。”子路曰：“愿闻子之志。”子曰：“老者安之，朋友信之，少者怀之。”

子曰：“已矣乎！吾未见能见其过而内自讼者也。”

子曰：“十室之邑，必有忠信如丘者焉，不如丘之好学也。”

雍也第六

子曰：“雍也可使南面。”

仲弓问子桑伯子。子曰："可也简。"仲弓曰："居敬而行简，以临其民，不亦可乎？居简而行简，无乃太简乎？"子曰："雍之言然。"

哀公问："弟子孰为好学？"孔子对曰："有颜回者好学，不迁怒，不贰过，不幸短命死矣！今也则亡，未闻好学者也。"

子华使于齐，冉子为其母请粟。子曰："与之釜。"请益。曰："与之庾。"冉子与其粟五秉，子曰："赤之适齐也，乘肥马，衣轻裘。吾闻之也，君子周急不继富。"

原思为之宰，与之粟九百，辞。子曰："毋以与尔邻里乡党乎？"

子谓仲弓曰："犁牛之子骍且角，虽欲勿用，山川其舍诸？"

子曰："回也其心三月不违仁，其余则日月至焉而已矣。"

季康子问："仲由可使从政也与？"子曰："由也果，于从政乎何有！"曰："赐也可使从政也与？"曰："赐也达，于从政乎何有！"曰："求也可使从政也与？"曰："求也艺，于从政乎何有！"

季氏使闵子骞为费宰。闵子骞曰："善为我辞焉。如有复我者，则吾必在汶上矣。"

伯牛有疾，子问之，至牖执其手，曰："亡之，命矣夫！斯人也，而有斯疾也！斯人也，而有斯疾也！"

子曰："贤哉回也！一箪食，一瓢饮，在陋巷，人不堪其忧，回也不改其乐。贤哉回也！"

冉求曰："非不说子之道，力不足也。"子曰："力不足者，中道而废。今汝画。"

子谓子夏曰："汝为君子儒，无为小人儒。"

子游为武城宰。子曰："汝得人焉尔乎？"曰："有澹台明灭者，行不由径，非公事，未尝至于偃之室也。"

子曰："孟之反不伐。奔而殿，将入门，策其马，曰：'非敢后也，马不进也。'"

子曰："不有祝鮀之佞，而有宋朝之美，难乎免于今之世矣。"

子曰："谁能出不由户，何莫由斯道也！"

子曰："质胜文则野，文胜质则史，文质彬彬，然后君子。"

子曰："人之生也直，罔之生也，幸而免。"

子曰："知之者不如好之者，好之者不如乐之者。"

子曰："中人以上，可以语上也，中人以下，不可以语上也。"

樊迟问知。子曰："务民之义，敬鬼神而远之，可谓知矣。"问仁。子曰："先难而后获，可谓仁矣。"

子曰："知者乐水，仁者乐山；知者动，仁者静；知者乐，仁者寿。"

子曰："齐一变，至于鲁，鲁一变，至于道。"

子曰："觚不觚，觚哉觚哉！"

宰我问曰："仁者虽告之曰，井有仁焉，其从之也。"子曰："何为其然也。君子可逝也，不可陷也，可欺也，不可罔也。"

子曰："君子博学与于文，约之以礼，亦可以弗畔矣夫。"

子见南子，子路不说。夫子矢之曰："予所否者，天厌之，天厌之！"

子曰："中庸之为德也，其至矣乎！民鲜久矣。"

子贡曰："如有博施于民，而能济众，何如？可谓仁乎？"子曰："何事于仁，必也圣乎！尧舜其犹病诸！夫仁者己欲立而立人，己欲达而达人。能近取譬，可谓仁之方也已。"

述而第七

子曰："述而不作，信而好古，窃比我于老彭。"

子曰："默而识之，学而不厌，诲人不倦，何有于我哉！"

子曰："德之不修，学之不讲，闻义不能徙，不善不能改，是吾忧也。"

子之燕居，申申如也，夭夭如也。

子曰："甚矣，吾衰也久矣！吾不复梦见周公。"

子曰："志于道，据于德，依于仁，游于艺。"

子曰："自行束脩以上，吾未尝无诲焉。"

子曰："不愤不启，不悱不发，举一隅，不以三隅反，则不复也。"

子食于有丧者之侧，未尝饱也。子于是日哭，则不歌。

子谓颜渊曰："用之则行，舍之则藏，唯我与尔有是夫。"子路曰："子行三军，则谁与？"子曰："暴虎冯河，死而无悔者，吾不与也。必也临事而惧，好谋而成者也。"

子曰："富而可求也，虽执鞭之士，吾亦为之，如不可求，从吾所好。"

子之所慎：齐、战、疾。

子在齐闻韶，三月不知肉味。曰："不图为乐之至于斯也。"

冉有曰："夫子为卫君乎？"子贡曰："诺，吾将问之。"入曰："伯夷叔齐，何人也？"曰："古之贤人也。"曰："怨乎？"曰："求仁而得仁，又何怨？"出曰："夫子不为也。"

子曰："饭疏食，饮水，曲肱而枕之，乐亦在其中矣。不义而富且贵，于我如浮云。"

子曰："加我数年，五十以学易，可以无大过矣。"

子所雅言：诗、书、执礼，皆雅言也。

叶公问孔子于子路，子路不对。子曰："汝奚不曰：其为人也，发愤忘食，乐以忘忧，不知老之将至云尔。"

子曰："我非生而知之者，好古，敏以求之者也。"

子不语：怪、力、乱、神。

子曰："三人行，必有我师焉，择其善者而从之，其不善者而改之。"

子曰："天生德于予，桓魋其如予何？"

子曰："二三子，以我为隐乎？吾无隐乎尔，吾无行而不与二三子者，是丘也。"

子以四教：文、行、忠、信。

子曰："圣人，吾不得而见之矣，得见君子者斯可矣。"子曰："善人，吾不得而见之矣，得见有恒者，斯可矣。亡而为有，虚而为盈，约而为泰，难乎有恒矣。"

子钓而不纲，戈不射宿。

子曰："盖有不知而作之者，我无是也。多闻则其善者而从之，多见而识之，知之次也。"

互乡难与言，童子见，门人惑。子曰："与其进也，不与其退也。唯何甚。人洁己以进，与其洁也，不保其往也。"

子曰："仁远乎哉？我欲仁，斯仁至矣。"

陈司败问："昭公知礼乎？"孔子曰："知礼。"孔子退，揖巫马期而进之，曰："吾闻君子不党，君子亦党乎？君取于吴为同姓，谓之吴孟子。君而知礼，孰不知礼？"巫马期以告。子曰："丘也幸。苟有过，人必知之。"

子与人歌而善，必使反之，而后和之。

子曰："文，莫吾犹人也？躬行君子，则吾未之有得。"

子曰："若圣与仁，则吾岂敢。抑为之不厌，诲人不倦，则可谓云尔已矣。"公西华曰："正唯弟子不能学也。"

子疾病，子路请祷。子曰："有诸？"子路对曰："有之。诔曰：祷尔于上下神祇。"子曰："丘之祷久矣。"

子曰："奢则不孙，俭则固。与其不孙也，宁固。"

子曰："君子坦荡荡，小人长戚戚。"

子温而厉，威而不猛，恭而安。

泰伯第八

子曰："泰伯，其可谓至德也已矣。三以天下让，民无得而称焉。"

子曰：“恭而无礼则劳，慎而无礼则思，勇而无礼则乱，直而无礼则绞。君子笃于亲，则民兴于仁，故旧不遗，则民不偷。”

曾子有疾，召门弟子曰：“启予足，启予手。诗云：‘战战兢兢，如临深渊，如履薄冰。’而今而后，吾知免夫小子。”

曾子有疾，孟敬子问之，曾子言曰：“鸟之将死，其鸣也哀，人之将死，其言也善。君子所贵乎道者三：动容貌，斯远暴慢矣；正颜色，斯近信矣；出辞气，斯远鄙悖矣。笾豆之事，则有司存。”

曾子曰：“以能问于不能，以多问于寡，有若无，实若虚，犯而不校，昔者吾友，尝从事于斯矣！”

曾子曰：“可以托六尺之孤，可以寄百里之命，临大节而不可夺也，君子人与？君子人也。”

曾子曰：“士不可以不弘毅，任重而道远。仁以为己任，不亦重乎？死而后已，不亦远乎？”

子曰：“兴于诗，立于礼，成于乐。”

子曰：“民可使由之，不可使知之。”

子曰：“好勇疾贫，乱也。人而不仁，疾之已甚，乱也。”

子曰：“如有周公之才之美，使骄且吝，其余不足观也已。”

子曰：“三年学，不至于谷，不易得也。”

子曰：“笃信好学，守死善道。危邦不入，乱邦不居，天下有道则见，无道则隐。邦有道，贫且贱焉，耻也。邦无道，富且贵焉，耻也。”

子曰：“不在其位，不谋其政。”

子曰：“师挚之始，关雎之乱，洋洋乎盈耳哉！”

子曰：“狂而不直，侗而不愿，倥倥而不信，吾不知之矣。”

子曰：“学如不及，犹恐失之。”

子曰：“巍巍乎，舜禹之有天下也，而不与焉。”

子曰：“大哉，尧之为君也。巍巍乎，唯天为大，唯尧则之。荡荡乎，民无能名焉。巍巍乎，其有成功也。焕乎，其有文章。”

舜有臣五人而天下治。武王曰：“予有乱臣十人。”孔子曰：“才难，不其然乎？唐虞之际，于斯为盛，有妇人焉，九人而已。三分天下有其二，以服事殷，周之德，其可谓至德也已夫！”

子曰：“禹，吾无间然矣。菲饮食而致孝乎鬼神，恶衣服而致美乎黻冕，卑宫室而尽力乎沟洫。禹，吾无间然矣！”

子罕第九

子罕言利，与命与仁。

达巷党人曰："大哉孔子，博学而无所成名。"子闻之，谓门弟子曰："吾何执，执御乎，执射乎？吾执御矣。"

子曰："麻冕，礼也。今也纯，俭，吾从众。拜下，礼也。今拜乎上，泰也。虽违众，吾从下。"

子绝四：毋意、毋必、毋固、毋我。

子畏于匡，曰："文王既没，文不在兹乎。天之将丧斯文也，后死者不得与于斯文也；天之未丧斯文也，匡人其如予何！"

太宰问于子贡曰："夫子圣者与？何其多能也。"子贡曰："固天纵之将圣，又多能也。"子闻之，曰："太宰知我乎。吾少也贱，故多能鄙事。君子多乎哉？不多也。"牢曰："子云：'吾不试，故艺。'"

子曰："吾有知乎哉？无知也。有鄙夫问于我，空空如也，我叩其两端而竭焉。"

子曰："凤鸟不至，河不出图，洛不出书，吾已矣夫！"

子见齐衰者、冕衣裳者与瞽者，见之，虽少必作，过之，必趋。

颜渊喟然叹曰："仰之弥高，钻之弥坚，瞻之在前，忽焉在后。夫子循循然善诱人，博我以文，约我以礼。欲罢不能，既竭吾才，如有所立卓尔。遂欲从之，末由也已。"

子疾病，子路使门人为臣。病闲，曰："久矣哉，由之行诈也。无臣而为有臣，吾谁欺，欺天乎？且予与其死于臣之手也，无宁死于二三子之手乎。且予纵不得大葬，予死于道路乎？"

子贡曰："有美玉于斯，温椟而藏诸？求善贾而沽诸？"子曰："沽之哉，沽之哉！我待贾者也。"

子欲居九夷。或曰："陋，如之何？"子曰："君子居之，何陋之有？"

子曰："吾自卫反鲁，然后乐正，雅颂各得其所。"

子曰："出则事公卿，入则事父兄，丧事不敢不勉，不为酒困，何有于我哉？"

子在川上曰："逝者如斯夫，不舍昼夜。"

子曰："吾未见好德如好色者也。"

子曰："譬如为山，未成一篑，止，吾止也。譬如平地，虽覆一篑，进，吾往也。"

子曰："语之而不惰者，其回也。"

子谓颜渊曰："惜乎！吾见其进也，未见其止也。"

子曰："苗而不秀者有矣夫，秀而不实者有矣夫。"

子曰："后生可畏。焉知来者之不如今也？四十五十而无闻焉，斯亦不足畏也已。”

子曰：“法语之言，能无从乎？改之为贵。巽与之言，能无说乎？绎之为贵。说而不绎，从而不改，吾未如之何也已矣。”

子曰：“主忠信，毋友不如己者，过则勿惮改。”

子曰：“三军可夺帅也，匹夫不可夺志也。”

子曰：“衣敝缊袍，与衣狐貉者立，而不耻者，其由也与？‘不忮不求，何用不臧。’”子路终身诵之。子曰：“是道也，何足以臧？”

子曰：“岁寒，然后知松柏之后凋也。”

子曰：“知者不惑，仁者不忧，勇者不惧。”

子曰：“可与共学，未可与适道；可与适道，未可与立；可与立，未可与权。”

唐棣之华，偏其反而。岂不尔思，是室远而。子曰：“未之思也。夫何远之有！”

乡党第十

孔子于乡党，恂恂如也，似不能言者。其在宗庙朝廷，便便言。唯谨尔。

朝，与下大夫言，侃侃如也，与上大夫言，訚訚如也。君子，踧踖如也，与与如也。

君召使摈，色勃如也，足躩如也。揖所与立，左右手，衣前后，襜如也。趋进，翼如也。宾退，必复命，曰：“宾不顾矣。”

入公门，鞠躬如也，如不容。立不中门，行不履阈。过位，色勃如也，足躩如也，其言似不足者。摄齐升堂，鞠躬如也，屏气似不息者。出，降一等，逞颜色，怡怡如也。没阶趋，翼如也，复其位，踧踖如也。

执圭，鞠躬如也，如不胜。上如揖，下如授，勃如战色，足缩缩，如有循。享礼，有容色。私觌，愉愉如也。

君子不以绀緅饰，红紫不以为亵服。当暑，袗絺绤，必表而出之。缁衣羔裘，素衣麑裘，黄衣狐裘。亵裘长，短右袂。必有寝衣，长一身有半。狐貉之厚以居。去丧无所不佩。非帷裳，必杀之。羔裘玄冠不以吊。吉月，必朝服而朝。

齐，必有明衣。齐必变食，居必迁坐。

食不厌精，脍不厌细。食饐而餲，鱼馁而肉败，不食。色恶，不食。失饪，不食。不时，不食。割不正，不食。不得其酱，不食。肉虽多，不使胜食气。惟酒无量，不及乱。沽酒市脯不食。不撤姜食。不多食。

祭于公，不宿肉。祭肉，不出三日，出三日，不食之矣。

食不语，寝不言。虽疏食菜羹瓜祭，必齐如也。

席不正，不坐。

乡人饮酒，杖者出，斯出矣。

乡人傩，朝服而立于阼阶。

问人于他邦，再拜而送之。康子馈药，拜而受之。曰："丘未达，不敢尝。"

厩焚，子退朝，曰："伤人乎？"不问焉。

君赐食，必正席先尝之。君赐腥，必熟而荐之。君赐生，必畜之。侍食于君，君祭，先饭。

疾，君视之，东首，加朝服拖绅。君命召，不俟驾行矣。

入太庙，每事问。

朋友死，无所归，曰："于我殡。"

朋友之馈，虽车马，非祭肉，不拜。

寝不尸，居不容。

见齐衰者，虽狎必变。见冕者与瞽者，虽亵必以貌。凶服者式之，式负版者。有盛馔，必变色而作。迅雷风烈，必变。

升车，必正立执绥。车中，不内顾，不疾言，不亲指。

色斯举矣，翔而后集。曰："山梁雌雉，时哉时哉！"子路共之，三嗅而作。

先进第十一

子曰："先进于礼乐，野人也。后进于礼乐，君子也。如用之，则吾从先进。"

子曰："从我于陈蔡者，皆不及门也。德行：颜渊、闵子骞、冉伯牛、仲弓；言语：宰我、子贡；政事：冉有、季路；文学：子游、子夏。"

子曰："回也，非助我者也。于吾言无所不说。"

子曰："孝哉，闵子骞。人不间于其父母昆弟之言。"

南容三复白圭，孔子以其兄之子妻之。

季康子问："弟子孰为好学？"孔子对曰："有颜回者好学，不幸短命死矣。今也则亡。"

颜渊死，颜路请子之车以为之椁。子曰："才不才，亦各言其子也。鲤也死，有棺而无椁。吾不徒行以为之椁。以吾从大夫之后，不可徒行也。"

颜渊死，子曰："噫！天丧予！天丧予！"

颜渊死，子哭之恸。从者曰："子恸矣。"曰："有恸乎？非夫人之为恸而谁为？”

颜渊死，门人欲厚葬之。子曰：“不可。”门人厚葬之。子曰：“回也视予犹父也，予不得视犹子也。非我也，夫二三子也。”

季路问事鬼神。子曰：“未能事人，焉能事鬼？”“敢问死？”曰：“未知生，焉知死？”

闵子侍侧，訚訚如也。子路，行行如也。冉有、子贡，侃侃如也。子乐：“若由也，不得其死然。”

鲁人为长府，闵子骞曰：“仍旧贯，如之何？何必改作。”子曰：“夫人不言，言必有中。”

子曰：“由之瑟，奚为于丘之门？”门人不敬子路。子曰：“由也升堂矣，未入于室也。”

子贡问：“师与商也孰贤？”子曰：“师也过，商也不及。”曰：“然则师愈与？”子曰：“过犹不及。”

季氏富于周公，而求也为之聚敛而附益之。子曰：“非吾徒也。小子鸣鼓而攻之可也。”

柴也愚，参也鲁，师也辟，由也喭。

子曰：“回也其庶乎。屡空。赐不受命，而货殖焉，亿则屡中。”

子张问善人之道。子曰：“不践迹，亦不入于室。”

子曰：“论笃是与？君子者乎，色庄者乎？”

子路问：“闻斯行诸？”子曰：“有父兄在，如之何闻斯行之？”冉有问：“闻斯行诸？”子曰，‘闻斯行之。’公西华曰：“由也问闻斯行诸，子曰，‘有父兄在’。求也问闻斯行诸，子曰，‘闻斯行之’。赤也惑，敢问。”子曰：“求也退，故进之；由也兼人，故退之。”

子畏于匡，颜渊后。子曰：“吾以汝为死矣。”曰：“子在，回何敢死？”

季子然问：“仲由、冉求，可谓大臣与？”子曰：“吾以子为异之问，曾由与求之问。所谓大臣者，以道事君，不可则止。今由与求也，可谓具臣矣。”曰：“然则从之者与？”子曰：“弑父与君，亦不从也。”

子路使子羔为费宰，子曰：“贼夫人之子。”子路曰：“有民人焉，有社稷焉。何必读书，然后为学。”子曰：“是故恶夫佞者。”

子路、曾皙、冉有、公西华侍坐，子曰：“以吾一日长乎尔，毋吾以也。居则曰：‘不吾知也！’如或知尔，则何以哉？”子路率尔对曰：“千乘之国，摄乎大国之间，加之以师旅，因之以饥馑，由也为之，比及三年，可使有勇，且知方也。”夫子哂之：“求，尔何如？”对曰：“方六七十，如五六十，求也为之，比及三年，可使足民。如其礼乐，以俟君子。”“赤，尔何如？”对曰：“非曰能之，愿学焉。宗庙之事，如会同，端章甫，愿为小相焉。”“点，尔何如？”鼓瑟希，铿尔，舍瑟而作，对曰：“异乎三子者之撰。”子曰：“何伤乎？亦各言其志也。”曰：“暮春者，春服既成，冠者五六人，童子六七人，浴乎沂，风乎舞雩，咏而归。”夫子喟然叹曰：“吾与点也。”三子者出，曾皙后，曾皙曰：“夫三子者之言何如？”子曰：“亦各言其志也已矣。”曰：“夫子何哂由也？”曰：“为国以礼。其言不让，是故哂之。”“唯求则非邦也与？”“安见方六七十如五六十而非邦也者？”“唯赤则非邦也与？”“宗庙会同，非诸侯而何？赤也为之小，孰能为之大！”

颜渊第十二

颜渊问仁。子曰：“克己复礼为仁。一日克己复礼，天下归仁焉。为仁由己，而由人乎哉？”颜渊曰：“请问其目。”子曰：“非礼勿视，非礼勿听，非礼勿言，非礼勿动。”颜渊曰：“回虽不敏，请事斯语矣。”

仲弓问仁。子曰：“出门如见大宾，使民如承大祭，己所不欲，勿施于人，在邦无怨，在家无怨。”仲弓曰：“雍虽不敏，请事斯语矣。”

司马牛问仁。子曰：“仁者其言也讱。”曰：“其言也讱，斯谓之仁已乎？”子曰：“为之难，言之，得无讱乎？”

司马牛问君子。子曰：“君子不忧不惧。”曰：“不忧不惧，斯谓之君子已乎？”子曰：“内省不疚，夫何忧何惧？”

司马牛忧曰：“人皆有兄弟，吾独亡。”子夏曰：“商闻之矣，死生有命，富贵在天。君子敬而无失，与人恭而有礼，四海之内，皆兄弟也。君子何患乎无兄弟也。”

子张问明。子曰：“浸润之谮，肤受之诉，不行焉，可谓明也已矣。浸润之谮，肤受之诉，不行焉，可谓远也已矣。”

子贡问政，子曰：“足食，足兵，民信之矣。”子贡曰：“必不得已而去，于斯三者何先？”曰：“去兵。”子贡曰：“必不得已而去，于斯二者何先？”曰：“去食。自古皆有死，民无信不立。”

棘子成曰：“君子质而已矣，何以文为？”子贡曰：“惜乎，夫子之说君子也。驷不及舌。文，犹质也；质，犹文也。虎豹之鞟，犹犬羊之鞟。”

哀公问与有若曰：“年饥，用不足，如之何？”有若对曰：“合彻乎？”曰：“二，吾犹不足，如之何其彻也？”对曰：“百姓足，君孰与不足？百姓不足，君孰与足？”

子张问崇德辨惑。子曰：“主忠信，徙义，崇德也。爱之欲其生，恶之欲其死。既欲其生，又欲其死，是惑也。诚不以富，以祇以异。”

齐景公问政于孔子。孔子对曰：“君君，臣臣，父父，子子。”公曰：“善哉！信如君不君，臣不臣，父不父，子不子，虽有粟，吾得而食诸?”

子曰：“片言可以折狱者，其由也与？子路无宿诺。”

子曰：“听讼，吾犹人也，必也使无讼乎。”

子张问政。子曰：“居之无倦，行之以忠。”

子曰：“博学于文，约之以礼，亦可以弗畔矣夫。”

子曰：“君子成人之美，不成人之恶。小人反是。”

季康子问政于孔子。孔子对曰：“政者正也，子帅以正，孰敢不正。”

季康子患盗，问与孔子。孔子对曰：“苟子之不欲，虽赏之不窃。”

季康子问政于孔子曰：“如杀无道，以就有道，何如?”孔子对曰：“子为政，焉用杀。子欲善，而民善矣。君子之德风，小人之德草，草上 风，必偃。”

子张问：“士何如，斯可谓之达矣。”子曰：“何哉，尔所谓达者?”子张对曰：“在邦必闻，在家必闻。”子曰：“是闻也，非达也。夫达也者，质直而好义，察言而观色，虑以下人。在邦必达，在家必达。夫闻也者，色取仁而行违，居之不疑，在邦必闻，在家必闻。”

樊迟从游于舞雩之下，曰：“敢问崇德修慝辨惑?”子曰：“善哉问。先事后得，非崇德与？攻其恶，无攻人之恶，非修慝与？一朝之忿，忘其身以及其亲，非惑与?”

樊迟问仁。子曰：“爱人。”问知。子曰：“知人。”樊迟不达，子曰：“举直错诸枉，能使枉者直，”樊迟推，见子夏曰：“向也吾见于夫子而问知，子曰：‘举直错诸枉，能使枉者直’，何谓也?”子夏曰：“富哉言乎！舜有天下，选于众，举皋陶，不仁者远矣。汤有天下，选于众，举伊尹，不仁者远矣。”

子贡问友。子曰：“忠告而善道之，不可则止，无自辱焉。”

曾子曰：“君子以文会友，以友辅仁。”

子路第十三

子路问政。子曰：“先之，劳之。”请益。子曰：“无倦。”

仲弓为季氏宰，问政。子曰：“先有司，赦小过，举贤才。”曰：“焉知贤才而举之?”曰：“举尔所知，尔所不知，人其舍诸?”

子路曰：“卫君待子而为政，子将奚先?”子曰：“必也正名乎。”子路曰：“有是哉，子之迂也。奚其正?”子曰：“野哉由也。君子于其所不知，盖阙如也。名不正则言不顺，言不顺则事不成，事不成则礼乐不兴，礼乐不兴则刑罚不中，刑罚不中则民无所措手足。故君子名之必可言也，言之必可行也。君子于其言，无所苟而已矣。”

樊迟请学稼，子曰：“吾不如老农。”请学为圃，曰：“吾不如老圃。”樊迟出，子曰：“小人哉，樊须也。上好礼，则民莫敢不敬；上好义，则民莫敢不服；上好信，则民莫敢不用情。夫如是，则四方之民，襁负其子而至矣。焉用稼？”

子曰：“诵诗三百，授之以政，不达，使于四方，不能专对，虽多，亦奚以为？”

子曰：“其身正，不令而行；其身不正，虽令不从。”

子曰：“鲁卫之政，兄弟也。”

子谓卫公子荆：“善居室，始有，曰苟合矣；少有，曰苟完矣；富有，曰：‘苟美矣。’”

子适卫，冉有仆，子曰：“庶矣哉。”冉有曰：“既庶矣，又何加焉？”曰：“富之。”曰：“既富矣，又何加焉？”曰：“教之。”

子曰：“苟有用我者，期月而已可也，三年有成。”

子曰：“善人为邦百年，亦可以胜残去杀矣。诚哉，是言也。”

子曰：“如有王者，必世而后仁。”

子曰：“苟正其身矣，于从政乎何有？不能正其身，如正人何？”

冉子退朝，子曰：“何晏也？”对曰：“有政。”子曰：“其事也如有政，虽不吾以，吾其与闻之。”

定公问：“一言而可以兴邦，有诸？”孔子对曰：“言不可以若是其几也。人之言曰：‘为君难，为臣不易’。如知为君之难也，不几乎一言而兴邦乎？”曰：“一言而丧邦，有诸？”孔子对曰：“言不可以若是其几也。人之言曰：‘予无乐乎为君，唯其言而莫予违也。’如其善而莫之违也，不亦善乎？如不善而莫之违也，不几乎一言而丧邦乎？”

叶公问政。子曰：“近者说，远者来。”

子夏为莒父宰，问政。子曰：“无欲速，无见小利，欲速则不达，见小利则大事不成。”

叶公语孔子曰：“吾党有直躬者，其父攘羊，而子证之。”孔子曰：“吾党之直者异于是，父为子隐，子为父隐，直在其中矣。”

樊迟问仁。子曰：“居处恭，执事敬，与人忠，虽之夷狄，不可弃也。”

子贡问曰：“何如斯可谓之士矣？”子曰：“行己有耻，使于四方，不辱君命，可谓士矣。”曰：“敢问其次。”曰：“宗族称孝焉，乡党称悌焉。”曰：“敢问其次。”曰：“言必信，行必果，硁硁然小人哉，抑亦可以为次矣。”曰：“今之从政者何如？”子曰：“噫！斗筲之人，何足算也。”

子曰：“不得中行而与之，必也狂狷乎！狂者进取，狷者有所不为也。”

子曰：“南人有言曰：人而无恒，不可以作巫医。善夫！”不恒其德，或承之羞。子曰：“不占而已矣。”

子曰：“君子和而不同，小人同而不和。”

子贡问曰：“乡人皆好之，何如？”子曰：“未可也。”“乡人皆恶之，何如？”子曰：“未可也。不如乡人之善者好之，其不善者恶之。”

子曰：“君子易事而难说也。说之不以其道，不说也；及其使人也，器之。小人难事而易说也。说之虽不以道，说之；及其使人也，求备焉。”

子曰：“君子泰而不骄，小人骄而不泰。”

子曰：“刚毅木讷，近仁。”

子路问曰：“何如斯可谓之士矣？”子曰：“切切、偲偲、怡怡如也，可谓士矣。朋友切切偲偲，兄弟怡怡。”

子曰：“善人教民七年，亦可以戒戎矣。”

子曰：“以不教民战，是谓弃之。”

宪问第十四

宪问耻。子曰：“邦有道，谷。邦无道，谷，耻也。”

“克伐怨欲，不行焉，可以为仁矣？”子曰：“可以为难矣。仁，则吾不知也。”

子曰：“士而怀居，不足以为士矣。”

子曰：“邦有道，危言危行，邦无道，危行言孙。”

子曰：“有德者必有言，有言者不必有德；仁者必有勇，勇者不必有仁。”

南宫适问于孔子曰：“羿善射，奡荡舟，俱不得其死然，禹稷耕稼，而有天下。”夫子不答。南宫适出，子曰：“君子哉若人，尚德哉若人。”

子曰：“君子而不仁者有矣夫，未有小人而仁者也。”

子曰：“爱之能勿劳乎？忠焉能无诲乎？”

子曰：“为命，裨谌草创之，世叔讨论之，行人子羽修饰之，东里子产润色之。”

或问子产。子曰：“惠人也。”问子西。曰：“彼哉彼哉。”问管仲。曰：“人也夺伯氏骈邑三百，饭疏食，没齿，无怨言。”

子曰：“贫而无怨难，富而无骄易。”

子曰："孟公绰，为赵魏老则优，不可以为滕薛大夫。"

子路问成人。子曰："若臧武仲之知，公绰之不欲，卞庄子之勇，冉求之艺，文之以礼乐，亦可以为成人矣。"曰："今之成人者何必然。见利思义，见危授命，久要不忘平生之言，亦可以为成人矣。"

子问公叔文子于公明贾曰："信乎夫子不言不笑不取乎。"公明贾对曰："以告者过也，夫子时然后言，人不厌其言。乐然后笑，人不厌其笑。义然后取，人不厌其取。"子曰："其然。岂其然乎！"

子曰："臧武仲，以防求为后于鲁，虽曰不要君，吾不信也。"

子曰："晋文公谲而不正，齐桓公正而不谲。"

子路曰："桓公杀公子纠，召忽死之，管仲不死。曰：未仁乎？"子曰："管仲九合诸侯，不以兵车，管仲之力也。如其仁，如其仁！"

子贡曰："管仲非仁者与？桓公杀公子纠，不能死，又相之。"子曰："管仲相桓公，霸诸侯，一匡天下，民到于今受其赐。微管仲，吾其披发左衽矣。岂若匹夫匹妇之为谅也，自经于沟渎，而莫之知也。"

公叔文子之臣大夫撰，与文子同升诸公，子闻之曰："可以为'文'矣。"

子言卫灵公之无道也，康子曰："夫如是，奚而不丧？"孔子曰："仲叔圉治宾客，祝砣治宗庙，王孙贾治军旅，夫如是，奚其丧？"

子曰："其言之不怍，则为之也难。"

陈成子弑简公，孔子沐浴而朝，告于哀公曰："陈恒弑其君，请讨之。"公曰："告夫三子。"孔子曰："以吾从大夫之后，不敢不告也。"君曰："告夫三子者。"之三子告，不可。孔子曰："以吾从大夫之后，不敢不告也。"

子路问事君，子曰："勿欺也，而犯之。"

子曰："君子上达，小人下达。"

子曰："古之学者为己，今之学者为人。"

遽伯玉使人于孔子，孔子与之坐而问焉，曰："夫子何为？"对曰："夫子欲寡其过而未能也。"使者出，子曰："使乎使乎！"

子曰："不在其位，不谋其政。"

曾子曰："君子思不出其位。"

子曰："君子耻其言而过其行。"

子曰："君子道者三，我无能焉。仁者不忧，知者不惑，勇者不惧。"子贡曰："夫子自道也。"

子贡方人，子曰："赐也贤乎哉，夫我则不暇。"

子曰："不患人之不己知，患其不能也。"

子曰："不逆诈，不亿不信，抑亦先觉者，是贤乎！"

微生亩谓孔子曰："丘何为是栖栖者与？无乃为佞乎？"孔子曰："非敢为佞也，疾固也。"

子曰："骥不称其力，称其德也。"

或曰："以德报怨，何如？"子曰："何以报德？以直报怨，以德报德。"

子曰："莫我知也夫！"子贡曰："何为其莫知子也？"子曰："不怨天，不尤人，下学而上达，知我者其天乎！"

公伯寮诉子路于季孙，子服景伯以告曰："夫子固有惑志于公伯寮，吾力犹能肆诸市朝。"子曰："道之将行也与，命也；道之将废也与，命也。公伯寮其如命何！"

子曰："贤者辟世，其次辟地，其次辟色，其次辟言。"

子曰："作者七人矣。"

子路宿于石门，晨门曰："奚自？"子路曰："自孔氏。"曰："是知其不可而为之者与？"

子击磬于卫，有荷蒉而过孔氏之门者，曰："有心哉，击磬乎？"既而曰："鄙哉，硁硁乎。莫己知也，斯已而已矣。深则厉，浅则揭。"子曰："果哉，末之难矣。"

子张曰："书云：'高宗谅阴，三年不言。'何谓也？"子曰："何必高宗，古之人皆然。君薨，百官总己以听于冢宰，三年。"

子曰："上好礼，则民易使也。"

子路问君子。子曰："修己以敬。"曰："如斯而已乎？"曰："修己以安人。"曰："如斯而已乎？"曰："修己以安百姓。修己以安百姓，尧舜其犹病诸？"

原壤夷俟，子曰："幼而不孙悌，长而无述焉，老而不死，是为贼。"以杖叩其胫。

阙党童子将命，或问之曰："益者与？"子曰："吾见其居于位也，见其与先生并行也，非求益者也，欲速成者也。"

卫灵公第十五

卫灵公问陈于孔子。孔子对曰："俎豆之事，则尝闻之矣。军旅之事，未之学也。"明日遂行。在陈绝粮，从者病，莫能兴。子路愠见曰："君子亦有穷乎？"子曰："君子固穷，小人穷斯滥矣。"

子曰："赐也，如以予为多学而识之者与？"对曰："然。非与？"曰："非也。予一以贯之。"

子曰："由，知德者鲜矣。"

子曰："无为而治者，其舜也与？夫何为哉。恭己正南面而已矣。"

子张问行。子曰："言忠信，行笃敬，虽蛮貊之邦行矣。言不忠信，行不笃敬，虽州里行乎哉？立，则见其参于前也；在舆，则见其倚于衡也。夫然后行。"子张书诸绅。

子曰："直哉史鱼。邦有道如矢，邦无道如矢。君子哉蘧伯玉。邦有道则仕，邦无道则可卷而怀之。"

子曰："可与言而不与之言，失人；不可与言而与之言，失言。知者不失人，亦不失言。"

子曰："志士仁人，无求生以害仁，有杀身以成仁。"

子贡问为仁。子曰："工欲善其事，必先利其器。居是邦也，事其大夫之贤者，友其士之仁者。"

颜渊问为邦。子曰："行夏之时，乘殷之辂，服周之冕，乐则韶舞。放郑声，远佞人。郑声淫，佞人殆。"

子曰："人无远虑，必有近忧。"

子曰："已矣乎！吾未见好德如好色者也。"

子曰："臧文仲，其窃位者与？知柳下惠之贤，而不与立也。"

子曰："躬自厚而薄则于人，则远怨矣。"

子曰："不曰如之何如之何者，吾末如之何也已矣。"

子曰："群居终日，言不及义，好行小慧，难矣哉！"

子曰："君子义以为质，礼以行之，孙以出之，信以成之。君子哉！"

子曰："君子病无能焉，不病人之不己知也。"

子曰："君子疾没世而名不称焉。"

子曰："君子求诸己，小人求诸人。"

子曰："君子矜而不争，群而不党。"

子曰："君子不以言举人，不以人废言。"

子贡问曰："有一言而可以终身行之者乎？"子曰："其恕乎！己所不欲，勿施于人。"

子曰："吾之于人也，谁毁谁誉。如有所誉者，其有所试矣。斯民也，三代之所以直道而行也。"

子曰："吾犹及史之阙文也，有马者，借人乘之，今亡矣夫！"

子曰："巧言乱德，小不忍则乱大谋。"

子曰："众恶之，必察焉；众好之，必察焉。"

子曰："人能弘道，非道弘人。"

子曰："过而不改，是谓过矣。"

子曰："吾尝终日不食，终夜不寝，以思，无益，不如学也。"

子曰："君子谋道不谋食。耕者，馁在其中矣；学也，禄在其中矣。君子忧道不忧贫。"

子曰："知及之，仁不能守之，虽得之，必失之。知及之，仁能守之，不庄以莅之，则民不敬。知及之，仁能守之，庄以莅之，动之不以礼，未善也。"

子曰："君子不可小知，而可大受也。小人不可大受，而可小知也。"

子曰："民之于仁也，甚于水火。水火，吾见蹈而死者矣，未见蹈仁而死者也。"

子曰："当仁不让于师。"

子曰："君子贞而不谅。"

子曰："事君，敬其事而后其食。"

子曰："道不同，不相为谋。"

子曰："辞，达而已矣。"

师冕见，及阶，子曰："阶也。"及席，子曰："席也。"皆坐，子告之曰："某在斯，某在斯。"师冕出，子张问曰："与师言之，道与？"子曰："然。固相师之道也。"

季氏第十六

季氏将伐颛臾，冉有季路见于孔子曰："季氏将有事于颛臾。"孔子曰："求，无乃尔是过与？夫颛臾，昔者先王以为东蒙主，且在邦域之中矣，是社稷之臣也，何以伐为？"冉有曰："夫子欲之，吾二臣者，皆不欲也。"孔子曰："求，周任有言曰：'陈力就列，不能者止。'危而不持，颠而不扶，则将焉用彼相矣。且尔言过矣。虎兕出于柙，龟玉毁于椟中，是谁之过与？"冉有曰："今夫颛臾，固而近于费，今不取，后世必为子孙忧。"孔子曰："求，君子疾夫舍曰欲之，而必为之辞。丘也，闻有国有家者，不患寡而患不均，不患贫而患不安，盖均无贫，和无寡，安无倾。夫如是，故远人不服，则修文德以来之。既来之，则安之。今由与求也，相夫子，远人不服而不能来也，邦分崩离析而不能守也，而谋动干戈于邦内，吾恐季孙之忧，不在颛臾，而在萧墙之内也。"

孔子曰："天下有道，则礼乐征伐自天子出；天下无道，则礼乐征伐自诸侯出。子诸侯出，盖十世希不失矣。自大夫出，五世希不失矣。陪臣执国命，三世希不失矣。天下有道，则政不在大夫。天下有道，则庶人不议。"

孔子曰："禄之去公室，五世矣。政逮于大夫，四世矣。故夫三桓之子孙，微矣。"

孔子曰："益者三友，损者三友。友直，友谅，友多闻，益矣。友便辟，友善柔，友便佞，损矣。"

孔子曰："益者三乐，损者三乐。乐节礼乐，乐道人之善，乐多贤友，益矣。乐骄乐，乐佚游，乐宴乐，损矣。"

孔子曰："侍于君子有三愆：言未及之而言谓之躁，言及之而不言谓之隐，未见颜色而言谓之瞽。"

孔子曰："君子有三戒：少之时，血气未定，戒之在色；及其壮也，血气方刚，戒之在斗；及其老也，血气既衰，戒之在得。"

孔子曰："君子有三畏：畏天命，畏大人，畏圣人之言。小人不知天命而不畏也，狎大人，侮圣人之言。"

孔子曰："生而知之者上也，学而知之者次也，困而学之，又其次也。困而不学，民斯为下矣。"

孔子曰："君子有九思：视思明，听思聪，色思温，貌思恭，言思忠，事思敬，疑思问，忿思难，见得思义。"

孔子曰："见善如不及，见不善如探汤。吾见其人矣，吾闻其语矣。隐居以求其志，行义以达其道，吾闻其语矣，吾未见其人也。齐景公有马千驷，死之日，民无得而称焉。伯夷叔齐，饿于首阳之下，民到于今称之，其斯之谓与？"

陈亢问于伯鱼曰："子亦有异闻乎？"对曰："未也。尝独立，鲤趋而过庭，曰：'学诗乎？'对曰：'未也。''不学诗，无以言。'鲤退而学诗。他日又独立，鲤趋而过庭，曰：'学礼乎？'对曰：'未也。''不学礼，无以立。'鲤退而学礼。闻斯二者。"陈亢退而喜曰："问一得三：闻诗，闻礼，又闻君子之远其子也。"

邦君之妻，君称之曰"夫人"，夫人自称曰"小童"，邦人称之曰"君夫人"，称诸异邦曰"寡小君"，异邦人称之亦曰"君夫人"。

阳货第十七

阳货欲见孔子，孔子不见，归孔子豚，孔子时其亡也而往拜之，遇诸途，谓孔子曰："来，予与尔言。曰：怀其宝，而迷其邦。可谓仁乎？"曰："不可。""好从事而亟失时，可谓知乎？"曰："不可。""日月逝矣，岁不我与。"孔子曰："诺。吾将仕矣。"

子曰："性相近也，习相远也。"

子曰："唯上智与下愚不移。"

子之武城，闻弦歌之声，夫子莞尔而笑曰："割鸡焉用宰牛刀。"子游对曰："昔者偃也闻诸夫子曰：'君子学道则爱人，小人学道则易使也。'"子曰："二三子，偃之言是也。前言戏之耳。”

公山弗扰以费畔，召，子欲往，子路不说，曰：“末之也已，何必公山氏之之也！”子曰：“夫召我者岂徒哉！如有用我者，吾其为东周乎！”

子张问仁于孔子，孔子曰：“能行五者于天下，为仁矣。”请问之。曰：“恭宽信敏惠。恭则不侮，宽则得众，信则人任焉，敏则有功，惠则足以使人。”

佛肸召，子欲往。子路曰：“昔者由也闻诸夫子曰：‘亲于其身为不善者，君子不入也。’佛肸以中牟畔，子之往也如之何？”子曰：“然。有是言也：不曰坚乎，磨而不磷；不曰白乎，涅而不缁。吾其匏瓜也哉？焉能系而不食。”

子曰：“由也，汝闻六言六蔽矣乎？”对曰：“未也。”“居，吾语汝。好仁不好学，其蔽也愚；好知不好学，其蔽也荡；好信不好学，其蔽也贼；好直不好学，其蔽也绞；好勇不好学，其蔽也乱；好刚不好学，其蔽也狂。”

子曰：“小子，何莫学夫诗？诗可以兴，可以观，可以群，可以怨。迩之事父，远之事君。多识于鸟兽草木之名。”

子谓伯鱼曰：“汝为周南召南矣乎？人而不为周南召南，其犹正墙面而立也与？”

子曰：“礼云礼云，玉帛云乎哉？乐云乐云，钟鼓云乎哉？”

子曰：“色厉而内荏，譬诸小人，其犹穿窬之盗也与？”

子曰：“乡愿，德之贼也。”

子曰：“道听而途说，德之弃也。”

子曰：“鄙夫，可与事君也与哉？其未得之也，患得之；既得之，患失之。苟患失之，无所不至矣。”

子曰：“古者民有三疾，今也或是之亡也。古之狂也肆，今之狂也荡；古之矜也廉，今之矜也忿戾；古之愚也直，今之愚也诈而已矣。”

子曰：“巧言令色，鲜矣仁。”

子曰：“恶紫之夺朱也，恶郑声之乱雅乐也，恶利口之覆家邦者。”

子曰：“予欲无言。”子贡曰：“子如不言，则小子何述焉？”子曰：“天何言哉。四时行焉，百物生焉。天何言哉！”

孺悲欲见孔子，孔子辞以疾，将命者出户，取瑟而歌，使之闻之。

宰我问：“三年之丧，期已久矣。君子三年不为礼，礼必坏；三年不为乐，乐必崩。旧谷既没，新谷既升，钻燧改火，期可已矣。”子曰：“食夫稻，衣夫锦，于汝安乎？”曰：“安。”“汝安则为之。夫君子之居丧，食旨不甘，闻乐不乐，居处不安，故不为也。今汝安，则为之。”宰我出，子曰：“予之不仁也。子生三年，然后免于父母之怀。夫三年之丧，天下之通丧也。予也有三年之爱于其父母乎？”

子曰："饱食终日，无所用心，焉矣哉！不有博弈者乎，为之犹贤乎已。"

子路曰："君子尚勇乎？"子曰："君子义以为上，君子有勇而无义为乱，小人有勇而无义为盗。"

子贡曰："君子亦有恶乎？"子曰："有恶。恶称人之恶者，恶居下流而讪上者，恶勇而无礼者，恶果敢而窒者。"曰："赐也亦有恶乎。恶敫以为知者，恶不孙以为勇者，恶讦以为直者。"

子曰："唯女子与小人为难养也。近之则不孙，远之则怨。"

子曰："年四十而见恶焉，其终也已。"

微子第十八

微子去之，箕子为之奴，比干谏而死。孔子曰："殷有三仁焉。"

柳下惠为士师，三黜，人曰："子未可以去乎？"曰："直道而事人，焉往而不三黜；枉道而事人，何必去父母之邦。"

齐景公待孔子，曰："若季氏则吾不能，以季孟之间待之。"曰："吾老矣，不能用也。"孔子行。

齐人归女乐，季桓子受之，三日不朝，孔子行。

楚狂接舆歌而过孔子曰："凤兮凤兮，何德之衰。往者不可谏，来者犹可追。已而已而，今之从政者殆而。"孔子下，欲与之言，趋而避之，不得与之言。

长沮、桀溺耦而耕，孔子过之，使子路问津焉。长沮曰："夫执舆者为谁？"子路曰："为孔丘。"曰："是鲁孔丘与？"曰："是也。"曰："是知津矣。"问于桀溺，桀溺曰："子为谁？"曰："为仲由。"曰："是鲁孔丘之徒与？"对曰："然。"曰："滔滔者天下皆是也，而谁以易之。且而与其从避人之士也，岂若从避世之士哉？"耰而不辍。子路行以告，夫子怃然曰："鸟兽不可与同群，吾非斯人之徒与而谁与？天下有道，丘不与易也。"

子路从而后，遇丈人，以杖和蓧，子路问曰："子见夫子乎？"丈人曰："四体不勤，五谷不分，孰为夫子？"植其杖而耘。子路拱而立，止子路宿，杀鸡为黍而食之，见其二子焉。明日，子路行以告，子曰："隐者也。"使子路反见之，至则行矣。子路曰："不仕无义。长幼之节，不可废也。君臣之义，如之何其废之。欲洁其身，而乱大伦。君子之仕也，行其义也，道之不行，已知之矣。"

逸民：伯夷、叔齐、虞仲、夷逸、朱张、柳下惠、少连。子曰："不降其志，不辱其身，伯夷、叔齐与！"谓"柳下惠、少连，降志辱身矣，言中伦，行中虑，其斯而已矣。"谓"虞仲、夷逸，隐居放言，身中清，废中权。我则异于是，无可无不可。”

太师挚适齐，亚饭干适楚，三饭缭适蔡，四饭缺适秦，鼓方叔入于河，播鼓武入于汉，少师阳、击磬襄入于海。

周公谓鲁公曰：“君子不施其亲，不使大臣怨乎不以。故旧无大故，则不弃也。无求备于一人。”

周有八士：伯达、伯适、仲突、仲忽、叔夜、叔夏、季随、季騧。

子张第十九

子张曰：“士见危致命，见得思义，祭思敬，丧思哀，其可已矣。”

子张曰：“执德不弘，信道不笃，焉能为有，焉能为亡？”

子夏之门人，问交于子张。子张曰：“子夏云何？”对曰：“子夏曰：‘可者与之，其不可者拒之。’”子张曰：“异乎吾所闻。君子尊贤而容众，嘉善而矜不能。我之大贤与，于人何所不容；我之不贤与，人将拒我，如之何其拒人也？”

子夏曰：“虽小道，必有可观者焉。致远恐泥，是以君子不为也。”

子夏曰：“日知其所亡，月无忘其所能，可谓好学也已矣。”

子夏曰：“博学而笃志，切问而近思，仁在其中矣。”

子夏曰：“百工居肆以成其事，君子学以致其道。”

子夏曰：“小人之过也必文。”

子夏曰：“君子有三变：望之俨然，即之也温，听其言也厉。”

子夏曰：“君子信而后劳其民，未信则以为厉己也。信而后谏，未信则以为谤己也。”

子夏曰：“大德不逾闲，小德出入，可也。”

子游曰：“子夏之门人小子，当洒扫应对进退，则可矣。抑末也，本之则无，如之何？”子夏闻之曰：“噫，言游过矣！君子之道，孰先传焉，孰后倦焉。譬诸草木，区以别矣。君子之道，焉可诬也。有始有卒者，其惟圣人乎？”

子夏曰：“仕而优则学，学而优则仕。”

子游曰：“丧致乎哀而止。”

子游曰：“吾友张也，为难能也，然而未仁。”

曾子曰：“堂堂乎张也，难与并为仁矣。”

曾子曰：“吾闻诸夫子：人未有自致者也，必也亲丧乎？”

曾子曰：“吾闻诸夫子：孟庄子之孝也，其他可能也，其不改父之臣，与父之政，是难能也。”

孟氏使阳肤为士师，问与曾子，曾子曰：“上失其道，民散久矣。如得其情，则哀矜而勿喜。”

子贡曰：“纣之不善，不如是之甚也。是以君子恶居下流，天下之恶皆归焉。”

子贡曰：“君子之过也，如日月之食焉。过也，人皆见之；更也，人皆仰之。”

卫公孙朝问于子贡曰：“仲尼焉学？”子贡曰：“文武之道，未堕于地，在人。贤者识其大者，不贤者识其小者，莫不有文武之道焉，夫子焉不学，而亦何常师之有！”

叔孙武叔语大夫于朝曰：“子贡贤于仲尼。”子服景伯以告子贡，子贡曰：“譬之宫墙。赐之墙也及肩，窥见室家之好。夫子之墙数仞，不得其门而入，不见宗庙之美，百官之富。得其门者或寡矣。夫子之云，不亦宜乎？”

叔孙武叔毁仲尼，子贡曰：“无以为也。仲尼，不可毁也。他人之贤者，丘陵也，犹可逾也。仲尼，日月也，无得而逾焉。人虽欲自绝，其何伤于日月乎？多见其不知量也。”

陈子禽谓子贡曰：“子为恭也，仲尼岂贤与子乎？”子贡曰：“君子一言以为知，一言以为不知，言不可不慎也。夫子之不可及也，犹天之不可阶而升也。夫子之得邦家者，所谓立之斯立，道之斯行，绥之斯来，勤之斯和。其生也荣，其死也哀。如之何其可及也？”

尧曰第二十

尧曰：“咨，尔舜，天之历数在尔躬，允执其中。四海困穷，天禄永终。”舜亦以命禹，曰：“予小子履，敢用玄牡，敢昭告于皇皇后帝：有罪不敢赦，帝臣不蔽，简在帝心。朕躬有罪，无以万方；万方有罪，罪在朕躬。”周有大赉，善人是富。“虽有周亲，不如仁人。百姓有过，在予一人。”谨权量，审法度，修废官，四方之政行焉。兴灭国，继绝世，举逸民，天下之民归心焉。所重：民、食、丧、祭。宽则得众，信则民任焉，敏则有功，公则说。”

子张问于孔子曰：“何如，斯可以从政矣？”子曰：“尊五美，屏四恶，斯可以从政矣。”子张曰：“何谓五美？”曰：“君子惠而不费，劳而不怨，欲而不贪，泰而不骄，威而不猛。”子张曰：“何谓惠而不费？”子曰：“因民之所利而利之，斯不亦惠而不费乎？择可劳而劳之，又谁怨？欲仁得仁，又焉贪？君子无众寡，无小大，无敢慢，斯不亦泰而不骄乎？君子正其衣冠，尊其瞻视，俨然人望而畏之，斯不亦威而不猛乎？”子张曰：“何谓四恶？”子曰：“不教而杀谓之虐；不戒视成谓之暴；慢令致期谓之贼；犹之与人也，出纳之吝，谓之有司。”

子曰：“不知命，无以为君子；不知礼，无以立也；不知言，无以知人也。”